587-1B-88 (2)

Обзорный

LE CHOIX D'UN PAYS

Maquette de la couverture : Jacques Léveillé
Photo de la couverture : Carlos Verrando

ISBN 0-7761-5026-X

JEAN·LOUIS ROY

LE CHOIX D'UN PAYS

LE DÉBAT CONSTITUTIONNEL QUÉBEC·CANADA   1960·1976

LEMÉAC

DU MÊME AUTEUR

Maîtres chez nous (Dix années d'action française). Montréal, Leméac, 1968. 76 p.

Les Programmes électoraux du Québec. Tome I (237 p.) et tome II (212 p.). Montréal, Leméac, 1970.

Les Frontières défuntes. Collection Poésie canadienne. Montréal, Déom, 1972. 139 p.

Rameaux du vieil arbre. Essai. Sherbrooke, Éditions Cosmos, 1973. 61 p.

Édouard-Raymond Fabre, libraire et patriote canadien 1799-1854. Montréal, HMH, 1974. 220 p.

L'Arche dans le regard. Poèmes. Québec, Garneau, 1975. 159 p.

La Marche des Québécois: le temps des ruptures (1945-1960). Montréal, Leméac, 1976, 383 p.

La Beauceronne Marie à Georges à Joseph. Roman. Québec, Garneau, 1977, 159 p.

Avant-propos

Deux monuments séparés par le Richelieu illustrent mieux que ne saurait le faire une longue argumentation la signification historique du titre même de ce livre.

À Saint-Denis, le monument des patriotes rappelle que moins d'un siècle après la conquête britannique, certains prirent les armes pour se donner un pays libre de toute servitude coloniale. De l'autre côté de la rivière, à Saint-Antoine, le monument de Georges-Étienne Cartier rappelle qu'un siècle après la conquête de longues négociations entre les francophones et les anglophones trouvèrent leur aboutissement dans la formation d'un état fédéral; plus que deux monuments, deux avenirs possibles.

Les Québécois oscillent depuis deux siècles entre ces deux directions, comme en témoignent leur histoire politique et leur histoire intellectuelle.

Les événements majeurs de leur histoire ont été vécus et interprétés en fonction de ces deux avenirs possibles. Ils apparaissent et réapparaissent sur deux siècles d'expériences individuelle et collective.

Le premier tend à expliquer le retard économique, l'isolement culturel, les crises et les interrogations constantes des Canadiens français sur leur survivance et leur développement par la domination étrangère, le contrôle abusif qu'exercent sur leur société la majorité anglophone canadienne et le capi-

tal étranger. *Les tenants de cette option insistent sur le caractère toujours plus grave des crises successives qui les affectent. Ils ont la profonde conviction que leur société est en péril, que ses structures et ses initiatives sociales et culturelles sont constamment menacées. Ils vivent l'espérance toujours remise de la souveraineté.*

Les tenants de la seconde option invitent leurs concitoyens à prendre possession du Canada entier, à ne pas reculer devant les défis de la participation et de la compétition avec leurs compatriotes canadiens. Ils expliquent les crises et les retards de la société canadienne-française par ses propres carences et ses dominations internes. Ils affirment que la structure fédérale du pays consacre le contrôle des Québécois sur leurs institutions sociales et culturelles et leur pouvoir de les renouveler, de les moderniser. Ils rappellent l'existence des communautés francophones hors du Québec et le devoir de solidarité des Québécois envers elles.

Cette dernière interprétation a prévalu, non sans difficulté, depuis un siècle.

La première partie de cette étude recherche les causes qui ont ébranlé entre 1960 et 1967 la structure politique issue de cette interprétation. La seconde partie décrit et analyse les tentatives de renouvellement du fédéralisme canadien entre 1967 et 1971. La troisième partie retrace les éléments et les événements majeurs qui ont marqué l'évolution de la crise constitutionnelle canadienne entre 1971 et 1976.

Le débat constitutionnel, quand on en fait l'histoire, apparaît vite comme une donnée très vivante qu'il faut constamment resituer en fonction du milieu changeant dans lequel il se développe. En effectuant cette jonction, on dépasse la discussion purement constitutionnelle, on est amené à évoquer le poids des individus, les actions et les réactions des groupes et les mouvements de l'opinion publique, puis on est soudain forcé de retourner au contenu et aux formulations plus techniques. Ces diverses strates d'analyse ne sont pas sans créer des difficultés au niveau de l'écriture, elle aussi tributaire de son objet.

Les limites de cette recherche sont nombreuses.

Elle constitue un rapport d'étape. Je la publie dans sa forme actuelle parce qu'elle me semble pertinente et utile aux débats et aux choix qui nous sollicitent. Aussi parce que des collègues, des étudiants, des amis, certains des intervenants les plus autorisés et les plus actifs dans ce débat depuis quinze années ont souhaité qu'elle le soit, même si l'issue du débat constitutionnel est encore à venir.

Je souhaite que cette étude d'ensemble sur une des phases les plus importantes de notre histoire, dont les conséquences affectent notre présent et notre avenir, suscite l'intérêt des chercheurs et des étudiants qui y trouveront ample matière à des recherches plus poussées qui ne sont qu'esquissées dans ces pages. Elle s'adresse aussi à tous ceux qui, par leur vote, feront demain le choix d'un pays. Ils pourront, j'espère, trouver dans ce livre des éléments complémentaires à leur propre réflexion.

Jean-Louis Roy
Belœil, 12 juillet 1978

PREMIÈRE PARTIE

LE FÉDÉRALISME CANADIEN ET LE CHOC DE LA RÉVOLUTION TRANQUILLE

Chapitre I

«*Sous notre gouvernement l'autonomie sera le visage de notre peuple.*»

Jean Lesage, 1959.

Les libéraux au pouvoir :
la dialectique du «Maîtres chez nous»

LE PREMIER MANDAT 1960-1962

La place du Québec au sein du Canada et le rôle du gouvernement fédéral au Québec furent profondément affectés par l'ensemble des choix québécois qu'il est convenu de nommer la révolution tranquille.

Outre les nombreuses transformations internes définies et proposées par le Parti Libéral du Québec à l'approbation de l'électorat, la nouvelle équipe gouvernementale portée au pouvoir le 22 juin 1960 avait indiqué son intention de poursuivre la lutte de l'autonomie, de suggérer aux partenaires canadiens de nouveaux encadrements du fédéralisme et d'affirmer la personnalité internationale du Québec.

Ces quatre facteurs, transformation interne, lutte autonomiste, nouvel encadrement du fédéralisme canadien et affirmation de la personnalité internationale du Québec, ont cumulativement alimenté un débat vigoureux entre diverses conceptions du fédéralisme. Ils ont de plus forcé la réflexion d'un nombre restreint à l'origine, puis de plus en plus significatif, de Québécois qui optèrent pour l'indépendance du Québec et construisirent les partis politiques qui allaient véhiculer cette option.

Bref, la crise du fédéralisme canadien, latente depuis la seconde guerre mondiale, deviendra au cours de ces six années exceptionnelles la première donnée de la politique canadienne et québécoise.

La pensée constitutionnelle de l'Union Nationale, telle qu'exposée par le premier ministre Barrette au cours de la campagne électorale de mai et juin 1960, n'avait pas de contenu dynamique. Le parti gouvernemental se contentait d'affirmer «que la question des pouvoirs fiscaux devra être clairement définie en juin[1]».

Le Parti Libéral, pour sa part, injectait dans le débat constitutionnel toute une série de propositions d'ordre structurel et politique qui transformait la thèse traditionnelle du Québec liée depuis 1944 à la récupération fiscale. Il proposait un projet de transformation des rapports interprovinciaux et des rapports fédéral-provinciaux, de profondes modifications au sein du fonctionnement de certaines institutions fédérales et la création de nouvelles institutions telles un tribunal constitutionnel. Pour assurer la réalisation et la permanence de ces projets audacieux pour l'époque, l'équipe libérale s'engageait à doter le gouvernement du Québec d'un ministère des Affaires fédérales-provinciales.

De plus, le programme libéral proposait une nouvelle définition du Québec. De province canadienne, le Québec se voyait élevé au rang de mère patrie des francophones nord-américains dont le développement culturel ferait désormais l'objet d'une politique officielle du Québec grâce au nouveau ministère des Affaires culturelles et à son département du Canada français d'outre-frontières[2] que les libéraux s'engageaient à créer au lendemain de leur élection.

La Conférence fédérale-provinciale de juillet 1960

Moins d'un mois après son accession au pouvoir, le nouveau chef du gouvernement québécois se présentait à la Conférence fédérale-provinciale des 25, 26 et 27 juillet 1960[3] et proposait à

---

1. Jean-Louis Roy, *Les Programmes électoraux du Québec*, Montréal, Leméac, 1971. T. II, p. 374.
2. *Idem*, pp. 378-385.
3. Gouvernement du Canada, *Conférence fédérale-provinciale 1960*, Ottawa, les 25, 26 et 27 juillet 1960, Ottawa, Imprimeur de la Reine, 1960, pp. 28-38.

ses interlocuteurs canadiens un réaménagement significatif du fonctionnement du fédéralisme canadien.

Après avoir rappelé « la souveraineté » des deux niveaux de gouvernements, Jean Lesage proposait «que la présente conférence décide de reprendre les discussions sur le rapatriement et la formule d'amendement de la Constitution afin que soient levées les restrictions importantes à la souveraineté fédérale et provinciale qu'implique le recours à Londres». En même temps qu'il faut mettre un terme à cette anomalie et à ce vestige de colonialisme, il faut prévoir, selon le Premier ministre québécois, « l'organisation d'un tribunal constitutionnel conforme au principe du régime fédératif». Ce tribunal constitutionnel arbitrerait les conflits entre les deux ordres de gouvernements. Il s'ensuit qu'il ne pourrait relever exclusivement de l'un d'eux. Au plan constitutionnel, le Québec proposait qu'on étudie la possibilité d'inclure dans la Constitution une Déclaration des Droits fondamentaux de l'homme.

Au plan structurel, le Québec suggérait la création d'un secrétariat permanent fédéral-provincial. De plus, le Québec, après avoir regretté que les relations interprovinciales aient été grandement négligées, proposait un projet de convocation d'une Conférence interprovinciale « sur une base permanente afin que les provinces préparent entre elles d'abord et en collaboration avec le gouvernement fédéral ensuite, des solutions à long terme qui, tout en réglant efficacement nos problèmes, seront également de nature à garantir l'équilibre de notre fédéralisme».

Enfin, après avoir jugé sévèrement le développement depuis un quart de siècle des politiques de subventions conditionnelles et des programmes conjoints, le Québec réclamait le retrait du gouvernement fédéral de ces domaines. Selon les représentants du Québec, ces politiques ne permettent pas aux provinces d'utiliser leurs propres revenus comme elles l'entendent et ne tiennent pas suffisamment compte « des conditions locales ». Elles occasionnent un double emploi et des frais très élevés. Quand une province refuse de participer à un programme conjoint, comme c'est le cas par exemple pour la province de Québec en regard de l'assurance-hospitalisation et de la route transcanadienne, elle condamne elle-même ses citoyens à payer des impôts sans en retirer les bénéfices directs et sans que la province non participante reçoive de compensations fiscales équivalentes au coût des services qu'elle a refusés. Bref, chaque province devrait être absolument libre de disposer de ses revenus

Photo 1. Les Premiers ministres provinciaux et le chef du gouvernement canadien, John G. Diefenbaker, lors de la Conférence fédérale-provinciale de juillet 1960.

comme bon lui semble dans les champs de juridiction qui lui sont propres.

Cet ensemble de propositions s'accompagnait, au niveau des principes, d'une vigoureuse affirmation des convictions «souverainistes» du nouveau gouvernement québécois.

Jean Lesage avait, de toute évidence, maintenu la thèse historique du Québec.

Si « la souveraineté du Québec reconnaît les besoins et les réalités de l'interdépendance, elle exclut la dépendance[4]». Il annonce au Canada que le Québec n'entend pas seulement « sauvegarder les droits et les pouvoirs que lui confère la Constitution mais bien de les utiliser pleinement et de travailler à l'épanouissement de la culture canadienne-française afin qu'elle se développe et rayonne à travers tout le Canada ».

> Cette position que nous prenons sur le plan culturel, nous voulons l'appliquer aussi sur le plan politique dans le cadre du fédéralisme canadien. La souveraineté provinciale ne doit pas être un concept négatif et incompatible avec le progrès; ce doit être une réalité bien vivante, un principe qui se concrétise dans des institutions et par des mesures législatives destinées à favoriser le bien-être et l'essor spirituel de la population. En somme, une souveraineté qui, sans s'exercer, se cantonne dans l'opposition, ne peut que survivre temporairement[5].

Cette fière affirmation du dynamisme québécois à venir s'accompagne d'une impressionnante volonté de modifier la réalité et la pratique constitutionnelle canadienne. En quelques phrases, le Québec vient de rouvrir le dossier du rapatriement et de la formule d'amendement de la Constitution de même que celui de l'insertion dans cette dernière d'une Déclaration des Droits fondamentaux de l'homme. Les représentants québécois ont de plus proposé l'établissement de nouvelles structures de fonctionnement du fédéralisme et soutenu qu'il était impérieux de rompre avec des pratiques politiques bien ancrées depuis un quart de siècle, soit les politiques de subventions conditionnelles et les programmes conjoints. Ils ont de plus affirmé que la culture francophone au Canada devait être reconnue et présente dans l'ensemble du pays.

Les recommandations du Québec, contrairement aux attitudes négatives du gouvernement précédent, étaient claires

---

4. *Ibid.*, p. 30.
5. *Ibid.*

et cohérentes. Si elles s'accompagnaient d'accommodements temporaires, elles laissaient percer la possibilité d'échéances précises au-delà desquelles, pour reprendre une expression d'un observateur du temps, le Québec reviendrait «à une, position de résistance totale et farouche[6]».

À la reprise de la Conférence fédérale-provinciale, en octobre, Jean Lesage est forcé de reconnaître que les propositions fédérales concernant les ententes fiscales constituent une régression et sont inacceptables pour le gouvernement qu'il préside. Lors de la session de février de la même Conférence, le gouvernement fédéral fait savoir qu'il n'est pas disposé à changer « l'état de choses courant à l'égard de l'impôt sur les successions et de l'impôt sur le revenu des sociétés[7]». D'autre part le gouvernement canadien consentait à remettre aux provinces 6.1% de l'impôt sur le revenu des particuliers sur une période de cinq ans. Ces dernières toucheraient donc, en 1967, 20% de ces impôts et le gouvernement fédéral 80%.

Ces propositions fédérales s'accompagnaient de nouvelles méthodes de calcul de la péréquation qui, désormais, serait comptabilisée à partir du rendement moyen à travers le Canada des trois impôts précédemment identifiés, au lieu du rendement moyen des trois impôts dans les deux provinces les plus riches.

Jean Lesage est forcé de constater dans son rapport à l'Assemblée législative du 28 février 1961[8] :

> ...d'un côté, la province de Québec pourra percevoir elle-même plus, sans qu'il y ait double taxation du revenu des individus, d'un autre côté, au point de vue revenu provincial, elle n'en bénéficiera en aucune façon durant les cinq années des arrangements proposés. Comme je l'ai dit, on nous donne d'une main en champ de taxation ce qu'on nous enlève de l'autre par la diminution graduelle de la garantie qui est contenue dans les propositions de M. Diefenbaker. Au point de vue revenu, la province ne gagne absolument rien par les nouvelles propositions si on les compare aux arrangements actuels.

---

6. François-Albert Angers, « La Conférence fédérale-provinciale de juillet », *Action nationale*, vol. L, n° 1, septembre 1960, pp. 39-40.
7. Gouvernement du Québec, *Déclaration de l'Honorable Jean Lesage*, Premier ministre et ministre des Affaires fédérales-provinciales, Conférence fédérale-provinciale, Ottawa, 25 novembre 1963, p. 32.
8. *Rapport fait en Chambre par l'Honorable Jean Lesage, Premier ministre de la province de Québec, le 28 février 1961, au sujet de la dernière Conférence fédérale-provinciale tenue à Ottawa les 23 et 24 février 1961* (polycopié).

Cette première confrontation du nouveau gouvernement québécois avec les représentants du gouvernement central laissait présager des conflits encore plus significatifs qui marqueront le second mandat de l'équipe de Jean Lesage.

Au plan strictement politique, la fondation le 8 septembre 1960 de l'Action Socialiste pour l'Indépendance du Québec et la création, le 10 septembre de la même année, du Rassemblement pour l'Indépendance Nationale (R.I.N.), sans constituer une menace sérieuse au parti gouvernemental, élargissent le débat politique en offrant une option indépendantiste qui constitue à l'origine une fière affirmation de la nation québécoise et un exercice constant et vigoureux de contestation du régime et des politiques fédérales.

Dans ce contexte d'effervescence, le gouvernement québécois pose des gestes politiques qui, chacun à son tour, multiplient et précipitent l'affrontement avec Ottawa. La modernisation de l'État du Québec au plan des structures administratives, de la qualité du fonctionnarisme et de l'implantation de nouvelles politiques, fixe plus concrètement l'urgence d'une équitable répartition des revenus entre les deux niveaux de gouvernements au Canada. Comme nous l'avons déjà signalé, le gouvernement fédéral s'en tient pour l'essentiel au statu quo.

La création de nouveaux ministères à Québec, donc l'exercice plus complet des pouvoirs québécois, multiplie les zones de rencontres et de conflits entre Québec et Ottawa. C'est ainsi que le Québec est amené à réclamer la responsabilité de tous les programmes conjoints. Il refuse également, lors de «la Conférence nationale sur les ressources et notre avenir» d'octobre 1961, toute intrusion du fédéral dans le secteur des ressources naturelles et s'abstient de participer à la Conférence fédérale-provinciale de mars 1962 dont l'objectif était la création d'un réseau national de l'électricité. L'autonomie n'est plus invoquée par le gouvernement du Québec comme un principe sacré; elle est assumée dans de nombreux secteurs. La société québécoise s'en trouve elle-même modifiée de même que sa participation à la fédération canadienne.

Au niveau international, le Québec est maintenant représenté à Paris où Jean Lesage, le 4 octobre 1961, a reçu du premier ministre Michel Debré et du président de Gaulle un accueil officiel habituellement réservé au chef d'État.

La politique libérale symbolisée par le slogan «Maîtres chez nous» nourrit un fort sentiment nationaliste. L'impatience des chefs politiques en autorité, les lenteurs et les lourdeurs d'Ottawa[9] exaspèrent des membres mêmes du gouvernement qui mettent en cause la structure politique du pays et laissent présager des divisions au sein de l'équipe ministérielle. Elles permettent au parti d'opposition de lentement consolider sa base populaire. Dans ce contexte, de nombreux conflits naissent au sein des organismes pancanadiens et se soldent par le départ des membres québécois.

Au strict plan du fonctionnement du fédéralisme canadien, le premier mandat du gouvernement Lesage, outre les problèmes déjà recensés, est marqué par deux initiatives majeures dont le Premier ministre québécois avait fait état lors de la Conférence fédérale-provinciale de juillet 1960 : la convocation par le Québec, le 1er décembre 1960, de la Conférence interprovinciale et la relance des travaux de recherches d'une formule de rapatriement de la Constitution canadienne.

La Conférence interprovinciale de Québec, décembre 1960

Un document confidentiel du bureau du Premier ministre du Québec[10] nous permet d'assister à la renaissance de l'interprovincialisme au Canada tel que perçu, à la fin de 1960, par les gouvernements du Québec et de l'Ontario qui partagent des positions quasi identiques sur l'importance de la consultation et de la coordination interprovinciales. Jean Lesage a convoqué cette Conférence. Il en quitte la présidence dès la première session pour la céder au premier ministre Frost de l'Ontario, indiquant par ce geste la solidarité des deux provinces centrales. Le Premier ministre québécois rappelle avec satisfaction que les trois précédentes Conférences interprovinciales de 1864, 1887 et 1902 ont été convoquées par le gouvernement du Québec. Pour sa part, le Premier ministre ontarien affirme que c'est le gouvernement de sa province qui a imposé, grâce à de nombreux appels au Conseil privé de Londres, le principe que les Parlements provinciaux sont souverains dans les champs de leur juridiction et ne sont pas, comme certains le prétendaient à l'époque, des créatures du gouvernement fédéral. Il rappelle de plus que c'est la province d'Ontario qui a convoqué en 1944, la Conférence des ministres des Mines des provinces dont le modèle s'est imposé par la suite dans de nombreux autres

---

9. On pense en particulier au fameux «No» de John G. Diefenbaker en réponse aux demandes de plus en plus pressantes d'instituer une Commission royale d'enquête sur les problèmes linguistiques et culturels.
10. «*Premiers' Conference held in the Legislative Council Chamber at Québec*», December 1st and 2nd, 1960. *Confidential* (polycopié).

Photo 2. Honoré Mercier préside à Québec la première Conférence interprovinciale au Canada en 1887.

Photo 3. Jean Lesage relance l'interprovincialisme en convoquant à Québec ses collègues chefs des gouvernements provinciaux en 1960.

domaines. À ces rappels qui replacent dans l'histoire la Conférence de décembre 1960 s'ajoutent d'autres motifs qu'évoquent les Premiers ministres québécois et ontarien.

Jean Lesage rappelle que depuis plus d'un demi-siècle les relations fédérales-provinciales ont occupé tout le champ des relations intergouvernementales au Canada et que le temps est venu d'accorder à nouveau aux relations interprovinciales l'attention qu'elles méritent.

> Les champs spécifiques de juridiction qui ont été remis aux provinces par l'Acte de l'Amérique du Nord Britannique constituent un vaste terrain pour la coopération interprovinciale. Les provinces ne sont plus soumises au gouvernement central. Elles ont maintenant atteint la maturité et leurs relations avec Ottawa reposent sur l'égalité[11].

Leslie Frost reprend la position de son collègue québécois :

> Les problèmes des provinces sont d'une telle dimension qu'ils doivent être considérés séparément de ceux qui impliquent le gouvernement fédéral[12].

L'unanimité et l'insistance des chefs des gouvernements de l'Ontario et du Québec ne sont pas suffisantes pour convaincre tous leurs collègues des autres provinces. Si le premier ministre du Nouveau-Brunswick, Louis Robichaud, et le représentant du premier ministre Shaw de l'île du Prince-Édouard sont d'accord avec eux quant à l'opportunité de créer un secrétariat permanent de la Conférence interprovinciale, les premiers ministres Douglas de la Saskatchewan, Roblin du Manitoba et Stanfield de la Nouvelle-Écosse préfèrent consacrer par un statut de permanence la Conférence interprovinciale plutôt que de créer une nouvelle structure administrative. Les premiers ministres Bennett de la Colombie-Britannique et Smallwood de Terre-Neuve refusent pour leur part de donner leur appui à l'une ou l'autre des deux formules, se contentant d'affirmer que les chefs des gouvernements provinciaux devraient se réunir en cas de crises ou de situations urgentes. Le représentant de l'Alberta se contente d'affirmer qu'il fera rapport au premier ministre Manning des activités de la Conférence.

Selon les termes mêmes du communiqué de la Conférence, cette dernière « a été entièrement consacrée à considérer la possibilité et l'utilité d'instituer une Conférence des Premiers

---

11. *Ibid*.
12. *Ibid*.

ministres ainsi que le domaine de ses activités[13]». Les chefs des gouvernements provinciaux avaient pris grand soin tout au long de la réunion de ne pas heurter le gouvernement fédéral représenté par un observateur à la Conférence de Québec. Cependant, de l'avis même des premiers ministres Lesage, Frost, Stanfield et Douglas, il n'est que normal que les provinces discutent entre elles des problèmes qui font l'objet de négociations fédérales-provinciales. Les chefs des gouvernements de la Nouvelle-Écosse et de la Saskatchewan insistent même pour que les questions de fonctionnement du fédéralisme, du rapatriement de la Constitution et du mode d'amendement fassent l'objet de discussions entre les chefs des gouvernements provinciaux.

Au terme de leur rencontre, les Premiers ministres convenaient de se réunir à nouveau au mois d'août 1961 à Charlottetown, et à Victoria en 1962.

Le rapatriement de la Constitution : première tentative

Le premier ministre Lesage avait proposé à la Conférence fédérale-provinciale de juillet 1960 « que la présente conférence décide de reprendre les discussions sur le rapatriement et la formule d'amendement de la Constitution[14]». La proposition québécoise reçut l'appui des chefs de gouvernements de l'Ontario et de la Saskatchewan, messieurs Frost et Douglas. Pour sa part, le premier ministre Diefenbaker réagissait favorablement et suggérait qu'une Conférence à ce sujet soit convoquée dès l'automne.

Au lendemain de la Conférence de juillet, le ministre canadien de la Justice Davie Fulton invitait ses collègues provinciaux à le rencontrer pour discuter d'une formule de rapatriement sur la base du consentement unanime des onze gouvernements du Canada et d'une formule d'amendement fondée sur le même principe[15].

Entre novembre 1960 et novembre 1961 les Solliciteurs généraux des provinces et le ministre de la Justice du Canada se réunissent à quatre reprises. Le 2 décembre 1961, le ministre Fulton rend public le texte de la formule de rapatriement et

---

13. *Ibid.*
14. Gouvernement du Canada, *Conférence fédérale-provinciale,* 1960, Ottawa, les 25, 26 et 27 juillet, *op. cit.,* p. 32.
15. *McGill Law Journal*, Constitutional Amendment in Canada, Confederation Centennial Edition 1867-1967, vol. 12, n° 4, 1966-67, p. 337.

d'amendement de la Constitution canadienne qui devait par la suite porter son nom. Ce texte qui avait obtenu l'assentiment des représentants de chaque gouvernement provincial et du gouvernement fédéral était le résultat d'une longue et vigoureuse négociation. Il exprimait le compromis et non l'accord des provinces.

Dès octobre 1960, une première formule avait fait l'objet d'une analyse attentive. Cette formule prévoyait que le gouvernement britannique décréterait que la Constitution du Canada pourrait être abrogée ou modifiée à l'avenir par une Loi du Parlement du Canada avec l'assentiment de toutes les législatures provinciales. Cette proposition, apparemment équitable, n'a pas été retenue parce que, dans la pratique, le résultat aurait signifié que la règle de l'unanimité s'imposait à l'avenir pour toute modification à la Constitution, y compris les Constitutions des provinces, ce qui n'était pas acceptable pour ces dernières.

La seconde formule étudiée prévoyait l'accord des deux tiers ou des trois quarts des provinces comptant au moins 75 pour cent de la population canadienne comme base indispensable pour modifier la Constitution. Pratiquement cette formule concédait un droit de veto aux provinces de Québec et de l'Ontario. Il est évident que cette option était difficilement acceptable pour les huit autres provinces.

Une troisième solution fut alors envisagée. L'accord des deux tiers des provinces serait requis pour amender la Constitution. Cette formule était de toute évidence inacceptable pour la province de Québec. Même en dressant une liste de dispositions constitutionnelles qui soient soustraites à la formule des deux tiers et requerraient pour être modifiées l'accord unanime des provinces, on rencontrait d'insurmontables difficultés.

La formule retenue en 1961 prévoyait le consentement unanime des provinces comme fondement de toute modification constitutionnelle affectant les domaines de leur juridiction. La province de la Saskatchewan s'opposa à ce pouvoir de veto de toutes les législatures. Ses représentants proposèrent la norme de consentement des deux tiers avec une exception d'importance; aucune modification affectant la propriété et le droit civil au Québec ne serait valide sans le consentement du Québec.

Devant le refus de ses partenaires de reconnaître la validité de sa position, le gouvernement de la Saskatchewan refusait, en janvier 1962, de donner son accord à la formule Fulton. Un mois auparavant le Québec avait fait savoir qu'il ne pouvait accepter la formule Fulton en raison du refus du gouvernement fédéral d'y intégrer des restrictions significatives à son pouvoir de modifier la Constitution, obtenu en 1949. La promesse du gouvernement fédéral de reconsidérer le texte de 1949 une fois la formule sanctionnée ne constituait pas aux yeux du Québec une garantie suffisante.

Les propositions d'ordre constitutionnel et fiscal soumises par le gouvernement du Québec à la Conférence fédérale-provinciale de juillet 1960, d'octobre 1960 et de février 1961, la convocation de la Conférence interprovinciale de décembre 1960, le refus de la formule Fulton, les nouvelles relations du Québec avec la France, les déclarations de certains ministres québécois, les débats publics au Québec[16], la place de plus en plus significative que prenaient dans ces débats les leaders indépendantistes québécois, autant de facteurs qui inquiétaient des secteurs de plus en plus nombreux de l'opinion publique du Canada anglais.

L'explication de ce nouveau dynamisme québécois sera fournie par le premier ministre Lesage à l'occasion d'un discours public qu'il prononcera en août à Victoria sous le titre «Le Québec dans la Confédération canadienne[17]».

Selon le Premier ministre québécois, la question de la place du Québec au sein de la Confédération n'a jamais dans le passé fait l'objet de discussions aussi suivies de la part de nombreux groupes et dans les media. Les raisons de ce nouvel état de fait ne sont pas d'ordre académique.

> La réponse qui sera donnée à cette question de la place du Québec au sein de la Confédération rejoint le problème de la survivance des Canadiens français comme groupe ethnique. Dans cette seconde moitié du XXᵉ siècle, presque cent ans après l'établissement du régime fédéral, les faits expérimentés sur une base quotidienne forcent les Canadiens français à se demander où les conduit la direction politique, économique et sociale qu'a prise notre pays. Un grand nombre de Québécois sont inquiets, justement inquiets, des orientations prises par le système fédéral canadien.

---

16. On pense en particulier à la Conférence organisée sous les auspices de l'Institut des Affaires canadiennes en novembre 1961 à l'Université Laval et dont les délibérations ont été publiées sous le titre : *Le Canada, expérience ratée... ou réussie* ? Québec, Les Presses de l'Université Laval, 1961.

17. Jean Lesage, «Québec in Canadian Confederation», Interprovincial Conference, Victoria, August 7th, 1962 (polycopié).

Le fédéralisme canadien a dévié de ses orientations originales. Pour le chef du gouvernement québécois, il importe de le réformer, en particulier de revoir le partage du pouvoir entre les différents niveaux de gouvernements et d'examiner les rapports entre les « deux groupes ethniques » qui forment le Canada.

Le premier mandat du gouvernement Lesage qui allait se terminer dans quelques mois avait modifié les rapports politiques du Québec avec le Canada. Il avait forcé la discussion constitutionnelle, relancé l'interprovincialisme au Canada, intégré dans l'axe de la politique canadienne la référence française. Cet ensemble de facteurs, joints aux conséquences de certaines réformes internes, allaient agrandir encore davantage les tensions du système fédéral canadien durant le second mandat du gouvernement Lesage reporté au pouvoir avec un slogan qui plongeait ses racines loin dans l'héritage intellectuel et politique québécois : « Maîtres chez nous ».

LE SECOND MANDAT 1962-66

C'est en invoquant « l'œuvre exaltante de la libération économique du Québec[18] » que le Parti Libéral propose à l'électorat en 1962 son programme de nationalisation des entreprises électriques établies sur le territoire québécois.

> Le peuple du Québec a confiance, comme ont confiance toutes les nations jeunes qui, un jour, ont résolu de s'affirmer...
>
> Pour la première fois dans son histoire, le peuple du Québec peut devenir maître chez lui ! L'époque du colonialisme économique est révolue. Nous marchons vers la libération !
>
> Maintenant ou jamais ! MAÎTRES CHEZ NOUS ! ! !

Au plan strictement constitutionnel, le programme libéral de 1962 est très bref : « Affirmer le rôle du Québec dans la Confédération. »

Daniel Johnson, élu chef de l'Union Nationale le 23 septembre 1961, propose aux Québécois dans le manifeste électoral de son parti un objectif de souveraineté politique mal défini. Pour le chef de l'Union Nationale, la « convocation des États généraux de la nation canadienne-française en vue de la révision de la Constitution[19] » est l'instrument privilégié pour la réalisation de cet objectif.

---

18. Jean-Louis Roy, *Les Programmes électoraux du Québec.* T. II, *op. cit.*, p. 395.
19. *Idem*, p. 402.

Photo 4. Slogans et réalités de la révolution tranquille; assemblée électorale du Parti Libéral du Québec en 1962.

Photo 5. La nationalisation des entreprises électriques en 1962.

Photo 6. La maison du Québec à Paris.

La campagne électorale de 1962 constitue une étape historique dans l'évolution politique du Québec. Tant par le langage utilisé que par les objectifs proposés, la société québécoise s'affirme, à travers ses leaders politiques. La conservation du « butin » qui avait résumé près d'un quart de siècle de son passé récent se transforme en une fière affirmation d'un pouvoir réel et d'une volonté de contrôle et de développement sans précédent. Les thèmes de la « souveraineté » et de la « libération » stimulent les espérances. Jean Lesage mène une vigoureuse campagne, René Lévesque, qui joue son avenir politique, s'impose comme l'architecte de la nationalisation et, pour plusieurs, de l'affirmation nationale. Les quatre prochaines années seront marquées d'un nombre impressionnant de choix politiques dont la nationalisation de l'électricité reste le symbole le plus significatif.

C'est surtout au cours du second mandat de l'équipe libérale que la place du Québec au sein du Canada, le rôle du gouvernement fédéral au Québec et les relations entre les communautés anglophones et francophones au pays, furent soumises à une sévère évaluation dont l'aboutissement normal pour un grand nombre de Québécois fut la remise en cause du système fédéral lui-même et pour d'autres le sentiment qu'il fallait réviser la Constitution sans délai et en profondeur.

Le Canada anglais, dans un premier temps, sympathisa avec les efforts de modernisation de la société québécoise. L'incompréhension et l'inquiétude succédèrent à cette sympathie initiale. Dans plusieurs milieux on s'indigna des initiatives québécoises perçues comme destructrices de l'expérience canadienne. Le nouveau gouvernement fédéral dirigé par Lester B. Pearson, élu le 8 avril 1963, tenta par une série d'initiatives spectaculaires de reconnaître les aspirations québécoises. Chacune de ces initiatives prises pour résoudre la crise canadienne contribuait à l'alimenter.

Les relations Québec-Ottawa entre 1962 et 1966 furent marquées par quatre conflits d'importance dans les secteurs de la fiscalité, des politiques de sécurité et de retraite, des programmes conjoints et des relations internationales.

La négociation fiscale

L'année 1963 est considérée au Québec comme l'année des ultimatums. Frustré des réponses évasives du gouvernement fédéral, Jean Lesage, dans son discours du budget du 5 avril 1963, fixe un délai d'un an pour que soient entérinés de nouveaux arrangements fiscaux permettant au Québec de contrôler 25% des impôts sur les revenus des particuliers, 25% des impôts sur les compagnies et 100% des impôts sur les successions. En moins de trois années, c'est la cinquième fois que le chef du gouvernement québécois formule officiellement cette demande[20].

Dans l'un des textes les plus substantiels qu'un Premier ministre québécois ait présenté à ses collègues canadiens, Jean Lesage, à la Conférence fédérale-provinciale de novembre 1963, réitère les exigences fiscales du Québec. Il invoque à nouveau la dimension et la priorité des besoins provinciaux et plaide pour le respect des juridictions provinciales[21]. Mais il y a plus.

> Pour en arriver à réaliser l'objectif d'un sain fédéralisme, ou d'un fédéralisme coopératif comme on aime parfois à le dire, c'est tout le régime confédératif canadien et son fonctionnement actuel qui ont besoin d'être repensés... Nous serons même appelés à le transformer, car la réalité ambiante nous conduira fatalement à le remettre en question ; il faudra peut-être alors le modifier dans certains de ses éléments qui nous ont toujours paru les plus stables.

Le Premier ministre québécois rappelle que pour atteindre les objectifs imposés par la guerre et l'après-guerre, « il a fallu ordonner le cadre constitutionnel de notre pays en fonction du gouvernement central[22] ». Les arguments pertinents invoqués en une période où les besoins prioritaires de l'administration fédérale étaient évidents ont perdu une bonne partie de leur substance. La vérité c'est que le Canada continue de vivre « dans un cadre conçu pour une situation périmée[23] ». Jean Lesage utilise comme exemple les projets fédéraux dans les secteurs de la Jeunesse et des Affaires municipales pour illustrer les conséquences de cette situation. Les propositions du Québec pour ajuster le cadre fiscal et politique à la réalité d'aujourd'hui « furent mal reçues par les représentants du gouvernement fédéral... sauf sur quelques points, nos demandes légitimes se heurtèrent à un refus presque complet[24] ».

---

20. Le Premier ministre québécois a déjà soumis des demandes semblables aux sessions de juillet 1960 et de février 1961 de la Conférence fédérale-provinciale de juillet 1960. Il a repris ces propositions dans les discours du budget de 1961 et de 1962.
21. Gouvernement du Québec, *Déclaration de l'Honorable Jean Lesage, Premier ministre, ministre des Finances et des Affaires fédérales-provinciales*, Conférence fédérale-provinciale, Ottawa, le 25 novembre 1963, pp. 1-2.
22. *Ibid.*, p. 21.
23. *Ibid.*, pp. 32-34.
24. Gouvernement du Québec, *Déclaration de l'Honorable Jean Lesage, Premier ministre, ministre des Finances et des Affaires fédérales-provinciales*, Conférence fédérale-provinciale, Québec, le 31 mars 1964, p. 18.

Nous avions espéré, en assistant aux conférences fiscales fédérales-provinciales, qu'on comprendrait notre situation. C'est le contraire qui s'est produit. Nous avons eu l'impression qu'on n'a pas daigné nous écouter.

Pour l'essentiel, le Premier ministre québécois reprendra les principaux éléments de cette sévère évaluation de l'échec de la négociation fiscale au Canada entre 1960 et 1964, lors de la Conférence fédérale-provinciale tenue à Québec en mars 1964.

Le régime de rentes : Québec ou Canada

Le 16 mai 1963 le gouvernement du Canada annonça dans le discours du Trône son intention de créer un régime canadien de pensions universel et contributif. La création d'un tel régime constituait un engagement électoral ferme du Parti Libéral du Canada. Malgré les pressions considérables des grandes compagnies d'assurance et l'incertitude que suscitaient les réactions difficilement prévisibles de l'Ontario et du Québec, le gouvernement Pearson en fit l'une de ses priorités dès les soixante premiers jours de son administration qui devaient, aux yeux du premier ministre Pearson, faire la preuve de la vitalité du pays et de l'État.

Le ministre Judy LaMarsh était responsable de l'élaboration du projet[25]. Elle était assistée d'une équipe interministérielle dont faisait partie Tom Kent du bureau du Premier ministre. Ce régime visait deux objectifs spécifiques : la sécurité du revenu des citoyens retraités et la protection de la main-d'œuvre de plus en plus touchée par les problèmes inhérents à la mobilité.

Advenant la réalisation de cette initiative fédérale, la position du gouvernement canadien en politique sociale en serait consolidée, d'autant plus qu'elle s'accompagnerait, selon les intentions fédérales, d'un élargissement du pouvoir concurrent qu'il détenait déjà dans d'autres secteurs de la politique de sécurité. Elle signifiait qu'Ottawa investissait dans un champ de juridiction qui appartenait aux provinces.

En juillet, le gouvernement québécois refusait que le régime fédéral de pensions s'applique à ses citoyens. Il annonçait de plus qu'il instituerait son propre régime de pensions, public et universel.

La position du gouvernement du Québec reposait sur deux séries d'arguments fondamentaux. Il refusait de participer, au

---

25. Judy LaMarsh, *Memoirs of a bird in a gilded cage*, Toronto/Montréal, McClelland and Stewart, 1968, chap. V.

nom de l'autonomie du Québec, à un nouveau programme fédéral dans le domaine de la politique sociale et considérait que les fonds accumulés dans un régime de pensions devaient, en partie du moins, lui être accessibles pour financer certaines des politiques inaugurées dans les dernières années et dont les coûts considérables dépassaient ses ressources financières.

La confrontation entre Ottawa et Québec au sujet du contrôle du régime de pensions prit lentement forme de juillet 1963 à mars 1964. Elle se transforma en un affrontement majeur lors de la Conférence fédérale-provinciale tenue à Québec du 31 mars au 2 avril 1964.

Avant de quitter Ottawa, la délégation fédérale avait décidé de prendre une position ferme devant toute nouvelle demande du Québec, qu'elle soit d'ordre fiscal ou d'ordre politique[26]. On avait décidé d'opposer une fin de non-recevoir à toute demande québécoise de contrôler la politique d'allocations familiales ou de se retirer des plans conjoints.

Le Québec pour sa part, outre le contrôle exclusif du plan d'assurance-retraite qu'il avait élaboré et qui de l'aveu même des politiciens fédéraux était supérieur au projet canadien[27], était fermement décidé à réclamer une part plus grande des ressources fiscales du pays.

Dès le début de la Conférence, Jean Lesage, entouré des ministres Paul Gérin-Lajoie et René Lévesque, déclare que si des revenus supplémentaires n'étaient pas concédés à Québec par Ottawa, il se verrait forcé d'augmenter les taxes des Québécois, voire d'imposer une «double taxation». L'expression est célèbre dans l'histoire des relations Québec-Canada. Elle constitue une véritable déclaration de guerre.

Certains politiciens fédéraux tentèrent de convaincre le premier ministre Pearson de maintenir une attitude ferme devant l'ultimatum du Québec. D'autres l'incitaient à la conciliation. À huit heures du matin, le dernier jour de la Conférence, le Premier ministre canadien réunit au Château Frontenac les membres de la délégation fédérale pour définir une nouvelle stratégie et préparer la réponse d'Ottawa aux exigences du Québec. Malgré leurs intentions initiales les membres de la délégation décident

---

26. Pour une histoire de cette Conférence, on lira avec profit : Claude Morin, *Le Pouvoir québécois en négociation*, Montréal/Québec, Boréal Express, 1972, Dossier I : le régime de rentes du Québec; Judy LaMarsh, *op. cit.*, chap. V ; Peter Desbarats, *The State of Quebec*, Toronto/Montreal, McClelland and Stewart, 1965.

27. Judy LaMarsh, *op. cit.*, p. 126.

de ne pas s'opposer aux demandes du Québec dans le secteur des allocations familiales, de laisser au Québec le contrôle du plan de régime des rentes tout en s'efforçant d'obtenir des représentants québécois l'assurance que le plan québécois et le plan canadien seraient ajustés pour assurer à tous les Canadiens une protection identique. De plus, la délégation fédérale proposera à la Conférence la création d'un comité pour étudier le système fiscal du pays.

Cet ensemble de propositions marquait une victoire pour le Québec. Elles avaient pour conséquence, du moins à court terme, de dénouer la crise qui risquait d'ébranler le pays. Elles permettaient aux politiciens fédéraux de faire l'apologie du fédéralisme coopératif dont les dernières manifestations s'alimentaient des ultimatums du Québec.

Les programmes dits conjoints

Dès la Conférence fédérale-provinciale de juillet 1960, le gouvernement québécois réclamait le retrait du gouvernement fédéral de tous les programmes conjoints. Cependant, afin de ne pas priver les citoyens du Québec des sommes et des services auxquels ils avaient droit, le Québec consentait, sur une base temporaire, à participer aux programmes existants. La position québécoise n'était pas nouvelle. Maurice Duplessis avait constamment dénoncé cette politique des programmes dits conjoints et avait refusé les subventions fédérales conditionnelles dans les domaines de juridiction provinciale.

Bien que ce dossier ait donné lieu à diverses prises de position de la part du Québec, il demeurait litigieux en raison de l'absence de volonté de négocier du gouvernement Diefenbaker.

La victoire du Parti Libéral dirigé par Lester B. Pearson, le 8 avril 1963, allait modifier substantiellement la politique fédérale dans ce secteur. En accord avec les demandes québécoises, le programme du Parti Libéral canadien prévoyait la possibilité de retrait des provinces des programmes conjoints et une compensation financière équivalente aux déboursés qu'aurait encourus le gouvernement fédéral dans la province désengagée aux fins de ces programmes. La position de la nouvelle équipe gouvernementale canadienne fut officialisée dans le discours du budget, le 16 mars 1964[28].

---

28. *Débats de la Chambre des Communes*, 2e session, 26e législature, vol. I, 16 mars 1964, p. 1023.

> Si les provinces le désirent, nous sommes disposés à leur
> confier l'entière responsabilité de certains de ces program-
> mes à frais partagés d'une nature continue qui sont déjà
> établis, et à effectuer les rajustements fiscaux nécessaires,
> soit sous forme d'une part plus large des domaines
> d'imposition directe, soit au moyen de modifications ou de
> compléments aux versements de péréquation.

Déjà à la Conférence fédérale-provinciale de novembre 1963, le Québec avait rappelé son intention de se retirer des program- mes conjoints et mis en évidence les motifs de son choix. Cepen- dant il faudra attendre la houleuse Conférence de mars 1964 pour mesurer à la fois la complexité de la méthode de désengage- ment soumise par Québec et le détail de son argumentation.

L'existence de programmes conjoints force les provinces à retenir « les services d'un personnel spécialement chargé de faire rapport à Ottawa de l'exécution de ces programmes et le gouvernement fédéral doit à son tour engager des fonctionnaires pour voir à ce que les conditions exigées par lui soient respectées par les provinces ». Ce double contrôle signifie «perte d'effica- cité ou double emploi et des frais plus élevés »[29].

Cette critique d'ordre administratif s'accompagne de réser- ves plus fondamentales d'ordre politique. Selon l'évaluation du Québec, « les programmes à frais partagés sont généralement conçus sans consultation avec les provinces ». Ils ne respectent pas les priorités des états provinciaux ni la diversité des situa- tions sociales très variables d'une région à l'autre, d'une province à l'autre.

De plus, au point de vue de l'équité et de la justice sociale, les programmes conjoints « représentent en pratique un don sans condition aux provinces riches » et « une discrimination finan- cière envers les provinces moins fortunées ». Ce jugement se fonde sur les évaluations suivantes : les provinces riches n'ont pas besoin de l'aide fédérale pour offrir des services équivalents à ceux rendus par les programmes conjoints. Elles auraient, de toute façon, fourni à leur population les services rendus par les programmes conjoints. Donc les provinces riches peuvent affec- ter une somme équivalente aux contributions fédérales et les dépenser à des politiques de leur choix. D'autre part, les pro- vinces moins fortunées, afin de bénéficier des subventions liées à leur acceptation des programmes conjoints, doivent, afin de

---

29. *Déclaration de l'Honorable Jean Lesage*, Conférence fédérale-provinciale, Québec, 31 mars 1964, *op. cit.*, p. 11.

défrayer leur part des coûts de ces programmes, réduire d'autres postes de leur budget.

Enfin, dans la plupart des cas, les programmes conjoints définis par Ottawa constituent des intrusions cumulatives du fédéral dans des domaines de juridiction provinciale et les provinces peuvent difficilement refuser les subventions fédérales rattachées aux programmes conjoints.

> Ces subventions deviennent ainsi une contrainte qui, à toutes fins utiles, place les provinces dans un état de subordination vis-à-vis le gouvernement central. En effet, si certaines d'entre elles, à cause de leur position constitutionnelle, ne veulent pas se soumettre aux conditions fixées par le gouvernement central, elles sont gravement pénalisées puisqu'elles se voient privées de sommes auxquelles leurs citoyens ont pourtant contribué. C'est cette situation qui a forcé le Québec à adhérer depuis 1960, à plusieurs programmes conjoints. Cette adhésion, toutefois, n'a toujours été pour nous qu'un pis-aller en attendant une solution satisfaisante à ce problème. Nous croyons qu'est maintenant venu le moment de résoudre la question une fois pour toutes[30].

Après avoir exposé cet ensemble d'objections à la politique des programmes conjoints, le Québec proposait un projet de retrait des provinces de ces programmes et des formules de compensation financière ajustées aux divers types de programmes.

En août 1964, le Premier ministre du Canada répondait au projet québécois en proposant la délimitation d'une période de transition de cinq ans, de 1965 à 1970, durant laquelle le Québec recevrait vingt points d'impôt sur le revenu des particuliers plus des versements en espèces, en compensation des dépenses que le gouvernement canadien aurait encourues pour sa part de financement des programmes conjoints dont le Québec se dégagerait. Pendant cette période de transition, Ottawa s'engageait à ne pas modifier les programmes conjoints dont une province se serait désengagée. Pour sa part le Québec, durant la même période, s'engageait à maintenir des programmes équivalents à ceux dont il se retirait, à se soumettre aux vérifications de fonctionnaires fédéraux et à participer aux rencontres et organismes interprovinciaux susceptibles de s'intéresser aux domaines d'activités sujets à la formule d'option.

---

30. *Déclaration de l'Honorable Jean Lesage*, 31 mars 1964, *op. cit.*, p. 14.

Cette entente réglait en partie seulement le vieux contentieux qui opposait Québec et Ottawa. En réalité, les objectifs fédéraux étaient strictement maintenus quant au contenu et aux mécanismes d'application et de vérification des programmes conjoints. Le seul changement consenti avait trait à l'origine des revenus finançant ces programmes. Traditionnellement ils provenaient du gouvernement fédéral, désormais ils seraient directement perçus par Québec sous forme d'un accès accru à l'impôt sur le revenu des particuliers.

Les relations internationales

Les trois premiers conflits qui marquèrent entre 1962 et 1966 les relations du Québec avec le Canada se situaient dans le vaste domaine des relations fédérales-provinciales. Ils ne débordaient, en aucune manière, les frontières du pays. Ils retenaient l'attention des spécialistes étrangers intéressés à l'évolution du fédéralisme canadien, sans plus.

Le quatrième secteur d'affrontement entre les gouvernements canadien et québécois avait une tout autre dimension. Il posait la question du pouvoir des États fédérés du Canada à entretenir des relations internationales, à conclure des traités avec d'autres États et à participer à des conférences internationales tout au moins dans les secteurs de leur compétence[31].

L'une des initiatives les plus spectaculaires du gouvernement Lesage fut de relancer les relations internationales du Québec.

Dès 1961, le gouvernement québécois transforma son agence commerciale de New York en délégation générale et ouvrit à Paris une seconde délégation générale. L'ère des relations France-Québec était inaugurée au plus haut niveau. Le général de Gaulle, le premier ministre Debré et de nombreux ministres du gouvernement français réservèrent au chef du gouvernement québécois et à ses collègues qui l'accompagnaient pour l'inauguration de la délégation générale un accueil remarqué. Au

---

31. Pour une étude plus détaillée concernant le Québec et les relations internationales, on consultera avec profit : J. Brossard, A. Patry et E. Weiser, *Les Pouvoirs extérieurs du Québec*, Montréal, Presses de l'Université de Montréal, 1967 ; Jean Hamelin, «Québec et le Monde extérieur 1867-1967», *Annuaire du Québec*, Québec, Éditeur officiel, 1968-1969, pp. 2-3 ; sous la direction de Paul Painchaud, *Le Canada et le Québec sur la scène internationale*, Centre québécois de relations internationales, Presses de l'Université du Québec, Montréal, 1977.

déjeuner offert par le Premier ministre français à l'Hôtel Matignon le 5 octobre, le chef du gouvernement québécois se laisse aller à un lyrisme qui témoigne, dans sa naïveté, des sentiments et de l'étonnement qui animent les hommes politiques du Québec à l'heure des retrouvailles avec la France [32].

> Depuis le moment où les membres de la délégation du Québec ont posé le pied sur votre sol, chacun d'eux vit dans un émerveillement continuel.
>
> Cet émerveillement, il était facile de le prévoir en pensant à tout ce que la France représente pour nous dans tous les domaines.
>
> Mais si notre esprit est charmé notre cœur l'est davantage par la touchante réception dont nous sommes l'objet et par la sollicitude amicale (il n'y a pas d'autre mot) dont nous sommes flatteusement entourés.
>
> Tout cela rend plus grande encore notre dette envers la France, mais contrairement aux dettes qui consternent ceux qui les voient s'accumuler, celle-ci nous ravit, et nous avons l'impression de nous enrichir dans la mesure même où nous les avouons. C'est avec fierté que nous proclamons toutes les dettes que nous avons envers la France. Comment ne pas l'aimer puisque c'est elle qui nous rêva !...
>
> Vous êtes heureux, j'en suis sûr, de nous savoir à la fois différents de vous et tellement près de vous à cause d'aspirations qui remontent à nos origines communes. C'est donc avec un euphorique sentiment de confiance que je vous dis :
>
> VIVE LA FRANCE, VIVE LA PROVINCE DE QUÉBEC et vive la merveilleuse amitié qui les lie !

Le réseau restreint des délégations québécoises à l'étranger devait s'agrandir avec l'ouverture, en mai 1963, d'une délégation à Londres et d'un bureau économique à Milan en 1965. À l'occasion de l'ouverture de la délégation à Londres en 1963, le premier ministre Lesage se rend à Paris où il fut reçu par le président de Gaulle qu'il reverra à nouveau en 1964.

Ces rencontres du chef du gouvernement québécois avec les autorités françaises et le travail de la délégation à Paris dans les secteurs culturel et éducatif en particulier, replacés dans le contexte des profondes transformations internes qui s'effectuent dans la société québécoise, conduisent à des discussions plus serrées sur les possibilités de coopération franco-québécoise.

---

32. Jean Lesage, au déjeuner offert par le premier ministre Debré, Paris, Hôtel Matignon, 5 octobre 1961, 13 heures (polycopié).

La rencontre Lesage-de Gaulle de 1964 marque une étape essentielle dans cette direction puisque les hommes politiques abordèrent formellement la question de l'extension des formes de coopération entre la France et le Québec.

Cette recherche de nouvelles formes de coopération reposait sur un précédent qui remontait à l'année 1962. En effet une année après l'ouverture de la délégation du Québec à Paris, des discussions suivies entre le ministère de la Jeunesse québécoise et l'Association pour l'Organisation des Stages en France (A.S.T.E.F.) avaient débouché sur l'établissement d'un programme d'échanges et de coopération. Ces négociations aboutirent à la signature d'un échange de lettres, les 3 et 4 février 1964, entre le président de l'A.S.T.E.F. et le ministre québécois de la Jeunesse. Cet échange de lettres avait reçu au préalable l'assentiment du gouvernement canadien à la demande de l'ambassadeur de France au Canada.

L'année 1965 fut marquée par une expansion significative de la coopération France-Québec. Le 27 février, les ministres français et québécois de l'Éducation, messieurs Fouchet et Gérin-Lajoie, signaient une entente de coopération dans le domaine de l'Éducation[33]. Cette entente était contresignée par le sous-ministre des Affaires fédérales-provinciales du Québec, Claude Morin, et le directeur général des Affaires culturelles et techniques au ministère des Affaires étrangères de France, Jean Basdevant.

Le 24 novembre de la même année, le Québec concluait une entente culturelle avec la France. Cette entente fut signée par l'ambassadeur de France, François Leduc, au nom de son pays, et par le ministre des Affaires culturelles du Québec, Pierre Laporte, au nom de son gouvernement[34].

Au niveau administratif l'année 1965 fut marquée par trois événements qui concrétisaient les initiatives québécoises au plan de la coopération avec l'étranger. Les 26 et 27 mai, la Commission permanente de Coopération franco-québécoise siégea pour la première fois dans la capitale du Québec. La Commission est formée de hauts fonctionnaires français des ministères de l'Éducation nationale, des Affaires culturelles et techniques, des Affaires étrangères et du ministre de l'Éducation du

---

33. *Entente entre le Québec et la France sur un programme d'échanges et de coopération dans le domaine de l'Éducation.*
34. *Entente sur la coopération culturelle entre le gouvernement du Québec et le gouvernement de la République française*, 24 novembre 1965.

Québec auxquels se sont joints des hauts fonctionnaires québécois. À l'été de 1965, le gouvernement du Québec fait connaître sa volonté d'agir comme seul agent recruteur des professeurs québécois qui partent en mission hors du pays et de garder un « certain contrôle » sur leurs activités pédagogiques durant leur séjour à l'étranger. En bref, cela signifie que le Québec remplaça le Bureau de l'Aide extérieure du gouvernement fédéral comme agent de recrutement et de contrôle. Enfin le 25 août 1965, le cabinet québécois fit savoir qu'il avait créé un Comité interministériel des relations extérieures. Relevant directement du Premier ministre, le nouveau comité était présidé par le sous-ministre des Affaires fédérales-provinciales et avait la responsabilité de la coordination de la politique de coopération internationale du Québec.

Cet ensemble d'activités, tant au niveau administratif que politique, créait une situation tout à fait nouvelle quant à la conduite des relations internationales du Canada. Pour la première fois, un chef de gouvernement québécois avait des entretiens suivis avec un chef de gouvernement étranger, un ministre du gouvernement du Québec signait une entente avec un ministre français, des fonctionnaires québécois siégeaient avec des fonctionnaires français au sein d'une Commission «permanente» chargée d'établir des programmes «permanents» de coopération.

Cette période de 1962 à 1966 ne donna pas lieu à des affrontements spectaculaires entre les gouvernements canadien et québécois quant à la conduite des relations internationales. Cependant le gouvernement fédéral suivit de près la nouvelle politique québécoise et réussit à la chapeauter en ratifiant les ententes franco-québécoises de février 1964 et de février 1965 par un échange de notes entre le ministre canadien des Affaires extérieures et l'ambassadeur de France au Canada.

Forcé de reconnaître qu'il ne disposait plus d'un pouvoir exclusif d'initiative dans le domaine des relations internationales et afin de garder, au moins formellement, le contrôle de ce domaine, le gouvernement fédéral se dotait d'un outil d'intervention nouveau en novembre 1965. Une semaine avant la signature de l'entente culturelle entre la France et le Québec, soit le 17 novembre, le Canada et la France paraphaient un accord cadre destiné à faciliter les ententes entre les gouvernements provinciaux et le gouvernement français. L'accord cadre prévoyait que les provinces pourraient signer des ententes soit en les situant à l'intérieur de l'accord cadre ou suite à une autorisation spécifique du gouvernement fédéral au moyen d'un échange de lettres. C'est ce dernier procédé qu'utilisera le Québec dans le cas de l'entente culturelle France-Québec du 24 novembre 1965.

Au-delà des formules feutrées caractéristiques des milieux diplomatiques, les hommes politiques canadiens étaient profondément inquiets des développements de la coopération officielle des gouvernements de Paris et de Québec. Une lecture du *Journal des débats* de la Chambre des Communes entre le mois de mars 1965 et de février 1966 permet de commenter cette inquiétude. À quinze reprises les porte-parole de l'opposition tentent d'obtenir du Premier ministre ou du ministre des Affaires extérieures des informations quant à la politique gouvernementale dans le secteur des Affaires extérieures, plus précisément quant au «droit ou au privilège» qu'on aurait consenti aux provinces pour leur permettre de négocier et de conclure des ententes avec un État étranger. L'opposition tente aussi de savoir si le Québec a consulté Ottawa avant de signer des ententes avec la France. Le premier ministre Pearson et le ministre des Affaires extérieures Paul Martin, utilisant leur vaste expérience diplomatique, font de longues réponses qui relancent la question initiale.

Désireux pour sa part de clarifier les activités internationales du gouvernement du Québec, le ministre Paul Gérin-Lajoie définissait devant le Corps consulaire de Montréal, le 12 avril 1965, les fondements de l'action internationale « de notre État fédéré, l'État québécois [35] ».

Définissant le Québec comme « l'instrument politique d'un groupe culturel distinct et unique dans la grande Amérique du Nord », « comme l'État de la plus nombreuse des communautés francophones hors de France», le Ministre québécois conteste le partage des tâches entre l'État fédéral et les États fédérés tel qu'établi en 1867. Il proclame de plus le statut d'État pleinement souverain pour le Québec dans les secteurs de sa juridiction. De ce principe, il tire les conséquences suivantes quant au pouvoir des provinces de négocier avec des gouvernements étrangers:

> Face au droit international, en effet, le gouvernement fédéral canadien se trouve dans une position unique. S'il possède le droit incontestable de traiter avec les puissances

---

35. Paul Gérin-Lajoie, Discours prononcé devant le Corps consulaire de Montréal, 12 avril 1965 (polycopié).

étrangères, la mise en œuvre des accords qu'il pourrait conclure sur des matières de juridiction provinciale échappe à sa compétence législative.

Pourquoi l'État qui met un accord à exécution serait-il incapable de le négocier et de le signer lui-même ? Une entente n'est-elle pas conclue dans le but essentiel d'être appliquée, et n'est-ce pas à ceux qui doivent la mettre en œuvre qu'il revient d'abord d'en préciser les termes ?...

Il n'y a, je le répète, aucune raison que le droit d'appliquer une convention internationale soit dissocié du droit de conclure cette convention. Il s'agit des deux étapes essentielles d'une opération unique. Il n'est plus admissible, non plus, que l'État fédéral puisse exercer une sorte de surveillance et de contrôle d'opportunité sur les relations internationales du Québec.

Bref, selon le ministre Gérin-Lajoie, le Québec réclame le plein exercice d'un *jus tractatum* limité qu'il étend au droit de participer à l'activité de certaines organisations internationales.

L'exercice exclusif par Ottawa des compétences internationales à une époque où le domaine des relations internationales était restreint ne saurait être maintenu, selon le porte-parole du gouvernement québécois, dans un temps où « les rapports interétatiques concernent tous les aspects de la vie sociale ».

Dix jours après le discours du vice-Premier ministre québécois, le ministre des Affaires extérieures du Canada affirmait dans une déclaration officielle que le pouvoir souverain de traiter avec les autres États est la prérogative des États indépendants [36].

La situation constitutionnelle au Canada, en ce qui concerne le pouvoir de conclure des traités est claire. Le Canada ne possède qu'une seule personnalité internationale au sein de la communauté des nations. Il n'y a aucun doute que seul le gouvernement canadien a le pouvoir ou le droit de conclure des traités avec les autres pays... Un État fédéral dont les membres posséderaient effectivement ce pouvoir ne serait ni une union fédérale ni un État. Ce serait une association de puissances souveraines.

Le gouvernement fédéral, dans cette déclaration, se montrait conciliant quant aux nouvelles aspirations québécoises mais rappelait avec fermeté qu'il se considère le seul gouvernement au

36. Gouvernement du Canada, ministère des Affaires extérieures, Communiqué n° 25, « Les Provinces et le Pouvoir de conclure des traités », 23 avril 1965.

pays ayant la responsabilité de la direction des affaires extérieures «qui constituent une partie intégrante de la politique nationale intéressant tous les Canadiens[37]».

La tentative de «normalisation» des relations franco-québécoises effectuée par le gouvernement fédéral fut vite débordée par de nombreux affrontements Ottawa-Québec entre 1966 et 1970. Ces nouveaux affrontements étaient la conséquence de la volonté québécoise de participer à des Conférences internationales des pays francophones et d'obtenir un statut distinct au sein de l'Agence de Coopération culturelle et technique des pays francophones.

La relance des relations internationales du Québec ne provoqua en apparence entre 1960 et 1966 aucune crise majeure du fédéralisme canadien. Elle en modifiait cependant l'équilibre traditionnel dans un domaine où les stratégies des partenaires canadiens étaient débordées par les interlocuteurs étrangers.

Au plan strictement constitutionnel le second mandat du gouvernement Lesage est marqué par deux événements d'une grande importance, la création du Comité parlementaire de la Constitution et la reprise des discussions concernant le rapatriement et la définition d'une formule d'amendement de la Constitution.

Le Comité parlementaire de la Constitution

Le 28 mars 1963, l'Assemblée législative du Québec adopte à l'unanimité une résolution créant un Comité parlementaire de la Constitution. Ce comité, malgré des débuts difficiles et un fonctionnement irrégulier, exercera une profonde influence sur les débats politiques canadiens et québécois à venir. Devant l'imbroglio des relations des gouvernements du Québec et du Canada, la diversité des opinions constitutionnelles au sein même du gouvernement, du Parlement et de la société, les parlementaires québécois s'engagent dans l'analyse des diverses options constitutionnelles. Ils invitent les corps intermédiaires et les citoyens à définir leurs aspirations politiques et à venir en discuter avec eux. Ils lancent un vaste programme de recherche.

---

37. Le gouvernement fédéral exposera sa position officielle quant à la conduite de la politique extérieure du Canada et la place que les provinces peuvent y occuper dans deux publications : Gouvernement du Canada, *Fédéralisme et Relations internationales*, Ottawa, Imprimeur de la Reine, 1968. *Fédéralisme et Conférences internationales sur l'Éducation*, Ottawa, Imprimeur de la Reine, 1968.

Ces diverses initiatives ont pour effet de fournir une tribune publique au débat constitutionnel[38].

Le rapatriement de la Constitution : deuxième tentative

Malgré les difficultés considérables qui affectent les relations du gouvernement fédéral avec le gouvernement québécois et le fonctionnement normal du Parlement canadien, le premier ministre Pearson annonce en juin 1964 que la question du rapatriement et de la formule d'amendement de la Constitution sera l'un des sujets de discussions de la prochaine Conférence fédérale-provinciale qui se tiendra à Charlottetown en septembre 1964. La défaite, en avril 1964, du gouvernement C.C.F. en Saskatchewan et son remplacement par le gouvernement libéral dirigé par Ross Thatcher, permettait d'espérer que les positions de ce nouveau gouvernement seraient « plus constructives » que celles défendues avec âpreté par l'ancien gouvernement C.C.F. De plus des discussions préliminaires avec Québec autorisaient tous les espoirs de voir cette province se rallier au projet constitutionnel du gouvernement canadien.

La cinquième Conférence interprovinciale tenue à Jasper en août 1964 confirma l'optimisme nouveau au sujet des chances de réussir l'opération rapatriement et formule d'amendement de la Constitution. En effet au terme de cette Conférence, le premier ministre Manning informait le chef du gouvernement canadien, au nom de ses collègues, que ces derniers croyaient qu'un accord général pourrait être conclu sur la base de la formule Fulton définie en 1960 et 1961.

Réunis à Charlottetown en septembre 1964, pour commémorer le centenaire de la Conférence tenue dans la même ville par les Pères de la Confédération, les chefs des onze gouvernements du Canada annoncent qu'ils ont conclu une entente générale relativement au rapatriement de la Constitution canadienne.

Suite aux travaux des Solliciteurs généraux des provinces et du ministre de la Justice du Canada, les Premiers ministres approuvent unanimement le 30 octobre 1964 un texte définitif d'amendement de la Constitution canadienne identifié désormais par l'expression «formule Fulton-Favreau[39]».

---

38. Une partie du chapitre III de la première partie de cette étude est consacrée à la signification et aux travaux du Comité parlementaire de la Constitution, pp. 95-110.

39. Gouvernement du Canada, Communiqué de la Conférence fédérale-provinciale, 14 octobre 1964.

Cette formule comportait trois séries de dispositions majeures[40].

Une première série de dispositions clarifiait et limitait le pouvoir fédéral d'amendement tel que consenti par Londres en 1949. Certaines provinces avaient, depuis cette date, exprimé leur crainte que le pouvoir obtenu par Ottawa de modifier la Constitution dans les domaines de juridiction fédérale puisse être interprété par les cours de justice d'une manière telle qu'elle affecte les droits et les prérogatives des provinces.

> ...le Parlement du Canada a le droit exclusif d'édicter des lois modifiant à l'occasion la Constitution du Canada en ce qui concerne le gouvernement exécutif du Canada, le Sénat et la Chambre des Communes.

Ce droit était inexistant dans les domaines suivants : les fonctions de la reine et du Gouverneur général, la convocation d'une session annuelle du Parlement, la durée de la Chambre des Communes, le nombre de sénateurs et de députés auxquels une province a droit, les qualités requises des sénateurs, les principes de représentation proportionnelle des provinces à la Chambre des Communes tels que prescrits par la Constitution du Canada, l'usage du français et de l'anglais.

Bref, le pouvoir d'amendement du gouvernement fédéral était ramené à des domaines spécifiquement reliés à son propre fonctionnement. Cette dimension de la formule Fulton-Favreau constituait un élément nouveau par rapport à la formule de 1961.

Une seconde série de dispositions reprenait le projet d'entente de 1961 et déterminait le mode d'amendement dans les domaines intéressant à la fois l'État fédéral et les provinces.

Dans les secteurs dits fondamentaux, aucune modification à la Constitution ne sera possible sans l'accord des onze gouvernements du Canada. Ces secteurs fondamentaux sont identifiés comme suit dans la formule Fulton-Favreau : le pouvoir de faire des lois que possède la législature d'une province, les droits et privilèges que la Constitution du Canada accorde ou garantit à la législature ou au gouvernement d'une province, les actifs et les biens d'une province, l'usage de l'anglais ou du français.

---

40. « Loi prévoyant la modification au Canada de la Constitution du Canada », *McGill Law Journal*, Constitutional Amendment in Canada, Confederation Centennial Edition 1867-1967, vol. 12, n° 4, 1966-67, pp. 583-586.

Pour modifier la Constitution dans tous les autres domaines qui intéressent à la fois Ottawa et les provinces, il faudra obtenir l'approbation des législatures d'au moins les deux tiers des provinces représentant au moins cinquante pour cent de la population du Canada selon le dernier recensement général.

Enfin l'entente d'octobre 1964 contenait des dispositions, prévoyant « une délégation du pouvoir législatif » du gouvernement fédéral aux provinces et des provinces au gouvernement fédéral, afin de maintenir dans cette mécanique complexe une flexibilité de fonctionnement jugée indispensable. Ces dispositions autorisaient le Parlement du Canada à déléguer, suite à l'accord d'au moins quatre provinces, aux provinces consentantes une partie de son pouvoir législatif. D'autre part, les provinces pourraient désormais déléguer une partie de leur propre pouvoir au gouvernement fédéral à condition qu'au moins quatre provinces se soient mises d'accord pour effectuer ce transfert d'une partie de leur pouvoir législatif.

Ainsi, selon toute vraisemblance, la longue recherche des Canadiens, depuis la fin de la première guerre mondiale, d'une formule de rapatriement et d'amendement de leur Constitution était terminée. Selon les termes mêmes du ministre canadien de la Justice Guy Favreau, l'entente de 1964 était la conséquence logique et inévitable de près d'un demi-siècle de patientes recherches par l'ensemble des gouvernements du Canada.

Suite à la Conférence de Charlottetown et aux travaux des Solliciteurs généraux, le gouvernement fédéral publia un Livre

Photo 7. Les architectes politiques de la formule Fulton-Favreau : Paul Gérin-Lajoie, Jean Lesage, Lester B. Pearson et Guy Favreau en 1964.

Blanc intitulé *Modification de la Constitution du Canada*[41]. Outre un historique des relations fédérales-provinciales depuis 1927 relatant les différentes étapes de la recherche d'une formule d'amendement à la Constitution, ce document comprenait une analyse exhaustive des débats récents qui avaient conduit à l'accord unanime des onze gouvernements du Canada au sujet de la formule Fulton-Favreau.

Dans une lettre du 3 novembre 1964, le premier ministre Pearson informait ses collègues provinciaux que les autorités britanniques avaient accepté la méthode et le contenu du transfert de la Constitution[42]. Il leur indiquait de plus qu'une adresse à la reine serait transmise à Londres dès que le Parlement aurait approuvé le texte du projet de « loi prévoyant la modification au Canada de la Constitution du Canada ». Avec prudence, il laissait entendre que le Parlement britannique pourrait se prononcer sur la demande canadienne au printemps. Dans les jours qui suivirent la réception de cette lettre tous les Premiers ministres provinciaux firent connaître au chef du gouvernement canadien leur accord et leur intention de soumettre à leur Parlement respectif une résolution officialisant le consentement de leur province. Pour sa part, le premier ministre Lesage inscrit la démarche de son gouvernement dans les limites du calendrier fédéral[43].

> Comme notre Législature ne siégera qu'en janvier, ce n'est qu'à ce moment qu'il me sera possible de proposer à l'Assemblée législative une résolution aux fins d'accorder l'assentiment de la province. J'ai confiance qu'une décision favorable sera prise dès le début de la nouvelle année, de sorte que j'espère que vous serez en mesure de transmettre les adresses à Sa Majesté à l'époque prévue.

L'optimisme sans doute fondé dont témoigne l'échange de correspondance entre le chef du gouvernement canadien et ses collègues des provinces, en novembre 1964, devait être de courte durée. Au sein même du Parlement fédéral, dans cer-

---

41. *Modification de la Constitution du Canada*, Livre Blanc publié par l'Honorable Guy Favreau, ministre de la Justice, Imprimeur de la Reine, Ottawa, 1965.
42. Lettre du premier ministre du Canada, Lester B. Pearson, aux Premiers ministres des provinces, 3 novembre 1964, *McGill Law Journal, loc. cit.*, p. 587.
43. Lettre du premier ministre du Québec, Jean Lesage, au Premier ministre du Canada, 13 novembre 1964, *McGill Law Journal*, vol. 12, n° 4, *loc. cit.*, p. 588-589.

tains milieux universitaires du Canada anglais, de sévères jugements seront portés sur la signification de la formule d'amendement retenue. Au Québec un vaste débat dans l'opinion publique forcera le gouvernement Lesage à remettre indéfiniment «la considération» de la formule d'amendement proposée.

Dès l'annonce par le premier ministre Pearson au Parlement canadien, le 15 octobre 1964, de l'accord sur la formule de rapatriement et le mode d'amendement de la Constitution, les porte-parole des deux principaux partis d'opposition manifestent de sérieuses réserves. L'ancien premier ministre Diefenbaker suggère que la formule proposée diminue les pouvoirs du Parlement fédéral et ne respecte pas l'esprit de la formule de 1961[44]. Pour sa part, le député Andrew Brewin, porte-parole du Nouveau Parti Démocratique, juge sévèrement la solution Fulton-Favreau, la réduisant « à une formule constitutionnelle futile et totalement rigide qui remplace une relique coloniale par une camisole de force[45] ».

Quant au professeur Bora Laskin, qui deviendra juge en chef de la Cour suprême du Canada, il engage la discussion à un autre niveau. Il s'inquiète de la possibilité même de fonctionnement de la formule proposée et conclut qu'elle constitue « un désastre constitutionnel complet[46] ».

Au Québec, le gouvernement Lesage, en conformité avec ses engagements publics, annonce dans le discours du Trône du 21 janvier 1965 que la législature sera saisie d'une résolution ratifiant la formule de rapatriement et d'amendement de la Constitution canadienne. Le discours du Trône prévoit de plus que l'Assemblée législative sera appelée à restreindre les pouvoirs du Conseil législatif afin que le rapatriement de la Constitution n'ait pas pour conséquence de consolider les pouvoirs du Conseil sur les lois votées par les députés élus.

Les débats consécutifs à ce discours du Trône et au dépôt par Jean Lesage le 22 janvier 1965 d'une motion d'adresse à la

---

44. *Débats de la Chambre des Communes*, 2ᵉ session, 26ᵉ Législature, vol. VIII, pp. 9255-9256.
45. *Idem*, pp. 9257-9258.
46. Parmi les nombreuses prises de position du juge Laskin, on lira avec profit son évaluation de la formule Fulton de 1961 dans : « Amendment of the Constitution », *University of Toronto Law Journal*, vol. XV, 1963-1964, pp. 190-195, et de la formule Fulton-Favreau de 1964 dans : « Amendment of the Constitution : Applying the Fulton-Favreau Formula », *McGill Law Journal*, vol. II, nᵒ 1, 1965, pp. 2-19.

reine restreignant les pouvoirs du Conseil législatif créeront une confusion considérable. En même temps seront débattus le rôle et les pouvoirs du Conseil législatif, les implications constitutionnelles d'une adresse à la reine par l'Assemblée législative et le Conseil législatif du Québec et la formule Fulton-Favreau elle-même.

Ces trois questions étaient interdépendantes. En effet pour obtenir l'assentiment de l'Assemblée législative à la formule Fulton-Favreau, le gouvernement Lesage devait considérer l'alternative suivante. Il pouvait chercher à obtenir un vote favorable à l'Assemblée législative et au Conseil législatif. Si l'appui de l'Assemblée lui était acquis, il ne pouvait compter sur un vote favorable du Conseil législatif contrôlé par l'Union Nationale et dont il proposait une sévère limitation des pouvoirs. Le cabinet Lesage opta pour une seconde solution, soit l'envoi d'une adresse à la reine par les seuls membres de l'Assemblée législative pour lui demander de faire présenter au Parlement britannique une loi ayant pour effet de réduire les pouvoirs du Conseil. Devant cette démarche du gouvernement Lesage, le Conseil législatif destina à son tour à la reine une adresse qui prévoyait le maintien de ses pouvoirs dans les matières constitutionnelles, quant aux droits acquis des membres du Conseil législatif et aux droits constitutionnels des minorités.

De nombreux débats à Ottawa et à Québec sur la constitutionnalité de ces adresses et la voie de communication choisie par le gouvernement Lesage et le Conseil législatif pour transmettre leurs demandes à Londres opposent les gouvernements canadien et québécois aux partis d'opposition fédéraux et provinciaux.

En même temps que se développent ces débats de procédure, un autre débat, plus fondamental, divise la société québécoise en deux blocs irréconciliables.

Daniel Johnson, chef de l'Union Nationale qui forme l'opposition officielle au Parlement de Québec, lance une opération d'envergure contre le projet de rapatriement et d'amendement de la Constitution.

Dès le 1er février, soit une semaine après le dépôt par le premier ministre Lesage de la formule Fulton-Favreau devant l'Assemblée législative, Daniel Johnson réunit à Québec les représentants de quarante-deux associations de comtés de son parti et obtient d'eux le mandat de combattre la formule Fulton-Favreau. Le chef de l'Union Nationale, dans un discours d'une extrême violence, accuse Jean Lesage et Paul Gérin-Lajoie « d'être coupables de trahison contre la nation québécoise[47] ».

Avec détermination le chef de l'opposition mène la lutte à l'intérieur et à l'extérieur du Parlement. Il entreprend une tournée de la province et plaide contre « la liquidation des pouvoirs du Québec », contre « cette machination qui ne donne rien aux Canadiens français et leur enlève tout ce qu'ils ont difficilement conservé »[48]. Le 3 mars 1965, à Trois-Rivières, Daniel Johnson prédit que la formule Fulton-Favreau, en niant au Québec la possibilité d'obtenir un statut spécial, conduira à la séparation du Québec et du Canada[49].

Le mouvement d'opposition prend de plus en plus d'ampleur. Des groupes sociaux de plus en plus nombreux, les milieux nationalistes, les associations étudiantes multiplient les assemblées et les résolutions.

Le 4 mars, Claude Ryan, dans un long éditorial du *Devoir*, intitulé « L'inacceptable compromis », condamne la formule Fulton-Favreau.

Jacques-Yvan Morin résume les positions d'un grand nombre de Québécois en déclarant le 18 mars[50] :

> L'attitude la plus prudente consisterait donc à n'approuver le mode d'amendement qu'après avoir obtenu d'Ottawa et des autres provinces un accord sur les changements constitutionnels majeurs dont parle la Commission Laurendeau-Dunton. Les problèmes de fond (statut du Québec, droits des minorités) seraient réglés avant les questions de pure forme (le rapatriement).

Cette opinion deviendra la position officielle des futurs gouvernements Johnson et Bertrand lors des Conférences constitutionnelles de 1968 à 1971.

Jean Lesage n'avait pas prévu cette âpre opposition qui mobilisait un nombre toujours croissant de Québécois. Il entreprend à son tour une campagne difficile pour expliquer à ses concitoyens « que ce sont les provinces qui ont, de fait, le plus à gagner de la définition constitutionnelle d'une procédure d'amendement qui garantit leurs droits et assure leur participation à tous les amendements qui les intéressent ».

---

47. *McGill Law Journal*, vol. 12, nᵒ 4, *loc. cit.*, p. 347.
48. *Ibid.*, p. 349.
49. *Ibid.*
50. Jacques-Yvan Morin, « Les Dessous de la formule Fulton-Favreau », *McGill Law Journal*, vol. 12, nᵒ 4, loc. cit., pp. 394-396.

RAPATRIEMENT DE LA CONSTITUTION

Victoire Constitutionnelle pour le Québec

L'ÉVÉNEMENT, 11 mars 1965

La formule Fulton-Favreau

"Rien n'empêche le Québec d'obtenir un statut particulier".

(Jean Lesage)

LE DEVOIR, 11 mars 1965

"On ne peut pas avoir en même temps les avantages de la rigidité constitutionnelle et ceux de la flexibilité".

(Jean Lesage)

Photo 8. La publicité du Parti Libéral du Québec présente la formule Fulton-Favreau comme «une victoire constitutionnelle pour le Québec», 1965.

Le 10 mars 1965, le premier ministre Lesage s'adresse à la Chambre de Commerce de Québec[51]. Devant «un auditoire attentif» il condamne sévèrement les opposants à la formule Fulton-Favreau.

> On me permettra bien de souligner ici l'illogisme ou, du moins, l'inconscience de ceux qui parlent de refaire à neuf

---

51. Jean Lesage, « Le temps est maintenant venu pour le Canada de rapatrier sa Constitution», la Chambre de Commerce, Québec, 10 mars 1965 (polycopié).

la Constitution mais qui, en même temps, s'opposent à son rapatriement. Comment peut-on songer à modifier profondément ou même réécrire la Constitution sans d'abord prendre les moyens qu'il faut pour que nous, comme Canadiens et Québécois, en devenions les dépositaires!

Il n'est pas possible présentement d'apporter le moindre changement important à la Constitution sans passer par Londres. C'est inacceptable, d'abord parce que c'est humiliant pour un pays qui se sait souverain, ensuite parce qu'une telle façon de procéder n'offre pas aux provinces toutes les garanties pour l'avenir.

Pour le chef du gouvernement québécois, l'analyse de la situation objective géographique et politique des Canadiens français conduit à des décisions pratiques.

En réalité, c'est par la négociation que nous obtiendrons pour le Québec un régime qui convienne à sa vocation particulière. Après tout — et il me semble que c'est bien facile à comprendre — nous ne vivons pas, nous du Québec, sur une autre planète. Nous ne sommes pas seuls au monde. Nous avons des voisins. Qu'on les aime ou non, ils sont là, et il faudra bien un jour que nous finissions par négocier avec eux. Naturellement, il est toujours facile et alléchant d'imaginer un univers où la seule mention de nos droits, de nos besoins, de nos aspirations, suffirait à rallier tout le monde anglo-saxon à notre cause et à renverser tous les préjugés. Cet univers, malheureusement personne n'y vit. C'est pourquoi nous devons recourir à la négociation. Cette technique n'est peut-être pas très romantique, mais elle a au moins l'avantage d'être efficace quand elle est conduite par un peuple sûr de lui, convaincu du bien-fondé de ses revendications mais respectueux de l'opinion des autres.

Les conditions de la révision constitutionnelle impliquent comme étape préparatoire son rapatriement et l'acceptation de ce dernier par l'ensemble des partenaires canadiens. Or, selon le chef du gouvernement québécois, la formule Fulton-Favreau assure la reconnaissance des droits que le Québec a toujours réclamés.

C'est ainsi que la formule Fulton-Favreau définit précisément la procédure d'amendement; garantit l'autonomie des provinces; conserve au Québec un pouvoir d'amendement unilatéral sur sa propre Constitution; restreint le pouvoir unilatéral d'amendement du Parlement fédéral, et reconnaît un statut officiel à la langue française dans un document constitutionnel.

Outre ces provisions constitutionnelles, la Formule Fulton-Favreau reconnaît au Québec, selon Jean Lesage, un droit de veto sur tout changement important d'ordre constitutionnel.

D'un autre côté, l'article 2 du projet donne un droit de veto à chacune des provinces, donc aussi au Québec, sur tout amendement touchant les pouvoirs législatifs, les droits, privilèges, actifs et biens des provinces, l'usage de l'anglais et du français. Les droits acquis en matière d'éducation sont garantis par l'article 4. Selon ces articles, le Québec a un droit de veto non seulement sur sa propre évolution constitutionnelle mais aussi sur celle du Canada tout entier. Cela, on le devine bien, assure à notre province un pouvoir de marchandage considérable dans toute révision du régime constitutionnel — un pouvoir dont on ne peut ni ne doit sous-estimer les conséquences possibles.

À ceux qui invoquent la rigidité de la formule d'amendement et concluent qu'elle gélera la Constitution du pays à jamais, le premier ministre Lesage rappelle que les chefs de gouvernements du Canada lors de la Conférence d'octobre 1964 se sont engagés formellement à tenir dans l'avenir des Conférences intergouvernementales consacrées à la révision de la Constitution.

Si le premier ministre Lesage multipliait ses interventions publiques, les membres de son cabinet n'étaient pas inactifs. On leur confia la mission de retourner dans leur région respective pour expliquer la formule Fulton-Favreau et contrecarrer les effets de plus en plus sérieux de la campagne d'opposition conduite avec force et constance par le chef de l'Union Nationale.

L'une des interventions les plus spectaculaires de cette étrange « campagne constitutionnelle » eut lieu le 18 mars 1965 à l'Université de Montréal. À l'invitation de l'Union Générale des Étudiants du Québec, les ministres René Lévesque et Pierre Laporte déjà identifiés comme des tenants des thèses du « statut spécial » et des « États associés », se font les avocats de la position gouvernementale. Jacques-Yvan Morin, professeur de droit constitutionnel et en instance de devenir l'un des leaders les plus influents des milieux nationalistes, se fait le porte-parole des opposants à la formule Fulton-Favreau.

Pour René Lévesque et Pierre Laporte la formule proposée ne fait que traduire légalement ce qui constitue un mode habituel de fonctionnement. Elle ne contient aucun progrès ni aucun recul. Elle ne modifie pas la réalité politique du pays qui ne pourra résister à la volonté de développement du Québec. Pour eux la formule proposée protégerait le Québec contre une offensive fédérale. Jacques-Yvan Morin souligne la contradiction dans laquelle se sont enfermés les ministres Lévesque et Laporte qui se sont faits les propagandistes de la thèse des États associés mais défendent une formule constitutionnelle qui rendrait cette thèse irréalisable. Signe des temps, le ministre Lévesque, l'un des membres les plus populaires du gouvernement, se fait huer par une assemblée nombreuse et bruyante.

À la fin de mars 1965, le débat public sur le rapatriement et la méthode d'amendement échappait en bonne partie à l'équipe gouvernementale. Le cabinet lui-même semblait ébranlé et divisé quant à la direction à suivre. Malgré des efforts nombreux le gouvernement n'avait pu mobiliser des appuis significatifs quant à sa politique constitutionnelle. Il était, de toute évidence, isolé. Les coûts politiques apparaissaient de plus en plus élevés pour le gouvernement Lesage, compte tenu de la formidable utilisation que faisait Daniel Johnson de ce dossier fondamental.

Du mois de mars au mois de décembre 1965, la confrontation ne fait que s'amplifier. Gérard Pelletier dans un article publié dans le *Montreal Star* du 20 juillet, prédit que la formule Fulton-Favreau restera à l'état de projet. Cet échec marque «la première défaite du gouvernement Lesage en cinq années de pouvoir».

En octobre, Daniel Johnson soumet une motion visant le rejet par l'Assemblée législative de la formule Fulton-Favreau. À la surprise générale, le Premier ministre du Québec répond «qu'il n'est pas prêt à dire non et qu'il n'est pas prêt non plus à dire oui [52]». Bref, le gouvernement prépare sa retraite honorable d'une lutte qu'il a déjà perdue.

Le 20 janvier 1966, Jean Lesage communique au premier ministre Pearson la décision de son gouvernement de remettre indéfiniment la considération de la proposition d'amendement constitutionnel [53].

> Des événements nombreux se sont produits depuis que cette formule a été élaborée. Il ne serait pas sage de les ignorer. Parmi ces événements il convient de rappeler le débat qui a eu lieu au sujet de la formule dans tout le pays, le dialogue continu entre le Québec et le reste du pays, une évolution constante et soutenue vers de nouvelles relations entre Québec, les autres provinces et le gouvernement du Canada, les études et les discussions du Comité du régime

---

52. *McGill Law Journal*, vol. 12, n° 4, *loc. cit.*, p. 362.
53. Lettre du premier ministre du Québec, Jean Lesage, au Premier ministre du Canada, 20 janvier 1966, *McGill Law Journal, loc. cit.*, pp. 592-593.

fiscal, de la Commission royale d'enquête sur le bilinguisme et le biculturalisme, du Comité parlementaire de la Constitution.

Outre cet ensemble d'événements dont l'importance était réelle, Jean Lesage rappelle à son collègue fédéral que la formule a créé beaucoup d'anxiété au Québec et que son interprétation pouvait conduire à une situation contraire à celle recherchée.

Dans sa réponse à Jean Lesage, Lester B. Pearson, après avoir rappelé que les neuf autres gouvernements provinciaux ont accepté la formule, convaincus que le Québec donnerait son consentement, exprime son profond désappointement de la position prise par le gouvernement québécois[54].

Le 4 février 1966 en réponse à une question de Daniel Johnson, Jean Lesage affirmait que « remettre indéfiniment la considération de la formule signifiait une remise « sans limite[55] ». Ainsi se terminait l'une des plus formidables luttes politiques de l'histoire du Québec.

Les conséquences du rejet par le Québec de la formule Fulton-Favreau étaient considérables.

Pour la seconde fois en cinq ans le Canada avait tenté de compléter sa souveraineté et de sortir de l'impasse constitutionnelle dans laquelle il se trouvait depuis 1931. Afin d'atteindre ces deux objectifs, il semblait impérieux à plusieurs de rapatrier la Constitution, et de définir une méthode pour l'amender. Cette entreprise relancée en 1960 et en 1964 s'était soldée dans les deux cas par des échecs.

La relance de ce dossier en 1964 avait fait naître de grands espoirs au Canada anglais et à Ottawa. Compte tenu de la réputation et de la force politique du premier ministre Lesage, on avait cru en ces milieux que son accord de principe, les déclarations et actions conséquentes qu'il poursuivrait à Québec aplaniraient tous les obstacles. L'échec du gouvernement Lesage créa plus que de la consternation. Il nourrit pendant plusieurs années une vive méfiance de la part de nombreux hommes politiques du Canada anglais qui mirent en doute la capacité des négociateurs québécois de rendre à terme des engagements pris par eux autour de la table de négociations intergouvernementales.

---

54. *Ibid.*, pp. 594-595.
55. *Ibid.*, p. 364.

Au plan de la politique interne du Québec, le débat serré qui se terminait laissait entrevoir des mouvements de fonds qui allaient radicalement modifier l'échiquier politique québécois. Le Parti Libéral, malgré son importante majorité à l'Assemblée législative, la popularité encore intacte de ses principaux leaders, un dossier législatif sans précédent dans l'histoire du Québec, sortait de cette bataille affaibli au niveau de son leadership, divisé et isolé. Pour Jean Lesage l'enjeu était considérable. L'échéance du mandat traditionnel de quatre années pointait à l'horizon. D'autre part, des pressions avaient commencé à s'exercer sur lui afin de le convaincre de joindre le cabinet fédéral pour éventuellement succéder à Lester B. Pearson. C'est le Premier ministre canadien lui-même qui lui avait proposé cet itinéraire possible en janvier 1965[56].

Le parti de l'Union Nationale avait saisi, dès octobre 1964, le potentiel politique d'une grande bataille où il serait identifié à la défense des droits et de la liberté du Québec. À quelques mois d'une élection provinciale, il avait, en renouant avec son passé autonomiste, acquis une stature et une crédibilité nouvelle. Daniel Johnson était le grand responsable de cette renaissance. Il avait mené une lutte ferme. Il n'avait pas craint de faire un front commun *de facto* avec de nombreux groupes qui, au cours des six dernières années, s'étaient éloignés de son parti. Son leardership était consolidé. C'est sans doute en livrant la bataille contre les libéraux « traîtres à la nation » qu'il a entrevu les possibilités d'une victoire pour son parti lors des prochaines élections provinciales.

Dans les milieux nationalistes, la lutte contre la formule Fulton-Favreau révéla de nouveaux leaders, une relève qui sera habilement utilisée à l'occasion des États généraux du Canada français.

Le rejet de la formule par le gouvernement initiateur de la dimension politique de la révolution tranquille témoignait des transformations profondes qui avaient marqué la société québécoise depuis six ans. L'ampleur des réactions que cette question avait soulevées débordait les frontières connues des milieux et de la thèse nationalistes. Si traditionnellement les luttes étaient menées pour assurer la protection des droits provinciaux, le débat entourant la formule indiquait qu'un large

---

56. Lester B. Pearson, *Mike, the Memoirs of the Rt-Honorable Lester B. Pearson, 1957-68*, vol. III, Scarborough, Ontario. The New American Library of Canada Limited, Ontario, 1976, p. 263.

secteur de l'opinion publique, de nombreux groupes sociaux, des leaders de l'opinion publique, l'opposition officielle recherchaient désormais une renégociation des pouvoirs entre les divers niveaux de gouvernements au Canada avant de consentir à toute formule de rapatriement et d'amendement de la Constitution du Canada.

Le choc de la révolution tranquille : la tentative d'ajustement du gouvernement fédéral

En même temps que se déroulait cet ensemble de négociations et de conflits entre Québec et Ottawa dans les domaines de la fiscalité, des politiques de sécurité et de retraite, des programmes conjoints, des relations internationales, de la révision constitutionnelle, une série d'événements et de décisions politiques au niveau fédéral soumettaient les relations entre les communautés francophone et anglophone canadiennes à des tensions cumulatives sans précédent.

Le 20 janvier 1962, André Laurendeau réclame dans *Le Devoir* une enquête fédérale sur le bilinguisme au Canada[57].

Le 25 du même mois, Michael Oliver, politicologue à l'Université McGill, fait parvenir au *Devoir* une lettre dans laquelle il ajoute à la demande de Laurendeau la dimension culturelle et suggère qu'on envisage les relations entre francophones et anglophones à la fois sous l'angle des langues et des cultures mais aussi sous l'angle des rapports entre deux nations. Reprise à la Chambre des Communes, la proposition Laurendeau-Oliver reçoit une fin de non-recevoir de la part du premier ministre Diefenbaker.

---

57. L'éditorialiste du *Devoir* présentait comme suit les objectifs de l'enquête qu'il proposait : « Je propose pour ma part un moratoire des miettes : pas de chèques bilingues, pas de nouvelles inscriptions bilingues, pas de concessions parcellaires, pour un temps. En leur lieu et place, une enquête royale.
Cette enquête aurait trois fins :
1° Savoir ce que les Canadiens, d'un océan à l'autre, pensent de la question. Ce serait peut-être une bonne façon de crever l'abcès. Car autant cesser de se raconter des histoires : il est sain de connaître la vérité. Citoyens, groupements, associations, provinces auraient ainsi l'occasion de faire savoir comment les Canadiens de langue anglaise et les Canadiens français réagissent devant la question ; 2° Étudier à l'extérieur et de près, en des pays comme la Belgique et la Suisse, la façon dont des sociétés aux prises avec les mêmes questions les ont résolues; 3° Connaître, toujours de très près, la situation qui est faite aux deux langues dans tous les services fédéraux. À partir de cette masse de faits, les commissaires pourraient dégager quelques principes fermes et précis, à partir desquels le gouvernement aurait le loisir d'établir une politique. »

La préoccupation de l'unité nationale, plus précisément la question des relations entre Québec et Ottawa, entre les francophones et les anglophones, retient cependant l'attention d'un nombre de plus en plus grand d'observateurs canadiens. Elle pénètre les milieux politiques fédéraux. À l'automne de 1962, Lester B. Pearson réclame à son tour la création d'une Commission royale d'enquête sur le bilinguisme et le biculturalisme. Dans ses mémoires[58] il rappelle les motifs qui l'incitèrent à formuler cette demande. Selon lui, les problèmes des relations entre francophones et anglophones au Canada ne seront pas résolus à moins qu'ils ne soient en premier lieu compris à travers le pays. La première démarche pour atteindre cet objectif est de le rendre public, d'étudier, d'examiner ce problème d'une façon telle qu'il retienne l'attention du plus grand nombre.

Sitôt élu, en avril 1963, le gouvernement minoritaire dirigé par Lester B. Pearson s'engage dans la périlleuse aventure de définir un mandat pour une Commission royale d'enquête sur le bilinguisme et le biculturalisme. Ramené à l'essentiel ce mandat peut être résumé comme suit :

> Faire enquête et rapport sur l'état présent du bilinguisme et du biculturalisme au Canada... et sur la pratique du bilinguisme... dans... l'administration fédérale.
> Présenter des recommandations de nature à assurer le caractère bilingue et biculturel de l'administration fédérale...

De l'aveu même du premier ministre Pearson, l'organisation de la Commission royale fut une tâche difficile. « Les problèmes à résoudre étaient analogues à ceux que posent la sélection d'un conseil des ministres canadiens[59]. »

En deux ans, les membres de la Commission présidée par André Laurendeau et Davidson Dunton parcourent le pays, tiennent vingt-trois rencontres générales et mettent sur pied un vaste projet de recherches. En 1965, la Commission publie un Rapport préliminaire qui pose un diagnostic pessimiste sur l'état des relations entre le Québec et le Canada, entre les Canadiens francophones et les Canadiens anglophones[60].

58. *Ibid.*, pp. 69-72.
59. Lester B. Pearson, *op. cit.*, p. 259.
60. Gouvernement du Canada, *Rapport préliminaire de la Commission royale d'enquête sur le bilinguisme et le biculturalisme*, Ottawa, Imprimeur de la Reine, 1965, p. 5.

> Le Canada traverse actuellement, sans toujours en être
> conscient, la crise majeure de son histoire... Tout se passe
> comme si l'état de choses établi en 1867 et jamais gravement
> remis en question depuis, était pour la première fois refusé
> par les Canadiens français du Québec.

Selon les commissaires « l'essentiel est menacé, c'est-à-dire
la volonté de vivre ensemble du moins dans les conditions
actuelles ».

Ce diagnostic ne parut pas exagérément pessimiste à un
grand nombre d'observateurs québécois qui le qualifièrent de
réaliste. Mais ce jugement ne fut pas unanime. Sous le titre
« Bizarre Algèbre », le Comité pour une politique fonctionnelle
publiait dans la revue *Cité libre*[61] une sévère critique de la
méthode, du choix des questions, de la logique interne, de la
notion de crise qui risquent, selon les signataires de ce texte au
nombre desquels se trouvait Marc Lalonde, « d'introduire dans le
circuit des idées et dans l'organisation sociale elle-même des
principes corrosifs, mal mûris et que de toute façon le rapport ne
justifie pas ». Au nombre des principes « corrosifs » identifiés par
le comité, il faut retenir « l'idée d'égalité entre les deux peuples »,
qui risque d'embarquer le pays « dans une drôle de galère ».

La force de la réaction dont nous faisons une trop brève
synthèse indique bien les enjeux que posait le Rapport
préliminaire.

Accusant les commissaires d'exprimer leurs opinions per-
sonnelles, les signataires de « Bizarre Algèbre », selon une logique un peu tordue, les dénoncent dans le même paragraphe
comme étant le « lobby de ceux qui constituent l'industrie
du nationalisme, les professionnels de la race ». Pour les collaborateurs de *Cité libre*, « la crise présente semble être une
construction de l'esprit, et de l'esprit petit bourgeois *(sic)* ».

Le Rapport préliminaire allait diviser le pays. Il fut autant
révélateur que détonateur de la crise dont le dénouement pourrait conduire à la destruction du Canada ou à un nouvel agence-
ment de ses conditions d'existence selon le jugement des commissaires.

L'une des conséquences majeures des travaux de la Commission Laurendeau-Dunton fut d'ébranler l'architecture con-

---

61. Albert Breton, Claude Bruneau, Yvon Gauthier, Marc Lalonde, Maurice
Pinard, « Bizarre algèbre ! Huit commentaires sur le Rapport préliminaire de
la Commission royale d'enquête sur le bilinguisme et le biculturalisme »,
Cité libre, XVᵉ année, nº 82, décembre 1965, pp. 13-20.

ceptuelle qui avait servi depuis plus d'un siècle à analyser la dualité canadienne. L'usage plus ou moins confus des expressions Canada anglais et Canada français était remis en question par la Commission. Si théoriquement le Canada français était géographiquement répandu d'un océan à l'autre, son existence politique force la reconnaissance de deux réalités : l'existence au sein des provinces anglophones d'une population d'expression française qui représente 20% des Canadiens français et l'existence au Québec d'une population francophone *majoritaire* représentant 80% des Canadiens français.

Le schéma « majorité-minorité » utilisé pour caractériser les rapports entre le Canada anglais et le Canada français ne correspond plus à la réalité politique québécoise. La révolution tranquille en modernisant la société québécoise a fait prendre conscience à la population francophone du Québec qu'elle constituait une société distincte et majoritaire.

Le Canada de l'avenir devrait pouvoir intégrer, s'il veut survivre, deux sociétés comportant chacune sa majorité propre. Toute nouvelle association devra consacrer l'existence de cette double majorité et oublier le schéma classique des rapports majorité-minorité.

Lester B. Pearson a résumé dans ses mémoires la signification de ce Rapport préliminaire en des termes significatifs. L'analyse présentée aux Canadiens, selon le grand responsable de la création de cette Commission, traduit avec réalisme la désintégration du Canada. Plusieurs l'ont jugé trop pessimiste. « Je la croyais juste », ajoute Pearson.

Dès la campagne électorale de 1962, le Parti Libéral du Canada s'engageait, dans les deux premières années d'un mandat de gouvernement, à doter le Canada d'un drapeau national distinctif. Le premier ministre Pearson attachait une grande importance à cette question des symboles nationaux susceptibles de renforcer l'unité canadienne. Le 5 juin 1964, le chef du gouvernement soumet au Parlement une résolution et un projet de drapeau distinctif pour le pays.

Le débat qui suivit cette résolution se prolongea pendant sept mois. Il fut l'un des plus fielleux de l'histoire du parlementarisme canadien et donna lieu à une guérilla de procédures et de tactiques dilatoires jusqu'au 14 décembre. Épuisés par leur propre répétitions, les députés de l'opposition furent forcés de mettre un terme à leur opposition systématique. L'unifolié fut approuvé par un Parlement divisé et discrédité. Cent quarante-deux députés votèrent en faveur du projet gouvernemental.

Photos 9 et 10. Cérémonie devant le Parlement canadien: l'Union Jack cède la place au nouveau drapeau canadien, 1965.

Quatre-vingt-cinq députés s'opposaient à l'adoption d'un drapeau national distinctif pour le Canada.

Ce débat n'avait rien de très rassurant pour ceux qui cherchaient à redéfinir le fonctionnement des institutions fédérales et à modifier le partage du pouvoir entre les divers niveaux de gouvernements. Il permettait d'évaluer les résistances prévisibles et les luttes à venir. Les anglophones ne s'étaient pas tous opposés à l'adoption d'un drapeau distinctif canadien; cependant toute l'opposition à cette décision anormalement tardive originait du Canada anglais. Pour sa part le Canada français à travers sa députation approuva unanimement cette politique de normalisation qu'il réclamait depuis près d'un quart de siècle.

Le débat au sujet du drapeau n'était qu'un épisode désastreux parmi d'autres dans la vie du Parlement entre 1963 et 1965. En effet quelques mois après l'élection du Parti Libéral en avril 1963 jusqu'à l'élection de novembre 1965, le Parlement consacra un temps considérable à débattre une série de supposés scandales qui affectèrent tous les ministres francophones, à deux exceptions près, du cabinet Pearson. Avec assiduité et avec un cynisme indéfiniment extensible, certains députés de l'opposition conservatrice firent carrière durant ces deux années dans la recherche de situations « embarrassantes », dans la dénonciation vague et grave des leaders francophones de l'équipe gouvernementale. Le Parlement se transforma en prétoire permanent, en fabrique et en replâtrage de préjugés. Il perdit une large part de sa crédibilité et de son efficacité. Selon les termes mêmes de Lester B. Pearson, le Parlement canadien connut « l'un des plus sordides épisodes de son histoire[62] ». La discussion politique, durant ces temps troublés, céda le pas aux accusations, aux scandales et aux restrictions mentales les plus odieuses.

Ces trois séries d'événements, parmi d'autres, eurent, tout au moins au niveau des perceptions, des effets désastreux sur les relations entre les communautés francophones et anglophones du Canada.

Le Rapport préliminaire de la Commission sur le bilinguisme et le biculturalisme provoquait à la fois les deux communautés et suscitait de sévères réactions de la part des autres groupes ethniques laissés, selon eux, pour compte dans un pays où ils représentaient une proportion significative de la population. Ils justifiaient les jugements des éléments nationalistes québécois et forçaient la réaction de ceux qui, au Canada anglais, craignaient la « dangereuse escalade » des exigences québécoises.

Le comportement de nombreux parlementaires canadiens dans le débat sur le drapeau et la chasse aux scandales impliquant les ministres francophones furent perçus par de nombreux Québécois et Canadiens comme des expressions honteuses et tragiques de la crise dont la Commission sur le bilinguisme et le biculturalisme avait tracé dans son Rapport préliminaire un profil saisissant. En effet, si cette période de la vie parlementaire canadienne fut largement marquée par une partisanerie poussée à l'extrême, suite à l'élection successive de trois gouvernements minoritaires, elle fut aussi l'expression d'un malaise plus profond qui lentement gagnait le pays tout entier; à moins d'expliquer cette période futile de la vie parlementaire par l'irresponsabilité et le cynisme d'une fraction importante du groupe conservateur et de son chef visionnaire. Cette explication n'est pas à exclure.

À l'élection fédérale du 8 novembre 1965, le Parti Libéral se voyait confier un nouveau mandat. Pour la quatrième fois consécutive, l'électorat canadien se donnait un gouvernement

---

62. Lester B. Pearson, *Memoirs...*, vol. III, *op. cit.*, p. 161.

minoritaire. Au Québec, trois événements considérables avaient précédé l'élection fédérale.

Depuis près d'un siècle, les Partis Libéraux québécois et canadien constituaient au niveau de l'organisation et du personnel une seule et même réalité. Le Parti Libéral canadien disposait d'un pouvoir d'intervention efficace sur la formation provinciale. À une certaine époque le chef du Parti Libéral fédéral choisissait le chef de l'aile québécoise, le Premier ministre du Québec. Cette relation étroite avait bien servi Maurice Duplessis qui l'identifiait à une soumission des libéraux québécois au Parti Libéral canadien « centralisateur ».

Dans le climat difficile des années '60, cette relation historique entre les deux niveaux du Parti Libéral fut soumise à la critique des éléments les plus nationalistes du parti provincial. Jean Lesage prit l'initiative de la séparation de l'aile provinciale du grand parti pancanadien. Il devenait de plus en plus évident que les affrontements entre Québec et Ottawa où gouvernaient les deux partis libéraux créaient à l'intérieur de la structure unique des tensions et des conflits qui risquaient de diviser le parti. La séparation créerait de nouvelles conditions d'indépendance tant au niveau de l'organisation politique qu'à celui des relations intergouvernementales. Le processus d'autonomie des partis politiques québécois, engagé par Maurice Duplessis en 1935 avec la création de l'Union Nationale, franchissait en 1964 une étape majeure avec la séparation du Parti Libéral du Québec du Parti Libéral canadien.

Le second événement qui précéda l'élection fédérale du 8 novembre 1965 fut la décision inattendue de Jean Marchand, Gérard Pelletier et Pierre Elliott Trudeau de se joindre au Parti Libéral du Canada à titre de candidats. Ce choix provoqua d'abondantes réactions dont les plus favorables ne se situaient pas au sein du Parti Libéral lui-même.

Identifiés depuis deux décennies au combat du progrès social, aux idées de la gauche intellectuelle, à la dénonciation du nationalisme conservateur, ces trois hommes, partisans et animateurs de la dimension sociale de la révolution tranquille, faisaient le pari du renouvellement des institutions politiques canadiennes. Leur engagement politique, en un temps où ils avaient repris leur vigoureuse polémique avec les nationalistes et lancé une vaste attaque contre les indépendantistes, portait les germes d'une polarisation sans précédent dans l'histoire du Québec. Leur option politique était elle-même un signe évident qu'ils recherchaient le pouvoir, c'est-à-dire le moyen de rempor-

Photos 11 et 12. Pierre Elliott Trudeau, Jean Marchand et Gérard Pelletier annonçant qu'ils se joignent au Parti Libéral du Canada en 1965.

Photo 13. À la résidence officielle du Premier ministre, quatre ans plus tard.

ter le combat dont les signes de plus en plus nombreux annonçaient l'imminence et la totalité. Autrement ils auraient sacrifié les nécessités tactiques aux impératifs des options idéologiques qui les avaient réunis jusque-là et auraient choisi de se porter candidats pour le Nouveau Parti Démocratique.

Devant l'impasse des rapports du Québec avec le Canada, les signes d'une récupération de la révolution tranquille par des éléments nationalistes dont les choix démocratiques les inquiétaient, Pelletier, Marchand et Trudeau choisissent de travailler au rééquilibre des pouvoirs au Canada et à la transformation des rapports de force déstabilisés, selon leur analyse, depuis 1960 par la révolution tranquille et l'affaiblissement de l'État fédéral sous-équipé politiquement et intellectuellement pour redéfinir et renégocier les conditions de l'avenir du Canada.

L'ensemble des événements qui affectèrent les relations du Québec avec le Canada, entre 1960 et 1966, et dont nous venons de retracer les éléments essentiels, transformait la problématique traditionnelle des relations fédérales-provinciales en un nouveau débat plus fondamental, une crise dans les relations entre le Canada français et le Canada anglais.

Moins d'un an avant la fin de son mandat, Jean Lesage entreprend en octobre 1965 un long voyage dans l'Ouest canadien. Devant des auditoires sceptiques, le Premier ministre du Québec tente de définir le pays en retenant comme facteur constitutif la présence de deux peuples fondateurs[63].

> Notre problème est de déterminer quels sont les facteurs les plus caractéristiques de notre pays : est-ce la division du Canada en dix provinces ou bien la présence sur un même et vaste territoire, des deux peuples qui l'ont fondé. Le Québec croit que le second facteur est le plus important.

Dans le contexte défini par Jean Lesage, le Canada ne saurait être conçu comme une collection de dix provinces mais bien comme le résultat d'un projet commun entrepris il y a près d'un siècle par les deux groupes ethniques francophones et anglophones.

À chacune des étapes de ce difficile voyage, le Premier ministre québécois reprend le même thème. Ainsi, le 23 septembre, s'adressant au Canadian Club de Victoria, Jean Lesage précise davantage le défi qui, selon lui, requiert une attention immédiate[64] :

> Le problème auquel le Canada fait face à l'heure actuelle a deux aspects qui, bien que distincts, s'entremêlent dans

---

63. Jean Lesage, « Texte d'une conférence prononcée devant l'Association franco-canadienne de la Saskatchewan », 19 septembre 1965 (polycopié).
64. Jean Lesage, « Texte d'une conférence prononcée devant le Canadian Club de Victoria», 23 septembre 1965 (polycopié).

Photo 14. Jean Lesage porte le message québécois dans l'Ouest canadien en 1965: l'incompréhension est profonde.

leurs causes et leurs solutions. Il y a d'abord le problème de la dualité canadienne : comment faire en sorte que le Canadien de langue française soit, individuellement et collectivement, mis sur un pied d'égalité avec le Canadien de langue anglaise. Il y a ensuite le problème du fédéralisme canadien dont je viens de parler : comment adapter les structures fortement centralisées que nous ont laissées la crise économique et la deuxième grande guerre à la diversité et à l'immensité du Canada.

Les conséquences de cette définition du Canada sont nombreuses. Le chef du gouvernement québécois, devant des auditoires de moins en moins réceptifs, évoque le malaise profond, le déséquilibre qui affecte le pays et énumère la liste des changements qui pourront résoudre les difficultés et les injustices de la situation actuelle[65].

> Nous voulons l'égalité des deux groupes qui ont fondé ce pays... Nous voulons que les deux langues officielles soient utilisées pour tous les services du gouvernement fédéral... Nous voulons que les minorités francophones reçoivent un traitement équivalent à celui que reçoit la minorité anglophone du Québec...

Afin d'atteindre ses objectifs propres, le Québec, comme « mère patrie du Canada français », réclame le contrôle de certains domaines d'activités qui n'intéresseront pas nécessairement les autres provinces. L'effet politique de cette situation sera peut-être de reconnaître un statut spécial au Québec au sein du Canada sans que soit affectée l'essence même du système fédéral canadien. Ce dernier cependant doit être modifié. Notre pays a besoin d'un régime confédéral d'un type nouveau[66]. La dernière étape de ce voyage sans précédent conduit Jean Lesage à Régina. Le Premier ministre du Québec y présente à nouveau son projet de renouvellement de la Constitution canadienne dont l'objectif est de définir des institutions politiques qui permettront aux deux groupes fondateurs du pays non pas de se combattre mais de se compléter l'un l'autre. Jean Lesage termine sa tournée de l'Ouest en invoquant l'échec pos-

---

65. Jean Lesage, « Texte d'une conférence prononcée devant le Canadian Club de Calgary », 22 septembre 1965 (polycopié).
66. Jean Lesage, « Texte d'une conférence prononcée à l'Université de Victoria », 23 septembre 1965 (polycopié).
    Jean Lesage, « Texte d'une conférence prononcée devant le Canadian Club de Vancouver », 24 septembre 1965 (polycopié).

sible de sa conception du développement des institutions canadiennes et des rapports entre le Canada français et le Canada
anglais[67].

> Nous avons le choix entre deux options : ou bien nous
> acceptons la coexistence de nos deux cultures et les
> conséquences logiques de cette coexistence; ou bien nous
> n'y croyons pas. Alors les Canadiens français sont con-
> sidérés comme une minorité tolérée vouée à l'extinction.
> Dans ce cas, si jamais la Confédération s'écroule, ce ne sera
> pas parce que le Québec, patrie du Canada français, s'en
> sera séparé. Ce sera parce que la manière de garder le
> Québec au sein du Canada n'aura pas été trouvée.

Les témoignages en provenance de diverses sources sont
tous concordants. Si les propos de Jean Lesage ont constitué un
choc et comme une épreuve pour ses auditeurs de l'Ouest, les
réactions d'hostilité qui ont entouré les apparitions et les interventions du Premier ministre québécois l'avaient ébranlé. Dans la
lettre qu'il faisait parvenir au Premier ministre canadien le
20 janvier 1966, pour lui annoncer que le gouvernement du
Québec remettait indéfiniment la considération de la formule
Fulton-Favreau, Jean Lesage résumait comme suit son évaluation de sa tournée de bonne entente dans les provinces de
l'Ouest[68] :

> La visite que j'ai effectuée récemment dans l'Ouest cana-
> dien m'a fait prendre conscience de la différence con-
> sidérable qui existe entre la manière dont le Québec souhaite
> voir notre système constitutionnel évoluer et les vues de
> plusieurs Canadiens sur le même sujet dans les autres pro-
> vinces. Cette différence d'opinion fut confirmée jusqu'à un
> certain degré, par des déclarations publiques faites au
> lendemain de cette visite par des représentants autorisés de
> ces provinces. Je considère que nous devrions laisser à tous
> un laps de temps suffisant afin de nous permettre de réfléchir
> à l'avenir du pays... Alors, j'imagine que chaque gouverne-
> ment aura eu l'opportunité de définir ses politiques, non
> seulement dans le domaine des relations fédérales-
> provinciales mais aussi quant aux relations entre les Cana-
> diens français et les Canadiens anglais.

---

67. Jean Lesage, «Conférence prononcée devant le Canadian Club de
    Régina», 30 septembre 1965 (polycopié).
68. Lettre du premier ministre du Québec, Jean Lesage, au Premier ministre du
    Canada, 20 janvier 1966, *McGill Law Journal*. vol. 12, n° 4, *loc. cit.*,
    p. 593.

Chapitre II

L'Union Nationale au pouvoir : Égalité ou Indépendance

L'analyse des relations du Québec avec le Canada entre 1966 et 1970 constitue la seconde partie de la présente étude. Nous nous limiterons donc, dans ce chapitre, à rappeler les événements majeurs de cette décennie marquée par l'accélération de la crise canadienne, l'effort de révision de la Constitution, l'échec de cette tentative et la création d'un mouvement de rassemblement des forces souverainistes.

LE CANADA À DEUX

Le 5 juin 1966, Daniel Johnson est élu Premier ministre du Québec. L'Union Nationale a obtenu une minorité des votes mais la majorité des sièges à l'Assemblée législative.

Pour la première fois dans l'histoire du Québec, l'impact du vote indépendantiste est réel. Même s'il est encore limité, l'appui électoral reçu par le Rassemblement pour l'Indépendance Nationale (R.I.N.) dirigé par Pierre Bourgault et le Ralliement National (R.N.) est suffisant pour modifier les résultats du scrutin. Selon Claude Ryan[69], aucun de ces partis n'a fait de gains impressionnants lors de la dernière élection. Le R.N. n'a obtenu que 3.2% du vote; le R.I.N. n'a obtenu que 5.6% du vote. Cependant, deux faits doivent être rappelés : le R.I.N. a reçu 9.3% du vote dans la région métropolitaine de Montréal et 7% du vote dans les comtés où il présentait des candidats, causant ainsi la

---

69. Claude Ryan, « Quebec changes Governments », *Foreign Affairs*, vol. 45, No 1 (october 1966), pp. 148-161.

défaite de douze candidats libéraux. Pierre Bourgault, le chef du R.I.N., affirme au lendemain de l'élection que son parti a été largement responsable de la défaite des libéraux. Rien n'est plus près de la réalité que cette affirmation. Dans leur première incursion électorale, les séparatistes, selon Claude Ryan, ont démontré qu'ils pouvaient exercer un pouvoir considérable en influençant le résultat global d'une élection.

La victoire de l'Union Nationale dépend d'un nombre impressionnant de facteurs.

Réfléchissant à la stratégie de l'Union Nationale, Jean Lesage ramenait à trois causes la défaite de son parti en 1966 :

> l'exploitation intelligente du mécontentement des gens en dehors des grandes villes sur la question scolaire... l'exploitation habile de cette espèce de sourde rancœur, souvent presqu'indéfinissable *(sic)*, des gens de la campagne contre les grandes villes... et la grève des professionnels...[70]

Le type de campagne qu'avaient menée les candidats de l'Union Nationale donnait sans doute raison à Jean Lesage mais il y avait plus. L'élection de l'Union Nationale en juin 1966 était l'aboutissement d'une vaste opération politique lancée en février 1964 contre la formule Fulton-Favreau. Cette opération avait rendu possible l'éclatant succès des Assises du parti en 1965.

La signification de ces deux séries d'événements politiques était double. La lutte totale de Daniel Johnson contre la formule Fulton-Favreau avait placé les libéraux et Jean Lesage sur la défensive jusqu'au retrait de leur engagement ferme au sujet de cette importante question. Elle avait isolé et divisé le gouvernement et au contraire rapproché l'Union Nationale de nombreux milieux qui l'avaient délaissée au profit de l'équipe et du projet libéral de 1960 et 1962. Elle avait donné une nouvelle crédibilité au successeur de Duplessis perçu comme un ardent défenseur des droits du Québec.

Sur ces sympathies nouvelles, l'Union Nationale avait construit des Assises efficaces à un triple niveau[71].

En premier lieu, l'opération contre la formule Fulton-Favreau exigeait en quelque sorte un complément qui soit une solution de rechange au projet d'«intégration» du Québec dans le

---

70. Mario Cardinal, Vincent Lemieux, Florian Sauvageau, *Si l'Union Nationale m'était contée...*, Montréal, Boréal Express, 1978, p. 58.
71. Ces Assises furent tenues à l'Hôtel Reine Elizabeth de Montréal les 19, 20 et 21 mars 1965. Elles avaient été précédées de deux réunions préliminaires, l'une à Québec le 30 janvier 1965, l'autre à Montréal le 6 février 1965.

Photo 15. Daniel Johnson présente la nouvelle option constitutionnelle de son parti sous le titre *Égalité ou Indépendance*, 1965.

Canada. Ce complément prendra la forme d'un ouvrage signé par le chef de l'Union Nationale *Égalité ou Indépendance*[72] lancé au début des Assises de 1965.

En second lieu, en invitant des experts de tous les milieux à venir animer son congrès d'orientation, l'Union Nationale mettait fin à une certaine image d'elle-même, «son image duplessiste[73]». Elle devenait un carrefour d'idées et de projets qui retinrent l'attention d'un grand nombre. Parmi les conseillers « apolitiques » invités à venir animer ces Assises, on note entre autres les noms de François-Albert Angers, Claude Ryan, Bernard Bonin, Louis Laberge, Jean Marchand, Jean Brunelle, Vincent Lemieux et Victor Goldbloom.

72. Daniel Johnson, *Égalité ou Indépendance*, Montréal, Les Éditions de l'Homme, 1965.
73. Mario Cardinal, Vincent Lemieux, Florian Sauvageau, *op. cit.*, p. 56.

Les travaux des douze commissions d'étude des Assises[74] fournirent à l'Union Nationale les éléments d'un programme politique qui lui avaient fait défaut lors des élections de 1960 et 1962.

Enfin, lors des Assises, la Commission des structures du parti décidait d'établir un Conseil national reposant sur des associations de comtés. Ce conseil national sera effectivement créé le 12 juin 1965.

Des trois composantes de l'impressionnante opération politique lancée par l'Union Nationale, la plus spectaculaire fut sans doute la définition d'une politique constitutionnelle. Le titre percutant du petit volume lancé par Daniel Johnson lors des Assises en 1965, *Égalité ou Indépendance*, reposait sur un postulat précis, soit l'existence, au Canada, de deux nations : la nation canadienne-anglaise et la nation canadienne-française.

Sur la reconnaissance de ce postulat, le chef de l'Union Nationale construit l'architecture d'un nouveau pacte binational au Canada.

Les éléments essentiels de ce nouveau pacte peuvent être ramenés aux propositions suivantes.

La survie du Canada implique comme préalable la définition des conditions de réalisation de l'égalité juridique et politique des deux nations associées dans une nouvelle fédération. Elle présuppose la volonté de rédiger une nouvelle Constitution dont la base soit la reconnaissance des deux nations[75].

> Cette constitution devrait, à mon sens, être conçue de telle façon que le Canada ne soit pas uniquement une fédération de dix provinces, mais une fédération de deux nations égales en droit et en fait.

Cet objectif fondamental reçoit une première précision quant aux formes institutionnelles qui pourraient l'incarner[76] :

> En instituant au sommet, pour l'ensemble du pays, un organe vraiment binational, où les mandataires des deux communautés culturelles pourraient travailler ensemble, sur un pied d'égalité, à la gestion de leurs intérêts communs.

---

74. Les commissions d'étude des Assises de l'Union Nationale étaient consacrées à l'étude des domaines suivants : la Constitution, l'éducation, le loisir, l'avenir économique du Québec (section économie urbaine, section économie rurale), le travail, la sécurité sociale, la loi électorale, la justice et les libertés civiles, les groupes ethniques, la structure du parti.
75. Daniel Johnson, *op. cit.*, p. 116.
76. *Ibid.*, p. 109.

Si le chef de l'Union Nationale s'engage à travailler à la réalisation de cet objectif, il définit une solution de rechange dans l'éventualité d'un échec de la construction du Canada à deux[77].

Il ne peut y avoir d'autonomie culturelle sans autonomie politique. Il faut une patrie à la nation canadienne-française. Si elle ne parvient pas à se réaliser politiquement d'un océan à l'autre, dans un fédéralisme nouveau et binational, elle n'aura pas d'autre choix que de faire l'indépendance.

Élue en juin 1966, l'Union Nationale mettra en veilleuse la thèse des deux nations et la thèse de la fédération entre ces deux nations. L'objectif avoué du nouveau gouvernement tel que défini en septembre 1966[78] consiste à rechercher la reconnaissance de droits collectifs égaux pour les Canadiens français et les Canadiens anglais, la définition d'un statut particulier pour le Québec, point d'appui et principal foyer de la nation canadienne-française.

C'est en se référant à ces deux positions constitutionnelles que Daniel Johnson se présentera à la Conférence sur la « Confédération de demain » à Toronto en novembre 1967[79], et à la première réunion de la Conférence constitutionnelle de février 1969[80]. Jean-Jacques Bertrand reprendra l'essentiel de la position constitutionnelle de son prédécesseur lors des deuxième (février 1968)[81] et troisième (décembre 1969)[82] réunions de la Conférence constitutionnelle, ainsi qu'à la première séance de travail de la Conférence constitutionnelle de 1969[83].

77. *Ibid.*, p. 110.
78. Gouvernement du Québec, *Mémoire sur la question constitutionnelle*, Quatrième réunion du Comité du régime fiscal, septembre 1966.
79. Le chapitre premier de la deuxième partie de la présente étude est consacré à l'analyse détaillée de la signification et du contenu de cette Conférence, pp. 139 à 154.
80. Le chapitre II de la deuxième partie de la présente étude est consacré à l'analyse de cette première réunion de la Conférence constitutionnelle de février 1968, pp. 161 à 171.
81. Le chapitre II de la deuxième partie de la présente étude est consacré à l'analyse de cette deuxième réunion de la Conférence constitutionnelle de février 1969, pp. 171 à 186.
82. Le chapitre II de la deuxième partie de la présente étude est consacré à l'analyse de cette troisième réunion de la Conférence constitutionnelle de décembre 1969, pp. 195 à 203.
83. Le chapitre II de la deuxième partie de la présente étude est consacré à l'analyse de cette première séance de travail de la Conférence constitutionnelle de juin 1969, pp. 186 à 195.

1967, LES CONTRADICTIONS DU CENTENAIRE

Le centenaire de la Confédération approchait. Nous étions désireux d'avoir une célébration vraiment exceptionnelle pas tellement parce que cette date marquait notre centième anniversaire, mais surtout parce que notre pays traversait une période difficile, en particulier au Québec. Le centenaire constituait une occasion unique de célébrer notre identité canadienne.

La dualité des sentiments qu'exprime ce texte de Lester B. Pearson[84] traduit justement les contradictions du centenaire. Si d'une part les fêtes du centenaire donnèrent lieu à une série d'activités dont l'objectif était « de célébrer l'identité canadienne », d'autre part les six derniers mois de cette année 1967 furent marqués par une série d'événements qui remettaient en cause l'expérience canadienne et forçaient le débat concernant l'avenir de cette expérience, les conditions de sa durée et les mérites de ses options.

Ces débats avaient un impact international certain, en un temps où Montréal était devenue, pour la durée de l'Exposition universelle, la capitale culturelle du monde, le lieu de rencontre des chefs d'États de plus de soixante pays et des journalistes de la presse internationale.

Les relations franco-québécoises amorcées par le gouvernement de Jean Lesage prirent, en cette année du centenaire, une dimension nouvelle. En mai 1967, Daniel Johnson se rend à Paris en visite officielle et reçoit de la part du général de Gaulle un accueil exceptionnel. Ce dernier rencontre le Premier ministre québécois à deux reprises. Huit ministres du gouvernement français s'entretiennent avec lui. Des projets nouveaux dans des secteurs importants font l'objet de discussions : on pense en particulier à une entente France-Québec sur un projet de centrale nucléaire et à une entente concernant l'usage de satellites pour assurer divers types de communications entre la France et le Québec.

La réception que réserva le gouvernement français au chef du gouvernement québécois et le contenu des discussions entre eux provoquèrent dans le monde politique canadien beaucoup d'agacement, voire de l'inquiétude.

En juillet, en réponse à une invitation officielle reçue des gouvernements canadien et québécois, le général de Gaulle entreprend son quatrième voyage au Canada.

---

84. Lester B. Pearson, *Memoirs...* vol. III, *op. cit.*, p. 327.

La préparation du séjour du Président français avait fait l'objet d'un premier entretien entre le premier ministre Pearson et le premier ministre Johnson en avril 1967. De toute évidence, le gouvernement québécois avait déjà eu des entretiens privilégiés avec les autorités françaises au sujet du voyage du général. Les gouvernements français et québécois avaient, par exemple, une position commune quant à l'itinéraire du visiteur. Le gouvernement canadien souhaitait qu'il commence son séjour canadien dans la capitale fédérale. Québec et Paris exigèrent que le célèbre visiteur entre au pays par la ville de Québec, visite Montréal et termine son séjour par un arrêt à Ottawa. Différents problèmes protocolaires firent l'objet de négociations entre Pearson et Johnson juste avant l'arrivée du Président français.

Le 23 juillet le général de Gaulle arrive à Québec sur le magnifique destroyer français le *Colbert*.

S'il respecte en tous points les bons usages à l'endroit du Gouverneur général Michener qui l'accueille officiellement, le Président de la France salue avec une grande chaleur et amitié le chef du gouvernement québécois.

Le 26 juillet, le général de Gaulle traverse «le pays français du Québec» et reçoit dans chaque village et dans chaque ville où il s'arrête un accueil que les Québécois n'ont jamais consenti à aucun visiteur étranger. Le caractère même de l'itinéraire de ce voyage entre Québec et Montréal, l'organisation des réceptions, expliquent en partie cette exaltation collective. Mais au centre de cette journée historique se dresse la figure imposante, le verbe invitant du général que son ami Johnson présente avec familiarité comme un ami venu rencontrer ses amis québécois.

La journée prend l'allure d'une marche triomphale.

À Montréal, devant l'Hôtel de ville, les voyageurs épuisés par cette exceptionnelle cavalcade ont peine à se frayer un passage jusqu'au grand escalier. La foule réclame de Gaulle qui paraît au balcon, face à l'ancien château du Gouverneur français. En quelques phrases bien martelées, le Président français évoque les heures récentes de son séjour québécois et les compare à celles qu'il a vécues lors de la libération de Paris en 1944. Puis il emplit la nuit qui vient et le pays dont il est l'hôte de phrases dont les réverbérations firent le tour du monde[85].

---

85. Archives de la ville de Montréal, Série 35 000-292, *Réceptions De Gaulle*, Bobine I, Discours Drapeau — De Gaulle; intégraux.

Photos 16, 17, 18, 19, 20, 21. Le 26 juillet 1967, le général de Gaulle emprunte le Chemin du Roy de Québec à Montréal. À l'Hôtel de ville de la métropole, il prononce le désormais célèbre «Vive le Québec libre».

Je vais vous confier un secret que vous ne répéterez pas...
Ce soir, ici, et tout au long de la route, je me trouvais dans une
atmosphère du même genre que celle de la Libération... Et
tout au long de ma route, outre cela, j'ai constaté quel immense effort de progrès, de développement et, par
conséquent, d'affranchissement vous accomplissez ici, et
c'est à Montréal qu'il faut que je le dise. Car s'il y a au monde
une ville exemplaire par ses réussites modernes, c'est la
vôtre, et je me permets d'ajouter : c'est la nôtre... Si vous
saviez quelle confiance la France, réveillée après
d'immenses épreuves, porte vers vous, quelle affection elle
recommence à ressentir pour les Français du Canada. Elle se
sent obligée à concourir à votre marche en avant, à votre
progrès... Voilà ce que je suis venu vous dire ce soir.
J'emporte de cette réunion un souvenir inoubliable. La
France entière sait, voit, entend ce qui se passe ici... Vive
Montréal ! Vive le Québec ! Vive le Québec libre ! Vive le
Canada français ! et vive la France !

En plus des problèmes immédiats que créait aux autorités
canadiennes et québécoises l'intervention spectaculaire de de
Gaulle, ses quelques phrases déstabilisaient les résultats
escomptés de cette période consacrée à « célébrer l'identité
canadienne ». Elles forçaient la réflexion sur la réalité de cette
identité et sa signification quant à l'identité québécoise, fraction
de la précédente ou réalité autonome à reconnaître et à construire.

Le peuple canadien est libre. Chaque province du Canada
est libre. Les Canadiens n'ont pas besoin d'être libérés.
Plusieurs milliers de Canadiens ont donné leur vie à
l'occasion des deux guerres mondiales pour libérer la
France et d'autres pays européens. Le Canada restera uni et
rejette tout effort pour détruire son unité[86].

À la lecture de ce communiqué écrit par le premier ministre
Pearson, le général de Gaulle décide de mettre un terme à son
voyage et de rentrer à Paris sans passer par Ottawa.

Les jours et les semaines qui suivirent les paroles du
Président français firent l'objet d'un grand nombre d'évaluations,
d'interprétations et d'exégèses.

Quatre mois après son discours au balcon de l'Hôtel de ville
de Montréal, de Gaulle, répondant à une question d'un journaliste lors d'une conférence de presse à Paris le 27 novembre, pré-

---

86. « Canadian Unity », *Canadian News Facts*, vol. 1, No 15, August 14, Toronto,
Ontario, Marpep Publishing Limited, p. 113.

cisa sa conception de l'avenir québécois[87]. Selon lui «l'équilibre et la paix» du Canada tout entier exigent que la question de la liberté du Québec soit résolue. Le général de Gaulle énonce deux conditions essentielles à la solution de cette question. D'abord que la structure de la fédération canadienne subisse un changement complet, en second lieu que la solidarité de la communauté française s'organise de part et d'autre de l'Atlantique. Au sujet de la première condition le Président français exprime l'avis que la transformation de la structure fédérale du Canada «aboutira forcément à l'avènement du Québec au rang d'un État souverain et maître de son existence nationale». Cette affirmation ne signifie aucunement que le chef de l'État français exclut la possibilité d'un partage de la souveraineté du Québec avec le Canada. Au contraire il affirme qu'avec un Canada renouvelé «la France est toute prête à entretenir avec son ensemble les meilleures relations possibles et invite tous les Français du Canada qui ne résident pas au Québec à participer à ce renouvellement et à s'inscrire dans la solidarité francophone atlantique».

En cette année du centenaire, les relations du Québec et du Canada firent l'objet d'un débat fondamental. Quatre événements en particulier retinrent l'attention: le projet souveraineté-association soumis le 18 septembre 1967 par René Lévesque à l'attention des délégués au congrès du Parti Libéral du Québec qui devait tenir ses Assises les 13, 14, 15 octobre; la tenue des Assises nationales des États généraux du Canada français du 23 au 26 novembre 1967; la Conférence interprovinciale sur la «Confédération de demain» à Toronto, du 27 au 30 novembre 1967; et le dépôt, le 5 décembre 1967, du Rapport de la Commission royale d'enquête sur le bilinguisme et le biculturalisme.

La défaite subie en juin 1966 par l'équipe libérale dirigée par Jean Lesage accentua les différences entre diverses factions de ce parti quant à l'avenir constitutionnel du Québec et ses relations avec le Canada.

Dès 1964, René Lévesque avait indiqué que la seule issue possible aux confrontations du Québec et du Canada résidait dans l'obtention par le Québec d'un statut d'État associé au sein du Canada. Cette prise de position avait suscité un débat de grande envergure à travers le pays. La thèse présentée par le ministre des Richesses naturelles, et proposée comme solution de rechange à la séparation du Québec, semblait une hérésie pour les fédéralistes qui l'identifiaient à du séparatisme déguisé.

---

87. *Le Devoir*, 28 novembre 1967.

Photo 22. «Où va le Canada? Où va le Québec? Le mouvement de vérité approche», René Lévesque, 1965.

En mai 1965, devant l'association juive B'nai Brith de Montréal, le ministre Lévesque reprenait sa thèse quant à l'obtention d'un statut d'État associé pour le Québec et soulignait l'urgence de trouver une solution aux tensions qui divisent le pays[88].

> Où va le Canada? Où va le Québec? Le Canada c'est une caricature, ça n'existe pas, si ce n'est constitutionnellement. Et même si les manchettes des journaux, depuis un an, ne rapportent plus d'explosions, et que ça paraisse moins évident, la pression monte, et le moment de vérité approche.

Les interventions de René Lévesque ne suscitaient pas dans le Parti Libéral des réactions unanimes d'approbation. Au lendemain de la défaite de juin, le secrétaire du parti demandait

88. *L'Action*, 17 mai 1965.

carrément à René Lévesque « de se taire ». Pour sa part le député libéral de Lotbinière aux Communes affirmait que le départ de René Lévesque des rangs du Parti Libéral serait un élément important de solution à l'imbroglio qui divisait les libéraux du Québec.

Depuis au moins trois ans, soit de 1964 à 1966, René Lévesque avait répété à maintes reprises «que le moment de vérité approchait».

Cette heure attendue et souhaitée avec impatience par les milieux nationalistes, voire indépendantistes, sonna pour le public le 18 septembre 1967. Devant les militants de l'Association libérale du comté de Laurier, René Lévesque rend public l'essentiel de son option souveraineté-association. En même temps, l'ancien Ministre réclame la souveraineté complète pour le Québec et une étroite association économique avec le Canada.

Après avoir récusé toute possibilité de réaménager le statu quo et affirmé que les demandes minimales du Québec constituent pour le reste du Canada un maximum tout à fait inacceptable, René Lévesque propose de mettre un terme au gaspillage d'énergie que « constitue le régime actuel », « aux illusions pernicieuses du nationalisme verbal et à la voie mortelle de la révision »[89].

> Il faut d'abord nous débarrasser complètement d'un régime fédéral complètement dépassé, le problème ne pouvant se dénouer ni dans le maintien ni dans aucun aménagement du statu quo. Cela veut dire que nous devons oser saisir pour nous l'entière liberté du Québec, son droit à tout le contenu essentiel de l'indépendance, c'est-à-dire à la pleine maîtrise de toutes et chacune de ses principales décisions collectives. Cela veut dire que le Québec doit devenir un État souverain. Là seulement, nous trouverons enfin cette sécurité de notre être collectif qui, autrement, ne pourrait que demeurer incertaine et boiteuse. Là seulement, nous aurons enfin l'occasion et l'obligation de déployer au maximum nos énergies et nos talents pour résoudre sans excuses, comme sans échappatoire, toutes les questions importantes qui nous concernent. En plus d'être la seule solution logique à la présente impasse canadienne, c'est là aussi l'unique but commun qui soit exaltant au point de nous rassembler tous, assez unis et assez forts pour affronter tous les avenirs possibles.

89. René Lévesque, « Manifeste sur la question constitutionnelle », *Le Soleil*, 19 septembre 1967.

Au Canada anglais, il faut alors proposer de maintenir une association non seulement de voisin, mais de partenaire dans une entreprise commune sans laquelle il nous sera, aux uns et aux autres, presque impossible de conserver et de développer, sur ce continent, des sociétés distinctes des États-Unis. Cette entreprise, elle est faite essentiellement des liens des activités complémentaires des innombrables intimités économiques dans lesquelles nous avons appris à vivre. Nous n'en détruirions l'armature que pour avoir tôt ou tard, peut-être trop tard, à la rebâtir. Une telle association nous semble faite sur mesure pour nous permettre, sans l'embarras de rigidités constitutionnelles, de faire les mises en commun avec les consultations permanentes, les souples ajustements et les mécanismes appropriés qu'exige notre intérêt économique commun : union monétaire, communauté tarifaire, coordination des politiques fiscales... À quoi rien n'interdirait, à mesure que nous apprendrions à mieux nous comprendre et à mieux coopérer dans ce contexte nouveau, d'ajouter librement d'autres secteurs où la même communauté d'action nous paraîtrait mutuellement avantageuse. Bref, un régime dans lequel deux nations, l'une dont la patrie serait le Québec, l'autre réarrangeant à son gré le reste du pays qui s'associe, dans une adaptation originale de la formule courante des marchés communs, pour former un nouvel ensemble qui pourrait par exemple s'appeler l'Union canadienne[90].

Sitôt rendue publique, l'option Québec, selon l'appellation qui servira désormais à l'identifier, suscite au Canada et au Québec un immense intérêt.

Les indépendantistes, en particulier le président national du R.I.N. Pierre Bourgault, voient dans le choix de René Lévesque la confirmation et la consécration de l'action politique qu'ils ont initiée en faveur de l'indépendance du Québec.

Nous nous réjouissons fort de voir M. René Lévesque se prononcer en faveur de l'indépendance du Québec. Nous nous en réjouissons d'autant plus qu'il adopte d'emblée la politique même que le RIN prône depuis sept ans, soit l'indépendance d'abord pour ensuite négocier avec Ottawa les ententes qui assureraient la promotion des intérêts communs du Canada et du Québec...

À notre peuple écrasé sous la peur depuis deux cents ans, seul le courage de ses représentants saura redonner confiance[91].

---

90. *Ibid.*
91. *Montréal-Matin*, 20 septembre 1967.

Jean Lesage apprend officiellement la décision de son collègue au Lac Mégantic. Il adopte une attitude prudente, se contentant d'affirmer que la proposition Lévesque suggérant un Québec souverain et une union économique avec le reste du Canada n'était pas nécessairement une position «séparatiste». Il refuse de commenter davantage la résolution des libéraux de Laurier, affirmant qu'elle était d'ordre constitutionnel et serait donc débattue lors du prochain congrès du parti.

À Ottawa, le sénateur Maurice Lamontagne, au nom du Parti Libéral du Canada, rejette la thèse de René Lévesque et affirme que « les Québécois ne voudront jamais placer tous leurs œufs dans le même panier ».

Dans un éditorial publié dans *Le Devoir* le 20 septembre 1967 intitulé « Un nouveau pas vers la minute de vérité », Claude Ryan affirme que l'intervention de René Lévesque ramène les choix à deux, d'un côté l'option fédéraliste, de l'autre, l'option indépendantiste. Le temps des ambiguïtés, selon M. Ryan, tire à sa fin.

> Plusieurs ont cherché, jusqu'à maintenant, à tout réunir, à tout concilier, à tout préserver. Ce temps d'ambiguïté tire à sa fin. Les hommes vraiment forts de la période qui s'ouvre seront ceux qui auront eu le courage de prendre des options claires, et qui auront la vigueur intellectuelle voulue pour les défendre. À ne s'en tenir qu'à ce critère, M. Lévesque vient de montrer qu'il n'appartient pas seulement à un passé à la fois trop récent et trop bref, mais qu'il sera aussi un acteur principal de la prochaine étape de l'évolution du Québec et du Canada.

L'éditorialiste conclut son intervention en exprimant un souhait que l'avenir allait concrétiser d'une manière dramatique pour lui-même et pour René Lévesque :

> Ce qui importe par-dessus tout, dans ce débat, ce n'est pas, en effet, que triomphe matériellement le point de vue de tel ou tel groupe. C'est que s'exprime un jour librement, après avoir été dûment instruite par le processus normal du dialogue démocratique, l'opinion souveraine du peuple.

À trois semaines du congrès du Parti Libéral du Québec qui devait étudier l'option de René Lévesque, une intense activité anime le parti.

L'ascendant et la popularité de Lévesque, le sérieux de son intervention, le ton même de son manifeste jugé par Pierre Laporte comme «l'un des documents les plus fouillés que nous ayons eu depuis longtemps», imposaient aux dirigeants du parti

Photo 23. «...René Lévesque... un acteur principal de la prochaine étape de l'évolution du Québec et du Canada», Claude Ryan, 1967.

une stratégie de grande altitude. Les uns à la suite des autres ils reconnaissent la parfaite légitimité de l'intervention de René Lévesque, affirment même qu'ils se sentent solidaires de l'essentiel des arguments du député de Laurier mais rejettent les conclusions «indépendantistes» qu'il a données à son manifeste. Les uns soulignent la nécessité d'une large autonomie pour le Québec, les autres parlent d'un statut particulier mais tous confessent leur adhésion à l'option fédéraliste.

Jean Lesage multiplie les rencontres à travers le Québec, livrant partout le même message.

> Face à la résolution de M. René Lévesque, je déclare que je suis Québécois, fier de notre Québec pour lequel je veux voir atteindre le plus haut degré possible d'autonomie compatible avec l'existence du Canada, car je suis également Canadien, je le répète, je suis Canadien[92].

Au congrès de la Fédération des Jeunes Libéraux au Lac Delage le 25 septembre, René Lévesque s'adresse longuement aux congressistes. Il plaide en faveur de l'option Québec et affirme « que des différences d'idées peuvent impliquer des regroupements d'hommes politiques et des mutations dans les partis ».

Les leaders du parti présents à ces Assises ne sont pas en mesure de répliquer au député de Laurier, ne disposant pas des conclusions du travail que poursuivait le comité constitutionnel du parti présidé par Paul Gérin-Lajoie.

Mise aux voix, la thèse du député de Laurier fut rejetée par soixante et onze votes contre cinquante-cinq.

Aux rumeurs nombreuses qui circulent laissant croire que le parti ne prendrait aucune décision quant à son option constitutionnelle lors du congrès d'octobre et ne se fixerait pas à ce sujet avant 1968, René Lévesque et Marc Brière, membre de la Commission politique du parti, rétorquent que le parti devrait choisir dès octobre une option constitutionnelle, quitte à remettre à plus tard l'étude des modalités.

Le président de la Fédération Libérale du Québec, Eric Kierans, prend le leadership des opposants à la thèse de René Lévesque. Il proclame à maintes reprises que « la proposition de Lévesque sera battue ».

Il devenait chaque jour plus évident que les libéraux ne pourraient éviter l'affrontement décisif qui n'était en fait que l'aboutissement des querelles intestines qui divisaient le parti

---

92. *La Presse*, 21 septembre 1967.

depuis 1964. Deux jours avant le congrès qui réunira plus de deux mille délégués, Jean Lesage et Eric Kierans rendent publique la position officielle de l'exécutif du parti sur la question constitutionnelle. Cette position reposait sur le rapport Gérin-Lajoie[93]. Les articles essentiels de la résolution que s'engageait à proposer et à défendre l'exécutif du parti réclamaient un nouveau partage des pouvoirs, condamnaient le «séparatisme» et comportaient l'engagement de soumettre à l'approbation du peuple du Québec la position constitutionnelle du parti « dès la reprise du pouvoir ».

Le Parti Libéral du Québec, fier de la prise de conscience collective de la nation canadienne-française, certain d'y avoir contribué, entend faire du Québec un État dynamique et prospère, véritable point d'appui du Canada français;

reconnaît que d'importants aspects de la vie nationale échappent encore à la collectivité canadienne-française et que la Constitution canadienne a été, en pratique, la source de nombreuses injustices;

croit toutefois qu'une nouvelle Constitution canadienne, comportant un statut particulier et des pouvoirs accrus pour le Québec, selon un nouveau partage entre le Parlement fédéral et celui du Québec, peut le mieux servir les intérêts politiques, économiques, culturels et sociaux des Canadiens français;

rejette donc le séparatisme sous toutes ses formes, car il irait à l'encontre des intérêts supérieurs du Québec et de la nation canadienne-française, il se ferait aux dépens des jeunes, des ouvriers et des cultivateurs et pourrait porter atteinte à la politique de « Maîtres chez nous»;

réclame avec insistance une nouvelle Constitution canadienne basée sur la reconnaissance formelle de la présence au Canada de deux nations et sur la volonté clairement manifestée de faire des Canadiens français des membres à part entière d'une nouvelle Confédération canadienne;

la nouvelle Constitution du Canada doit prévoir entre autres la création d'un véritable tribunal constitutionnel et une déclaration des droits collectifs des minorités et des majorités au Canada.

Fort de cette position face à l'option Québec de René Lévesque, les dirigeants du parti se lancent dans une violente campagne contre cette dernière et celui qui l'incarne.

93. Parti Libéral du Québec, *Rapport du Comité des Affaires constitutionnelles de la commission politique de la Fédération libérale du Québec*, Congrès annuel de la Fédération libérale du Québec, octobre 1967.

Un véritable front commun s'était constitué au sein de la députation et des dirigeants du parti pour faire échec « au séparatisme » prêché par le député de Laurier.

Eric Kierans résume les interventions de ses collègues en déclarant à la veille même du congrès du parti qu'il fallait « balayer le séparatisme des rangs du parti libéral ».

Dès l'ouverture du congrès, Kierans lance une invitation à peine voilée à René Lévesque à quitter le parti si sa proposition est défaite par les délégués. Pour sa part, Jean Lesage consacre la majeure partie de son discours inaugural à défendre la résolution de l'exécutif sur l'avenir constitutionnel du Québec.

Insatisfaits des règles de procédure adoptées par les délégués pour la réunion des Affaires constitutionnelles, les délégués pro-Lévesque quittent l'Assemblée plénière. René Lévesque formule un bref commentaire : « Nous espérions avoir au moins une audition convenable, honnête, démocratique mais devant les événements qui se sont produits ce soir, il est manifeste que nous n'aurons qu'une pseudo-audition. »

Dans la grande salle de bal du Château Frontenac, plus de deux mille Québécois écoutent, en ce samedi soir 14 octobre, Paul Gérin-Lajoie expliquer le sens de la résolution qu'il présente au nom de l'exécutif du parti et qui propose l'obtention d'un statut particulier pour le Québec au sein du Canada. De toute évidence, le député de Vaudreuil tente de ramener le débat au niveau des principes plutôt qu'à celui des personnalités.

La salle est surchauffée et enfumée. À six heures, René Lévesque monte à la tribune, usant de son droit de réplique. En quelques phrases, il annonce aux délégués qu'il retire sa proposition constitutionnelle et annonce qu'il démissionne du caucus et du Parti Libéral. Deux à trois cents délégués se lèvent, applaudissent et suivent René Lévesque qui met fin à sept années d'action politique exceptionnelle comme membre et leader influent du parti responsable de la dimension politique de la révolution tranquille. Tel que prévu, les délégués adoptent la thèse présentée par l'exécutif du parti et entonnent l'hymne national canadien.

La vie politique québécoise venait de connaître l'un des moments les plus intenses de son histoire. «Le départ de Lévesque : un incident.» Ce mot de Jean Lesage en plus de manquer d'élégance manquait de perspective.

Un réalignement général des forces politiques du Québec était proposé dès le lendemain du congrès par René Lévesque

Photo 24. Jean Lesage et Eric Kierans se félicitent de leur victoire sur René Lévesque lors du congrès du Parti Libéral du Québec en octobre 1967.

entouré des premiers militants du futur Mouvement Souveraineté-Association. Parmi les motifs qu'énuméra le député de Laurier pour expliquer sa rupture avec le Parti Libéral, il souligna qu'elle avait été amorcée lors de l'adoption de la formule Fulton-Favreau, et consacrée par la réaction des dirigeants du parti suite au séjour et aux interventions du général de Gaulle. Jusqu'à cette visite, expliqua René Lévesque, « la résistance conservatrice en place dans le parti avait refusé d'admettre comme sujet d'étude au congrès le problème constitutionnel au Québec et au Canada. La visite de de Gaulle a provoqué une crise constitutionnelle au sein du parti ».

L'option nouvelle qu'offrait aux Québécois René Lévesque apparut à plusieurs comme une aventure sans issue. Certains prévoyaient même qu'il serait appelé à glisser très vite dans l'obscurité que lui méritait sa témérité. D'autres estimaient que René Lévesque était justement l'homme qui manquait aux indépendantistes pour canaliser leurs forces et imposer leur option comme solution réaliste, voire désirable.

La proposition d'association avec le Canada que René Lévesque retenait comme la contrepartie essentielle de la souveraineté du Québec suscita une réaction immédiate et déterminée des porte-parole du Canada anglais. Les propos de Lester B. Pearson résument l'attitude générale de ces milieux face à l'option Québec. À Montréal, en novembre 1967, le Premier ministre canadien déclarait[94] :

> N'étant pas sans quelque expérience des négociations internationales, je me permets d'affirmer qu'à mon avis, un pareil projet repose sur une illusion; plutôt sur un amalgame d'illusions.
>
> On s'illusionnerait de croire que, sur l'exigence d'un divorce par ailleurs contesté, puissent se créer les bases de négociations amicales et constructives, surtout quand les conjoints continuent d'habiter sous le même toit ou logent à des portes voisines. Ce serait peut-être même illusoire de compter qu'il y aurait nécessairement alors un « Ottawa » qui servirait de porte-parole au Canada anglophone en entier. Tout le projet cache une réalité évidente, à savoir que la séparation ne pourrait se réaliser sans rupture, pertes et peines.

Le débat de l'avenir s'engageait entre deux conceptions irréconciliables quant au réaménagement des liens entre les deux peuples du Canada.

Du 23 au 26 novembre 1967 se réunissaient à Montréal les deux mille délégués aux États généraux du Canada français. Dans son discours inaugural, le président de ce rassemblement sans précédent, Jacques-Yvan Morin, déclarait :

> Nous avons toujours défendu avec opiniâtreté nos droits collectifs, en particulier nos libertés linguistiques et

---

94. *Le Devoir*, 23 octobre 1967.

scolaires, mais presque partout dans ce pays on nous a réduits à les quémander. Et voici que nous découvrons qu'il existe une liberté plus large que personne ne peut nous ravir : le droit de disposer de nous-mêmes en tant que peuple, de choisir le régime politique qui convient le mieux à notre mentalité et à nos aspirations. Nous sommes parmi les derniers peuples de la terre à nous insérer dans ce courant majeur de l'histoire contemporaine, ce fondement nouveau des sociétés politiques qui, depuis le 19e siècle, transforme le monde, tendant à mettre fin aux rapports de subordination entre les peuples pour les remplacer par des rapports d'égalité [95].

Tel était l'objectif poursuivi par les États généraux : proclamer le droit à l'autodétermination du peuple canadien-français et proposer que ce droit serve de levier à la thèse de l'indépendance du Québec. René Lévesque sera reçu avec enthousiasme par les délégués aux États généraux qui, selon son analyse, dégagent de leurs travaux « des conclusions qui se rapprochent fort des siennes [96] ».

La série des événements politiques qui, au Québec, inauguraient la seconde moitié de cette année du centenaire remettaient fondamentalement en cause l'ordre constitutionnel canadien ainsi que la place du Québec au sein du Canada. C'est dans ce contexte que s'ouvrit à Toronto, au lendemain de la clôture des États généraux, la Conférence interprovinciale sur la « Confédération de demain ».

C'est à l'invitation du gouvernement de l'Ontario que les chefs des dix gouvernements provinciaux du Canada se réunissent en une conférence extraordinaire pour rechercher, selon les termes mêmes du premier ministre ontarien John Robarts, des éléments de réponse aux deux problèmes majeurs qui confrontent les Canadiens : la place du Canadien français dans la société canadienne et la nature des relations entre le gouvernement fédéral et les gouvernements provinciaux. Daniel Johnson exposera pour la première fois à ses interlocuteurs canadiens les principes du Canada à deux qui reste largement à inventer. Il plaidera pour l'élaboration d'une nouvelle Constitu-

---

95. *Les États généraux du Canada français*, Assises nationales 1967, Montréal, Éditions de l'Action nationale, p. 14.
96. Le chapitre III de la première partie de la présente étude est consacré à l'analyse des travaux des États généraux du Canada français, pp. 110-131.

tion qui reconnaisse « des droits collectifs égaux aux Canadiens de langue française et aux Canadiens de langue anglaise[97] ».

Les Canadiens et les Québécois subiront un autre choc d'envergure quant à la qualité des rapports collectifs qu'ils entretiennent entre eux, quant à la signification et aux conditions d'existence de ces rapports avec le dépôt le 5 décembre 1967 du premier volume du rapport final de la Commission royale d'enquête sur le bilinguisme et le biculturalisme[98].

Dans ce premier volume les commissaires analysent la notion d'égalité entre les deux sociétés canadiennes au plan des langues et indiquent dans le texte d'introduction de leur rapport, que leur vaste entreprise de recherche, commencée en 1963, débouchera plus tard sur l'ensemble des données de la crise canadienne.

La conclusion ferme qu'ils tirent de l'examen approfondi qu'ils ont fait de l'état du bilinguisme au Canada est transparente. Ni dans la loi, ni dans la pratique, il n'existe au Canada d'égalité pour les deux langues dites officielles. Fondant leur analyse sur un ensemble complet de données historiques et actuelles, ils jugent sévèrement l'expérience canadienne dans ce domaine.

L'avenir du pays impose le dépassement de cette situation d'injustice cumulative qui, au jugement des commissaires, n'eût été la présence dans le Québec d'une forte majorité francophone, aurait fait disparaître le fait français au Canada.

La survie du pays impose la reconnaissance officielle sous la forme d'un statut juridique de l'égalité des deux langues.

Au strict plan constitutionnel, les commissaires recommandent la modification de l'article 93 de la Constitution afin d'y inclure une garantie quant aux droits scolaires des deux communautés linguistiques et une nouvelle rédaction de l'article 133 afin de consacrer le caractère bilingue du Canada.

Les commissaires affirment clairement que si ces amendements n'étaient pas adoptés et si par conséquent le Québec demeurait la seule province officiellement bilingue, le principe de l'égalité entre les Canadiens français et les Canadiens anglais serait une notion abstraite niée dans la loi et les faits.

---

97. Le chapitre premier de la deuxième partie de la présente étude est consacré à l'analyse des travaux de la Conférence sur la « Confédération de demain », pp. 139-154.

98. Gouvernement du Canada, *Rapport de la Commission royale d'enquête sur le bilinguisme et le biculturalisme,* « Les langues officielles », Livre I, Ottawa, Imprimeur de la Reine, 1967.

Au niveau politique les commissaires invitent les provinces de l'Ontario et du Nouveau-Brunswick « à déclarer d'elles-mêmes qu'elles reconnaissent l'anglais et le français comme langues officielles, et qu'elles acceptent le régime linguis-

Photo 25. Les co-présidents de la Commission royale d'enquête sur le bilinguisme et le biculturalisme, André Laurendeau et Davidson Dunton en 1967.

tique découlant de cette déclaration ». Ainsi dans l'éventualité d'une réponse favorable de ces deux provinces, 95% des Canadiens français qui sont regroupés dans les trois provinces de l'Ontario, du Québec et du Nouveau-Brunswick vivraient dans des sociétés où leurs droits linguistiques seraient officiellement reconnus.

Les commissaires recommandent de plus que le bilinguisme officiel du Nouveau-Brunswick et celui de l'Ontario soient éventuellement inscrits dans l'article 133 de la Constitution avec celui du Québec qui s'y trouve déjà.

Pour les communautés francophones vivant dans les autres provinces canadiennes et les groupes anglophones québécois, les commissaires recommandent la création de districts bilingues partout où les données de la démographie le justifient.

Ces districts ne constitueraient pas une nouvelle structure administrative. Ils seraient plutôt des espaces où les services des administrations publiques fédérale, provinciales et municipales seraient assurées dans les deux langues officielles.

La création des districts bilingues serait négociée dans chaque cas entre le gouvernement fédéral et les provinces.

Notons que ces trois séries de recommandations ne forcent aucun Canadien à devenir bilingue contre son gré. Elles ont comme objectif de garantir constitutionnellement et politiquement aux Canadiens l'accès aux services des institutions publiques en conformité avec leur personnalité linguistique.

> Nous ne proposerons pas le simple replâtrage d'une situation peu satisfaisante ; nous présenterons une nouvelle conception de ce qu'est un pays officiellement bilingue, à quoi correspondront des droits nouveaux ou mieux garantis pour les deux langues officielles du Canada. C'est donc d'une véritable planification linguistique qu'il va s'agir[99].

Les réactions à ce rapport détaillé, résumé trop brièvement dans les pages qui précèdent, se partagèrent selon les options des groupes et des individus quant à l'autre dimension du problème canadien, c'est-à-dire celle du statut politique futur du Québec.

Pour ceux qui cherchaient un contenu nouveau au fédéralisme canadien, le rapport proposait des éléments précis, des propositions concrètes dans les domaines culturel et linguis-

---

99. *Rapport de la Commission royale d'enquête sur le bilinguisme et le biculturalisme*, Livre I, *op. cit.*, p. 73.

tique. Désormais les réalités dans ces domaines seraient mesurées à des normes détaillées et précises. Le Canada anglais en particulier, à qui s'adressaient les principales recommandations du rapport, était forcé de dépasser le niveau des bonnes intentions ou d'avouer par son inaction ses choix et sa position quant à l'égalité linguistique des deux communautés canadiennes. De la réponse qu'il donnera dépend l'égalité réelle du français dans la vie canadienne et la possibilité d'assurer cette égalité dans les autres domaines de l'entreprise commune des Canadiens.

Le Québec, pour sa part, selon l'expression d'un observateur attentif, « réagira ensuite conformément à ce qu'ont toujours été son meilleur instinct et sa véritable tradition [100] ».

Si l'année du centenaire avait donné lieu à un vaste programme pour célébrer l'identité canadienne, elle avait aussi été marquée par une série d'événements qui mettaient à rude épreuve cette identité.

Le Québec avait exploré et précisé depuis 1960 diverses options quant à son avenir et ses liens avec les communautés voisines. Par la voix de ses leaders les plus autorisés, il avait réclamé la révision de son statut au sein du Canada, voire la définition de nouvelles formes d'association avec ses partenaires canadiens.

La Conférence sur la « Confédération de demain » tenue à Toronto en novembre 1967 constituait une première tentative du Canada pour explorer les formes de son avenir et de son lien avec le Québec.

La convocation par le gouvernement canadien d'une Conférence constitutionnelle pour février 1968 marquait la suite de cette entreprise. La seconde partie de ce livre est consacrée à l'analyse de cette longue et difficile tentative pour réviser la Constitution canadienne.

Avant d'aborder cet ensemble de discussions, il convient d'évaluer l'état de l'opinion publique québécoise quant à la question constitutionnelle telle qu'elle s'est manifestée dans les propositions soumises par de nombreux groupes et individus au Comité parlementaire de la Constitution à Québec et dans les travaux des États généraux du Canada français.

---

100. Claude Ryan, « Le rapport Laurendeau-Dunton : une invitation à une forme supérieure de vie civilisée », *Le Devoir*, 7 décembre 1967.

Chapitre III

« *L'insatisfaction du Canada français est devenue un sentiment général.* »

Georges-Émile Lapalme.

La généralisation du débat constitutionnel

Depuis la fin de la seconde guerre mondiale, la question de l'appartenance du Québec à la fédération canadienne, les conditions et les exigences de cette appartenance avaient fait l'objet d'un grand nombre d'interventions publiques de la part des leaders politiques et des porte-parole des mouvements nationalistes. Elles avaient fait l'objet d'un nombre impressionnant de colloques et de débats de toutes sortes. Elles avaient opposé les Québécois entre eux, suscité de longues polémiques et défini des choix politiques et sociaux divergents.

Au milieu des années '50, cédant aux pressions de la Chambre de Commerce, le premier ministre Duplessis avait créé la Commission royale d'enquête sur les problèmes constitutionnels[101]. Pour la première fois le Québec prenait les moyens de se doter d'une pensée constitutionnelle qui dépasse le réflexe autonomiste traditionnel. Débordé manifestement par l'ampleur des remises en cause du fonctionnement du fédéralisme que proposaient le rapport et les études de la Commission, Maurice Duplessis imposa un lourd silence sur ce dossier et maintint sa stratégie personnelle apparemment rentable

---

101. Gouvernement du Québec, *Rapport de la Commission d'enquête sur les problèmes constitutionnels*, 1956.

électoralement. Le gouvernement Lesage, dès sa prise de pouvoir, fit d'abondantes références au rapport et aux études de la Commission Tremblay. Il en déposa même des exemplaires à l'intention du gouvernement fédéral et des gouvernements provinciaux lors de la Conférence fédérale-provinciale de juillet 1960.

Aux élections générales de 1960 et de 1962, le Parti Libéral et l'Union Nationale (lors des élections de 1962) avaient proposé des mesures plus détaillées concernant les rapports du Québec et du Canada, la place des Canadiens français au sein du pays et l'orientation désirée du fédéralisme canadien.

L'exercice du pouvoir par le gouvernement libéral dirigé par Jean Lesage donne lieu à des confrontations successives avec le gouvernement canadien assailli en quelque sorte par les demandes répétées du Québec dans les domaines fiscal et politique.

L'émergence de partis indépendantistes dotés d'un leadership vigoureux, au début des années '60, créait une contrethèse largement diffusée par les media. De plus, les manifestations nombreuses des groupes nationalistes et des groupes intellectuels remettant en question les formes de l'appartenance du Québec à l'ensemble canadien, créaient dans les esprits et dans la société un mouvement constamment alimenté par les critiques, les remises en cause du chef du gouvernement québécois et de ses collègues du cabinet. À ce niveau, les observateurs notaient de sérieuses divergences d'analyse et de jugement entre les membres du cabinet.

Deux initiatives prises en 1963 allaient généraliser le débat constitutionnel au Québec : la création par l'Assemblée législative du Québec du Comité parlementaire de la Constitution et la convocation par la Fédération des sociétés Saint-Jean-Baptiste des États généraux du Canada français. À des degrés divers et selon des modes de fonctionnement différents, ces deux nouvelles institutions forceront de nombreux groupes et individus à préciser leur option constitutionnelle, à rejeter ou à adopter telle ou telle orientation, à se situer par rapport à la stratégie et à la politique constitutionnelle du gouvernement québécois, soit pour la soutenir ou la combattre. Elles permettront aux partisans de la thèse des deux nations, du statut particulier et de l'indépendance, de s'insérer davantage et au niveau le plus élevé, celui du Parlement, dans le débat concernant l'avenir politique du Québec. Elles offriront aux citoyens et aux groupes de nouvelles tribunes. Elles transformeront la dimension du débat en y intégrant l'ensemble des groupes sociaux et en lui fournissant une structure qui se maintiendra jusqu'à la fin de la décennie des années '60.

LE COMITÉ PARLEMENTAIRE DE LA CONSTITUTION

Le Comité parlementaire de la Constitution fut créé le 22 mai 1963 par un vote unanime de l'Assemblée législative du Québec suite à un long débat inauguré le 8 mai par le député Jean-Jacques Bertrand. Ce dernier avait proposé alors la création d'un comité de la Chambre qui verrait à convoquer des États généraux du Canada français. Selon ses propres termes, sa « notion a pour objet d'aiguiller sur la voie parlementaire un débat qui se poursuit dans le public depuis nombre d'années mais qui ne peut aboutir à des résultats concrets que par des moyens politiques qui relèvent des élus du peuple [102] ».

Intervenant au nom du gouvernement, le ministre Paul Gérin-Lajoie proposait un amendement au projet Bertrand.

Affirmant que « ce sont les élus du peuple et non les États généraux qui devraient déterminer les objectifs à poursuivre dans la révision du régime fédératif canadien [103] », le ministre de l'Éducation et expert constitutionnel ramenait le projet Bertrand à une dimension plus restreinte, celle d'un comité parlementaire.

L'objectif du proposeur n'était rien de moins que la recherche et la rédaction d'une nouvelle Constitution. L'objectif défini par l'amendement Gérin-Lajoie était plus modeste. Il menait à la révision du régime fédératif canadien.

Suite au débat parlementaire auquel participèrent les ministres Paul Gérin-Lajoie, Georges-Émile Lapalme, Pierre Laporte, le chef de l'opposition Daniel Johnson ainsi que son collègue Jean-Jacques Bertrand, l'Assemblée adoptait unanimement la motion suivante [104] :

> Que cette Chambre est d'avis qu'un Comité spécial devrait être institué, avec pouvoir de faire enquête, afin de déterminer les objectifs à poursuivre par le Canada français dans la révision du régime constitutionnel canadien et des meilleurs moyens d'atteindre ces objectifs.

Ce mandat fut renouvelé à chaque session jusqu'en 1967. Formant le gouvernement depuis 1966, l'Union Nationale le mo-

---

102. *Le Devoir*, 9 mai 1963.
103. *Ibid.*
104. *Ibid.*

difia. Le premier ministre Johnson proposa que le Comité étudie en priorité la Constitution interne du Québec et la convocation d'une assemblée constituante.

De nombreux observateurs ont noté les difficultés de fonctionnement du Comité. Ils ont souligné la lenteur de ses travaux et regretté que les gouvernements Lesage et Johnson l'aient largement ignoré dans la définition de leur stratégie et de leur politique constitutionnelle. Malgré le bien-fondé de ces critiques, le Comité exerça une réelle influence sur les débats politiques canadiens et québécois.

Pour la première fois dans l'histoire du Québec, les parlementaires québécois s'engagent dans l'analyse des diverses options constitutionnelles. Ils invitent les corps intermédiaires et les citoyens à définir leurs propres aspirations politiques et à venir en discuter avec eux. Ils lancent un vaste programme de recherche « afin que le Canada français, selon les termes du Comité, soit équipé scientifiquement pour poursuivre ses luttes constitutionnelles ». Les media suivront avec grand intérêt les travaux du Comité. Ils rendront compte des avis des experts et des discussions entre les membres du Comité et les trente-huit organismes et individus qui se présenteront devant eux.

Le mandat et l'organisation

Comme nous l'avons déjà noté, plusieurs observateurs ont été déçus par le fonctionnement du Comité. Ils ont jugé inacceptable le délai de treize mois qui a marqué l'intervalle entre sa création et la première séance d'audition des mémoires, le 12 juin 1964. Cette longue phase d'organisation aurait sans doute pu être réduite. Cependant, ces treize mois ne furent pas totalement stériles. Durant cette période, le Comité s'est réuni à trois reprises [105]. Il s'est désigné un président, Me Georges-Émile Lapalme, et un secrétaire, M. Claude Morin. Il s'est doté d'un comité-directeur[106]. Il a interprété son mandat, défini une méthode de travail et un programme de recherche.

Selon son interprétation du mandat qu'il avait reçu de l'Assemblée législative, le Comité a défini ses objectifs comme suit : examiner les aspects juridiques, économiques et sociaux

---

105. 10 juillet 1963, 31 octobre 1963, 12 mai 1964.
106. MM. Georges-Émile Lapalme, Paul Gérin-Lajoie, René Lévesque, Daniel Johnson et Jean-Jacques Bertrand constituaient le premier comité-directeur du Comité parlementaire de la Constitution.

des relations qui existent actuellement entre le Québec et le gouvernement central; juger des effets de ces relations sur la préservation et l'exercice des droits constitutionnels du Québec; définir les instruments et les moyens juridiques, économiques et sociaux dont le Québec a besoin pour assurer l'épanouissement de la nation canadienne-française; examiner la question des relations qui doivent exister entre majorités et minorités dans le Québec et le reste du pays.

Toutes les options constitutionnelles furent retenues comme sujet d'étude et de recherche, y compris celle de l'indépendance.

Les méthodes de travail du Comité s'inscrivaient dans la tradition des commissions d'enquête. Les corps intermédiaires, les groupes sociaux et les individus intéressés devaient faire parvenir un mémoire au secrétaire du Comité. Ce dernier pouvait les inviter à venir rencontrer les membres du Comité pour discuter avec eux de l'avenir constitutionnel du Québec.

Le programme de recherche défini par le Comité était très vaste [107]. Il posait un ensemble de questions déjà largement débattues dans la société mais dont les fondements scientifiques et l'analyse systématique n'avaient jamais fait l'objet de recherches suivies et poussées.

Les experts devaient étudier la possibilité théorique et pratique de réaliser une forme de Constitution fédérale où les parties constituantes aient des statuts différents. Ils devaient de plus examiner les mécanismes de coordination, de coopération et de collaboration, les méthodes de réajustement périodique de la structure fiscale afin d'assurer sa flexibilité et son adaptation au développement et à la réalité socio-économique du pays.

Ils avaient à déterminer ce à quoi une province peut prétendre dans les champs des relations internationales.

De plus, au point de vue économique les experts devaient déterminer ce qu'il en coûterait à la province si elle devait remplacer le gouvernement central dans les domaines qui ne sont pas de sa compétence exclusive ou qui ne sont pas de sa

---

107. Les études commandées par le Comité à l'Institut de recherche en droit public de l'Université de Montréal portaient sur la capacité internationale des États provinciaux, les pouvoirs extra-territoriaux du Québec, le partage des compétences en matière d'immigration, les pouvoirs du Canada et du Québec à l'égard des richesses maritimes et du plateau continental, l'intégrité du territoire québécois, les eaux intérieures du Québec, la radio et la radiodiffusion, l'aéronautique, la Cour suprême du Canada et le forum constitutionnel.

compétence, mais qu'Ottawa occupe partiellement ou qu'il tend à occuper.

Parmi ces domaines, on peut signaler les allocations familiales, les pensions de sécurité de la vieillesse, la santé, l'agriculture, l'aide à l'enseignement technique, l'enseignement universitaire, la construction de routes, les programmes mixtes, l'aide aux municipalités, l'aide à la construction domiciliaire, etc.

Le Comité désirait savoir combien il en coûterait au Québec si des compétences législatives déterminées et effectivement exercées par le pouvoir central étaient partiellement ou totalement remises à la province.

Parmi ces compétences, on peut signaler l'assurance-chômage, l'aéronautique, la radiodiffusion, la navigation, les transports interprovinciaux et internationaux, le télégraphe et le téléphone, les affaires indiennes, l'énergie atomique, le paiement des juges de la Cour supérieure et de la Cour du banc de la reine, les pénitenciers, le droit criminel, les pêcheries, la faillite, le mariage et le divorce, les lois sur l'observance du dimanche, etc.

Les experts devraient déterminer jusqu'à quel point les politiques fiscale, financière, monétaire et douanière ainsi que le pouvoir de dépenser du gouvernement central avaient été favorables à l'épanouissement économique d'une région du Canada au détriment d'autres régions.

Le Comité de la Constitution posa aux experts de nombreuses autres questions. Jusqu'à quel point la Constitution canadienne actuelle rend-elle illusoire une planification économique du Québec sans la collaboration et peut-être même sans le leadership du gouvernement central et sans la collaboration d'une puissante province voisine comme l'Ontario?

Quelles pourraient être les conséquences économiques d'un transfert aux provinces de la compétence législative sur les banques, le commerce bancaire et les compagnies?

Ce très vaste programme de recherche ne fut pas intégralement réalisé. Cependant la diversité et la qualité des études produites grâce aux commandes du Comité constituaient les premières analyses exhaustives de certains domaines d'activité ayant une incidence directe sur la révision constitutionnelle.

Le mandat général du Comité de 1963 ne mettait aucunement en cause, selon les termes de l'amendement Gérin-Lajoie, le régime politique canadien. Il visait des objectifs de redressement. Il en va tout autrement du contenu du programme de recherche du Comité parlementaire de la Constitution. On ne cherche plus à redresser un ordre politique déstabilisé par les empiètements du gouvernement fédéral. On ouvre à la recherche et à la discussion toutes les options, du statu quo à l'indépendance.

Cette ouverture suscita des réactions diverses. Ainsi Claude Ryan jugea sévèrement cette multiplicité des hypothèses de travail déterminées avant même que le Comité ait déjà eu lui-même quelques débats d'orientation générale [108] :

> Nous avons là l'illustration extrême d'un style de gouvernement qui devient de plus en plus populaire. Ces messieurs de l'Olympe, au lieu de faire d'abord les options de fond qui sont le propre de l'autorité politique, vous présentent n'importe quelle proposition abracadabrante. Puis, voyant que l'ouragan se lève, vont-ils défendre juqu'au bout les principes qui ont dû les inspirer quelque part ? Pas du tout. Ils s'assoient tranquillement entre deux chaises, invitent les gladiateurs à s'affronter dans l'enceinte parlementaire et sur la place publique, puis, allumant leur pipe, ils se réservent le droit de tirer à leur avantage la conclusion la moins impopulaire. Ils flottent de compromis en compromis. Ils ne gouvernent pas. Ils administrent.

Le débat

Les préalables étant définis quant à ses méthodes de travail et son programme de recherche, le Comité parlementaire de la Constitution inaugure ses séances publiques le 5 juin 1964 par une discussion assez théorique sur « quelques notions fondamentales et termes juridiques concernant les régimes politiques en général et le régime politique canadien en particulier [109] ». Une semaine plus tard, le Comité ouvrira sa première séance d'audition des trente-huit mémoires qui lui seront soumis [110].

Une analyse du contenu de ces mémoires témoigne d'une grande division au sein de la population québécoise quant au régime politique qu'elle juge désirable. Seize mémoires propo-

108. *Le Devoir*, 14 mai 1964.
109. Le Comité avait invité à cette occasion deux experts en droit constitutionnel et en droit international public, MM. Jacques-Yvan Morin et André Patry.
110. Vingt-quatre mémoires furent soumis au Comité par des associations ou des groupes constitués; quatorze furent présentés par des individus. La liste des groupes et des individus ayant soumis un mémoire au Comité constitue l'Annexe I du présent ouvrage.

sent de réformer ou de réaménager la Constitution canadienne et témoignent d'un choix favorable au régime fédéral. Dix mémoires définissent une autre option, celle des États associés. Huit mémoires articulent une autre direction possible pour le peuple québécois, soit l'indépendance nationale. Enfin, quatre mémoires ne s'intéressent pas comme tel à l'analyse du régime politique.

L'option du fédéralisme

Les associations qui proposent de réformer le régime politique et la Constitution canadienne ne forment pas un groupe homogène. Par la dimension et la forme de leurs recommandations, par les objectifs qu'ils définissent, leurs mémoires n'ont ni la même importance ni la même valeur. Cependant un certain nombre d'idées générales se retrouvent dans la majorité d'entre eux.

On y trouve une sévère critique des initiatives unilatérales et des empiètements du gouvernement fédéral dans des domaines de compétence provinciale. L'une des causes de ces empiètements, selon ces intervenants, réside dans un partage des pouvoirs fiscaux qui permet au gouvernement fédéral de percevoir plus de fonds qu'il n'en a besoin [111].

On y note l'absence de mécanismes efficaces de coordination entre Ottawa et les provinces. Le mémoire du professeur Charles Taylor intitulé « Planification fédérale-provinciale » a retenu, à cet égard, l'attention des membres du Comité. Divers groupes ont proposé la création d'un secrétariat permanent des Conférences fédérales-provinciales et d'un Conseil permanent des provinces.

Plusieurs groupes et individus réclament le rapatriement de la Constitution et la définition d'une formule pour l'amender, la réforme de la Cour suprême, la création d'un Tribunal constitutionnel, la réforme du Sénat canadien, la bilinguisation des services fédéraux et la création d'un district bilingue de la capitale fédérale.

---

111. Voir : Mémoire de Mᵉ Maurice Allard; Mémoire de la Fédération des Commissions scolaires catholiques du Québec; Mémoire conjoint de la Confédération des Syndicats Nationaux, de la Fédération des Travailleurs du Québec et de l'Union Catholique des Cultivateurs ; Mémoire de MM. David Angus, Kevin Drummond, Richard Holden, John Mappins, Michael Meighen, Henry Steinberg.

On a de plus souhaité l'inclusion dans le texte de la Constitution canadienne d'une déclaration des libertés et des droits fondamentaux [112], la proclamation du caractère bilingue, biculturel du Canada, des garanties constitutionnelles quant aux droits des minorités. Les mémoires du Conseil de la Vie française et des groupes syndicaux (CSN, FTQ, UCC) proposent, à cet égard, des modalités d'application qui sont, avant la lettre, des propositions de réciprocité interprovinciale.

On a souhaité, devant le Comité, que le partage des pouvoirs soit précisé et strictement respecté, que les dispositions désuètes de l'A.A.B.N. soient abrogées. On a proposé d'abolir le pouvoir déclaratoire de désaveu, de réserve du gouvernement fédéral et de restreindre son pouvoir illimité de dépenser.

À quelques exceptions près, l'ensemble des groupes et des individus qui, devant le Comité parlementaire de la Constitution, favorisent l'option fédérale, proposent « un statut spécial » pour le Québec au sein de la fédération canadienne[113]. Pour justifier cette position, ils insistent sur la spécificité culturelle de la société québécoise et les rapports étroits qui lient la culture à la structure sociale et aux fonctions économiques.

Enfin, notons que les mémoires de la Fédération des Commissions scolaires, des étudiants de Laval et celui des groupes syndicaux proposent au gouvernement québécois de définir une politique linguistique pour l'école, le milieu du travail et l'administration des entreprises.

En contrepartie, les mémoires en provenance des milieux anglophones québécois manifestent une certaine inquiétude quant « aux droits » de leur groupe culturel[114]. Pour sa part, l'Association Provinciale des Enseignants Protestants du

---

112. Voir : Mémoire du Congrès juif canadien ; Mémoire de Me Philippe Ferland ; Mémoire de la Société Saint-Jean-Baptiste de Québec ; Mémoire de MM. David Angus, Kevin Drummond, Richard Holden, John Mappins, Michael Meighen, Henry Steinberg.
113. Voir : Mémoire de Me Philippe Ferland ; Mémoire de M. Charles Taylor ; Mémoire de la Société Saint-Jean-Baptiste de Québec ; Mémoire de MM. David Angus, Kevin Drummond, Richard Holden, John Mappins, Michael Meighen, Henry Steinberg ; Mémoire conjoint de la Confédération des Syndicats Nationaux, de la Fédération des Travailleurs du Québec et de l'Union Catholique des Cultivateurs ; Mémoire du Conseil de la Vie française.
114. Voir : Mémoire de M.E. Struthers ; Mémoire de la Provincial Association of Protestant Teachers of Quebec ; Mémoire de MM. David Angus, Kevin Drummond, Richard Holden, John Mappins, Michael Meighen, Henry Steinberg ; Mémoire de la Dominion Tar & Company Limited.

Québec propose l'établissement d'un Bureau fédéral de l'Éducation et d'un système d'octrois fédéraux à l'éducation.

L'option des États associés

Si pour les centrales syndicales la formule des États associés demeure un slogan sans contenu explicite, il en est autrement pour dix groupes qui défendent cette formule politique devant le Comité parlementaire de la Constitution. Malgré des différences de présentation et de contenu, ces groupes partagent une vision assez homogène quant à la substance de ce nouveau régime politique seul capable, selon leur analyse, de mettre un terme à la crise canadienne et d'assurer le développement normal de la société québécoise.

L'affirmation et l'acceptation du statut de nation pour le Canada français constituent le fondement de cette option. Le Canada n'est pas une simple agglomération de dix provinces égales mais l'union de deux nations libres. À ce titre, chacune de ces nations a la liberté de décider elle-même de la forme de son régime politique, soit comme État indépendant ou État participant volontairement à une union politique de type fédéral. Ce droit à l'autodétermination lui confère de plus la liberté de choisir la forme de gouvernement qui lui convient et de décider elle-même des domaines de sa souveraineté.

Partisans de l'association, les divers groupes dont nous étudions les avis proposent différents moyens pour implanter les nouvelles structures politiques du Canada. Le Parti Communiste du Canada soutient qu'il faut convoquer une assemblée constituante des deux nations au sein de laquelle chacune serait également représentée afin d'élaborer une nouvelle Constitution. Un mémoire individuel[115] recommande la création d'une assemblée constituante du peuple québécois qui établirait une loi fondamentale, instrument de définition des aspirations nationales et fondement de la négociation avec le Canada anglais. Enfin pour un groupe de nationalistes montréalais[116], la législature québécoise devrait signifier aux autorités fédérales son rejet du fédéralisme et voir à la rédaction d'une nouvelle Constitution selon le principe des États associés.

De cet ensemble de propositions se dégage un modèle d'association entre le Québec et le Canada.

---

115. Mémoire de M. André Dagenais.
116. Mémoire du Comité Pierre-LeMoyne-d'Iberville.

Pour la majortié des partisans des États associés, le nouveau système canadien de type confédéral devrait reposer sur le principe de la parité entre le Canada anglais et le Canada français [117].

Chaque État serait représenté au Conseil confédéral par des délégués responsables des secteurs d'activité pour lesquels les États membres auraient consenti une délégation de pouvoir au Conseil confédéral. À ce Conseil, les décisions seraient prises à la majorité simple alors que la double majorité des représentants des demi-nations serait requise pour amender la Constitution. Tous les organismes confédéraux et tous les fonctionnaires qui y œuvreraient devraient être bilingues. À l'intérieur de ce système, chaque État membre serait libre de se donner le régime politique et linguistique de son choix. Dans l'éventualité où ce nouveau régime constitutionnel ne pourrait être implanté, il ne resterait plus au Québec qu'une seule option, celle de l'indépendance nationale.

Notons que les tenants de la thèse des États associés, de leur propre aveu, ne préconisent pas une brisure radicale du régime canadien mais bien la création d'une entité québécoise indépendante. Ils recherchent parallèlement l'union ou l'association avec le Canada au moyen de négociations, traités ou ententes.

L'option de l'indépendance nationale

Identifiant la participation du Québec au fédéralisme canadien à une forme d'annexion par un État étranger ou à une dépendance coloniale [118], analysant ses conséquences sur le développement de la société québécoise et des groupes francophones hors Québec, les huit groupes et individus qui, devant le Comité parlementaire, défendent l'option de l'indépendance

---

117. Voir : Mémoire de l'Association professionnelle des Professeurs laïques de l'Enseignement classique de la Province de Québec ; Mémoire de la Société Saint-Jean-Baptiste de Montréal ; Mémoire d'un groupe de citoyens de Sorel ; Mémoire de M. André Dagenais ; Mémoire de la Jeune Chambre de Commerce de Saint-Jean-d'Iberville ; Mémoire du Comité Pierre-LeMoyne-d'Iberville ; Mémoire de la Société Saint-Jean-Baptiste de Québec ; Mémoire du Cercle Laurentien de Saint-Jérôme.

118. Voir : Mémoire de M. Raymond Barbeau; Mémoire de M. Paul Rochon; Mémoire du Rassemblement pour l'Indépendance Nationale; Mémoire de la Presse étudiante nationale; Mémoire du Club Fleur de Lys de Québec; Mémoire de l'Association Générale des Étudiants du Séminaire Sainte-Marie de Shawinigan.

nationale rejettent à la fois le statu quo et la formule des États associés. Selon eux, un siècle de conflits, de négation de droits, d'assimilation condamne la première formule, la seconde ne résiste pas à l'analyse. La formule des États associés présente le dilemme suivant : ou bien l'État central continuerait d'être dominé par la majorité, ce qui maintiendrait le peuple québécois dans un statut de minorité, ou bien la Constitution accorderait une force égale aux deux nations et alors l'État central s'en trouverait paralysé.

Fondant leur choix sur le principe du droit à l'auto-détermination reconnue par les Nations Unies et sur la reconnaissance du statut d'État national pour le Québec, les tenants de l'indépendance voient dans cette option la seule base de l'épanouissement et du développement de la nation canadienne-française. Elle rend possible la réalisation de toutes les fonctions de l'État en un temps où l'interdépendance des divers secteurs de développement est une donnée universellement acceptée. La nouvelle république serait, selon les propositions des groupes indépendantistes, unilingue française. Elle tenterait de récupérer le Labrador et poserait la question des frontières en rapport avec les minorités francophones qui vivent à la périphérie de son territoire.

De tous les groupes indépendantistes qui se sont présentés devant le Comité, aucun n'a été reçu avec autant d'attention que les représentants du Rassemblement pour l'Indépendance Nationale qui ont comparu pendant plus de deux heures, soit la plus longue audition d'un groupe devant le Comité[119]. Pour l'essentiel, la thèse proposée et défendue par les représentants du Rassemblement se résume comme suit : il importe de proclamer d'abord l'indépendance du Québec puis d'amorcer des négociations avec le Canada en vue d'en arriver à des ententes dans des secteurs spécifiques.

Le peuple du Québec devrait être appelé à exprimer ses vues sur son avenir politique par le truchement d'un plébiscite ou d'une élection. Le choix du peuple deviendrait la thèse constitutionnelle du gouvernement québécois qui s'engagerait à la réaliser en procédant par étapes.

L'indépendance ou la souveraineté permettrait au gouvernement du Québec de réaliser une politique de planification économique et de développement social. Le régime actuel ne

---

119. *Le Soleil*, 2 décembre 1964; *Le Devoir*, 2 décembre 1964; *Le Nouvelliste*, 2 décembre 1964.

peut assurer cette planification et ce développement. Il engage le pays dans des formules coûteuses et inefficaces.

Le bilan de la première phase du travail du Comité est difficile à établir. Entre le 23 mars 1963 et le 2 décembre 1966, le Comité a tenu, à intervalles irréguliers, seize réunions dont treize ont été consacrées à l'audition des mémoires et à la discussion avec les individus et les leaders des mouvements et regroupements partisans de l'une ou l'autre des options constitutionnelles.

Dès le dépôt du projet Bertrand en mai 1963, André Laurendeau s'était montré sceptique quant aux résultats prévisibles des travaux de ce « Comité un peu improvisé ».

> Qui siégera dans ce Comité? des ministres déjà surchargés de besogne? des députés dont la majorité ne sont pas préparés à accomplir une pareille tâche? Devant ce Comité un peu improvisé, les témoins viendront-ils nombreux? les associations qu'ils représentent se sentiront-elles mobilisées? À supposer qu'ils le veuillent auront-ils le temps de se préparer d'ici la prochaine session? Et s'ils y parviennent le Comité parlementaire trouvera-t-il le moyen d'opérer la difficile synthèse qui s'imposera alors[120]?

Au terme de la première phase des travaux du Comité certaines des interrogations de Laurendeau formulées en 1963 gardaient une singulière acuité. Les témoins étaient venus assez nombreux et convenablement préparés. Cependant des secteurs importants de la société avaient choisi de s'abstenir. Ainsi les associations patronales, les milieux universitaires, les représentants des municipalités, les associations ethniques n'avaient pas cru bon de se présenter devant le Comité.

Malgré leur intérêt pour les questions débattues devant eux, les membres du Comité, lequel comprenait trois futurs Premiers ministres du Québec, se contentèrent de discuter en termes généraux avec les divers intervenants qui se présentaient devant eux. Le Comité, de toute évidence, était affaibli par l'absence d'un leadership politique permanent et déterminé.

Faut-il voir dans cette attitude la conséquence d'une surcharge de besogne pour les ministres impliqués ou le manque de préparation des députés membres du Comité?

Faut-il également voir dans cette attitude la volonté des partis politiques de garder une large marge de manœuvre dans un dossier aussi critique?

---

120. *Le Devoir*, le 11 mai 1963.

La direction suivie des travaux du Comité, la définition et le contrôle du programme de recherche furent essentiellement assurés par le secrétaire Claude Morin qui, dans un contexte difficile, réussit à maintenir à flôt un projet que les hommes politiques avaient lancé et qu'ils réalisaient avec retenue.

Dans ce contexte, la première phase des travaux du Comité se terminait sans que soit opérée « la difficile synthèse » qu'on était en droit d'attendre des parlementaires.

Cependant cette initiative n'était pas sans signification. Le programme de recherches était d'une grande importance. De plus la discussion constitutionnelle avait pris, grâce au Comité, une nouvelle dimension. Elle rejoignait des groupes et des individus de plus en plus nombreux. Elle permettait de mesurer, en partie du moins, l'état de l'opinion publique au sujet de l'avenir constitutionnel du Québec.

L'unanimité des pétitionnaires ne s'était pas réalisée, ce qui était prévisible. Cependant, à quelques exceptions près, tous ceux qui se sont fait entendre devant le Comité ont été unanimes pour réclamer plus de pouvoirs et plus d'autonomie pour le Québec, rejetant le statu quo constitutionnel.

Les travaux du Comité avaient permis de constater qu'il existait au Québec une large unanimité quant au contrôle de la sécurité sociale par le Québec, à l'extension des échanges culturels avec les pays d'expression française, à la nécessité d'un véritable Tribunal constitutionnel ainsi qu'à l'importance qu'il y a pour le Québec de se donner une politique de la main-d'œuvre, de l'immigration et de la langue.

Des options jusque-là marginales ont retenu l'attention des parlementaires. Si d'une part l'indépendance fut proposée par plusieurs comme étant le meilleur moyen pour le Québec d'atteindre ses objectifs, la thèse des États associés semblait rallier les vues d'un nombre croissant de corps intermédiaires et de groupes sociaux. Bref, un grand nombre de Québécois affichaient un certain pessimisme quant aux chances du Québec de se développer normalement dans le Canada tel qu'il était entre 1963 et 1966.

Le mandat élargi

La seconde phase des travaux du Comité fut peu productive. Elle se situe entre le 2 décembre 1966 et le 28 novembre 1968. L'Union Nationale forme le gouvernement. Les travaux de la révision constitutionnelle inaugurés à la Conférence sur la

« Confédération de demain » à Toronto en novembre 1967 et repris à Ottawa en février 1968 absorbent l'énergie des hommes politiques et retiennent l'intérêt des experts et des citoyens. Dans ce contexte le Comité parlementaire de la Constitution perdait de son intérêt. Il ne se réunit qu'une seule fois en 23 mois [121]. Il était largement dépassé par les événements politiques et les choix que la révision constitutionnelle imposait aux dirigeants du Québec.

Le premier ministre Johnson avait « élargi » le mandat du Comité en février 1967. Invoquant les événements nouveaux et dressant un historique de l'évolution du débat constitutionnel, le chef du gouvernement québécois définissait comme suit à l'Assemblée législative le 21 février 1967 le nouveau mandat du Comité :

> Préciser les objectifs du Québec et de la nation canadienne-française dans l'élaboration d'un nouveau régime constitutionnel canadien ;
>
> prendre charge des travaux nécessaires pour rassembler en un tout harmonieux les divers éléments de la Constitution interne du Québec et de proposer les dispositions nouvelles qui pourraient y être incluses, notamment en ce qui concerne les modifications futures de la dite Constitution et les garanties des minorités ;
>
> étudier l'opportunité d'établir, à la place du Conseil législatif, un organisme représentatif des corps intermédiaires, des minorités du Québec, des agents de l'économie et des professions, avec des structures et des pouvoirs conformes aux besoins de notre époque ;
>
> faire des recommandations à la Chambre sur les meilleurs moyens de former et de convoquer une assemblée constituante qui puisse parler au nom du peuple québécois en ce qui concerne la Constitution interne du Québec et la négociation d'un nouvel ordre constitutionnel canadien ;
>
> Que le dit Comité prenne possession de la documentation et des travaux déjà exécutés ou commencés par le Comité de la Constitution au cours de la dernière législature[122].

---

121. Ce long silence du Comité parlementaire de la Constitution inquiétait l'opposition libérale désireuse de forcer le gouvernement à préciser sa position constitutionnelle ainsi que les leaders sociaux et les spécialistes qui avaient déjà travaillé avec la Commission. Marcel Faribault, Jacques-Yvan Morin et Raymond Barbeau exprimeront leur inquiétude commune lors de l'assemblée publique tenue à Montréal le 25 mai 1965. Voir : *Le Soleil*, 26 mai 1965.

122. *Journal des débats*, 1ère session, 28e législature, 21 février 1967, pp. 1442-1451.

Les deux premiers articles du mandat élargi reprennent les objectifs du mandat initial de mars 1963. Les articles trois et quatre constituent des nouvelles orientations pour le Comité. Si l'opposition resta muette quant au projet « de former et de convoquer une assemblée constituante qui puisse parler au nom du peuple québécois en ce qui concerne la Constitution interne du Québec et la négociation d'un nouvel ordre constitutionnel canadien », elle s'objecta à la transformation du Conseil législatif, qualifiant le projet de néo-corporatisme risquant de transformer le Parlement en une assemblée de mineurs et d'irresponsables placés sous la tutelle de corps intermédiaires non élus.

Malgré ces oppositions, le mandat élargi fut accepté unanimement.

À ceux qui avaient vu dans cette séance du 21 février 1967 la relance des travaux du Comité parlementaire de la Constitution, l'avenir réservait de mauvaises surprises. L'année 1967 passe sans que le Comité soit convoqué.

En 1968, une difficulté d'ordre politique retarda à nouveau les travaux du Comité. René Lévesque, en désaccord avec le Parti Libéral sur la question de l'avenir constitutionnel du Québec, avait quitté ce parti et fondé le Mouvement Souveraineté-Association. René Lévesque était un membre actif du Comité parlementaire de la Constitution depuis sa création. Fallait-il lui donner une tribune de choix pour présenter et diffuser sa thèse constitutionnelle ? Ces questions divisaient à la fois le gouvernement de l'Union Nationale et l'opposition libérale. Finalement, après dix-sept mois d'attente, le gouvernement annonça le 4 juillet 1968 la composition du Comité.

Le 15 août 1968, pour la première fois en trois ans, le comité-directeur du Comité parlementaire de la Constitution se réunit pour discuter des questions administratives et du programme des travaux du Comité. La réunion dura une heure et ne fut pas productive. Trois mois et demi plus tard, soit le 28 novembre 1968, le Comité parlementaire était convoqué pour entendre son secrétaire Claude Morin établir le bilan des travaux effectués depuis la création du Comité en 1963 [123].

> On peut constater qu'il ne fait aucun doute à la plupart des pétitionnaires que le peuple canadien-français constitue essentiellement une nation, jouissant comme telle de tous

---

123. *Journal des débats*, 3ᵉ session, 28ᵉ législature, « Comité de la Constitution », 28 novembre 1968, pp. 545-561.

les droits que reconnaissent le droit et la pratique internationale.

Plusieurs ont vu dans le fait que ce peuple, majoritaire dans une proportion de 83 pour cent sur son territoire, le Québec, mais minoritaire dans une proportion de 28 pour cent dans l'ensemble du territoire canadien, représente une situation *sui generis*, probablement unique au monde.

Ils en déduisent cependant que cette situation ne saurait se perpétuer indéfiniment sans créer de sérieuses perturbations si l'on continue de faire du Québec l'étalon de base pour déterminer le degré d'autonomie dont devraient jouir les provinces de la Confédération canadienne.

Le secrétaire affirmait dans son rapport qu'à l'intérieur du cadre constitutionnel actuel, l'établissement et la mise en œuvre d'une politique sociale et de la main-d'œuvre, d'une politique de recrutement sélectif et d'intégration des Néo-Québécois au milieu francophone, d'une politique de la langue assurant la primauté de la langue française dans toutes les activités socio-économiques au Québec et d'une politique de coopération technique et d'échanges culturels avec le monde francophone suscitaient l'approbation de la majorité des pétitionnaires.

Au plan constitutionnel, il notait une grande diversité d'opinions et rappelait que le Comité n'en avait retenu aucune et qu'il n'avait produit à ce sujet aucun rapport, même préliminaire.

En 1968, le Comité parlementaire de la Constitution succomba à la réalité politique. Daniel Johnson défend depuis deux ans une position constitutionnelle. Il a engagé son prestige, l'avenir politique de son parti et celui du Québec dans des négociations avec les partenaires canadiens. Dans un premier temps, ce fut à la Conférence Robarts sur la « Confédération de demain » en novembre 1967, puis avec les dix autres gouvernements canadiens dans une série de Conférences constitutionnelles qui se termineront par l'échec de la Conférence de Victoria en juin 1971. On comprend que dans ce contexte, le Comité parlementaire de la Constitution n'ait jamais rédigé un rapport final comme l'en enjoignait le mandat initital de 1963. En 1965, Jean Lesage affirmait que le rapport final du Comité servirait de base à la position constitutionnelle de son gouvernement [124]. Trois ans plus tard, Daniel Johnson confessait que les travaux du Comité avaient grandement facilité la tâche de son gouverne-

---

124. *Le Soleil*, 30 avril 1965.

ment lors des Conférences de Toronto en novembre 1967 et d'Ottawa en février 1968[125].

Le bilan des travaux du Comité est difficile à établir.

En 1963, les critiques du régime constitutionnel canadien se résumèrent à de vagues énoncés de principes et à des récriminations sectorielles. Cinq ans plus tard, comme en témoignent les mémoires du gouvernement québécois aux Conférences de Toronto et d'Ottawa, sa position constitutionnelle s'est précisée au point où il propose une réforme détaillée et complète du fédéralisme canadien. Nul doute que les débats du Comité, l'ensemble des mémoires qu'il a reçus ont inspiré, en partie du moins, ce projet de réforme.

De plus le programme de recherche du Comité a fourni aux fonctionnaires et aux hommes politiques certaines des données indispensables qui manquaient à ceux qui cherchaient à définir un nouveau statut pour le Québec au sein du Canada.

L'existence même du Comité, de par la nature de son mandat, a précisé et publicisé le dilemme qui se pose aux Québécois francophones, soit le choix difficile entre deux définitions du Canada, binational ou biculturel. Il a permis de préciser les termes mêmes des enjeux en cause.

Les travaux du Comité accompagnèrent plus qu'ils n'orientèrent l'évolution politique du Québec. Ils contribuèrent cependant à généraliser le débat constitutionnel.

LES ÉTATS GÉNÉRAUX DU CANADA FRANÇAIS

Les origines

L'idée même de la création des États généraux du Canada français fermente au Québec depuis les années '30. Victor Barbeau le premier, après avoir dressé un inventaire impressionnant des limites du régime politique du pays, lance un vibrant appel pour la convocation des « États généraux du peuple français du Canada » afin de définir les normes de restructuration du corps social et politique de la nation. Barbeau invitait à la réflexion sur la vie démocratique ordonnée, sur le sens des inquiétudes et des amertumes de son temps et proposait à

---

125. *La Presse*, 4 juillet 1968.

l'attention commune la recherche et le débat démocratique quant à l'avenir du Canada français[126].

Quinze ans plus tard, Gustave Lamarche[127] reprend l'objectif de Barbeau et propose la mise sur pied d'un « Conseil Supérieur de la Nationalité en Amérique ». Ce Conseil devrait comprendre « les responsables des grands corps sociaux de la nation : politique, religieux, économique, social, culturel ». Pour la sélection des délégués on devrait tenir compte de la représentativité régionale. L'objectif de ce Conseil serait de reposer le problème de la vie nationale.

Tout au long des années '50, cette idée sera reprise et élaborée plus ou moins systématiquement dans les milieux nationalistes québécois. Ainsi à l'automne de 1952, se réunissait à l'Université de Montréal un « Comité de stratégie nationale ». Tous les principaux groupes nationalistes étaient représentés au sein du Comité à la recherche de formules de renouvellement pour la nation.

La définition et l'organisation

En juin 1961 l'idée de la convocation des États généraux du Canada français qui traduiraient « toutes les tendances de la pensée nationale » fut soumise à l'approbation des délégués au 15e congrès annuel de la Fédération des Sociétés Saint-Jean-Baptiste du Québec.

De juin 1961 à mars 1966 la convocation des États généraux demeura au niveau de projet. L'idée cependant pénétrait d'autres milieux[128]. Elle trouvait place dans le programme électoral de l'Union Nationale. Elle était proposée comme une démarche prioritaire par de nombreux groupes qui la défendirent devant le Comité parlementaire de la Constitution.

En mars 1966, la Fédération des Sociétés Saint-Jean-Baptiste convoquait à Montréal les représentants de vingt-quatre

---

126. Victor Barbeau, *Pour nous grandir*, cité dans *Le Devoir*, 28 octobre 1967.
127. Gustave Lamarche, « Les Carnets victoriens », cité dans *Le Devoir*, 28 octobre 1967.
128. En avril 1964, elle fut endossée par un grand nombre de corps intermédiaires parmi lesquels on comptait la Fédération des Collèges Classiques, la Fédération des Travailleurs du Québec, la Confédération des Syndicats Nationaux, l'Union Catholique des Cultivateurs, le Conseil de la Vie française, l'Association d'Éducation du Québec, la Corporation des Instituteurs et Institutrices du Québec, l'Association canadienne des Éducateurs de langue française, le Conseil d'Expansion Économique.

corps intermédiaires[129] pour vérifier leur intérêt concret et leur participation éventuelle à des États généraux du Canada français dont le mandat serait d'analyser les conditions culturelles, sociales, économiques, religieuses et politiques dans lesquelles vit la nation canadienne-française, d'en définir l'orientation future dans ces domaines et de l'engager dans une action qui lui permette de réaliser ses aspirations.

Un consensus fut facilement établi quant à l'urgence de convoquer les États généraux. Un plan de réalisation fut élaboré. L'Assemblée créa cinq commissions d'étude[130] dont les travaux seront déterminants quant au contenu et à la forme des débats

---

129. Les corps intermédiaires rassemblés à la réunion du 12 mars 1966 représentaient divers milieux et divers intérêts, comme en témoigne la liste suivante:
La Fédération des Travailleurs du Québec
La Fédération des Commissions Scolaires
La Ligue d'Action Nationale
L'Association Générale des Étudiants de Laval
La Fédération des Frères Éducateurs
La Corporation des Instituteurs et Institutrices Catholiques
Le Conseil d'Expansion Économique
La Fédération des Jeunes Chambres du Canada Français
La Fédération des Sociétés Saint-Jean-Baptiste du Québec
Le Mouvement Laïque de Langue Française
Le Club Fleur de Lys de Montréal
Le Club Fleur de Lys de Québec
Les Sociétés Saint-Jean-Baptiste régionales ou diocésaines
L'Association des Étudiants de l'Université de Montréal
L'Association Canadienne des Éducateurs de Langue Française
Le Conseil Supérieur du Livre
L'Union Générale des Étudiants du Québec
Les Chevaliers de Champlain
L'Université Laval
La Société historique de Montréal
Le Conseil de la Vie française
L'Institut de Religieuses enseignantes
La Société du Bon Parler Français
L'Association d'Éducation du Québec.
130. Commission politique et constitutionnelle présidée par Me Jacques-Yvan Morin
Commission technique présidée par M. Rosaire Morin
Commission des relations avec la Communauté francophone mondiale présidée par M. Jean-Marc Léger
Commission des relations entre les Canadiens français du Québec et ceux établis hors du Québec présidée par Me Gaston Rondeau
Commission administrative présidée par M. Robert Boulet.

des Assises de 67 et de 69[131]. Elle désigna deux conseillers spéciaux, Mᵉ Georges-Émile Lapalme et Mᵉ Yves Prévost, tous deux anciens membres du conseil des ministres québécois. Une commission générale provisoire fut formée[132]. Elle reçut le mandat d'établir un secrétariat, de définir un projet d'étude et de préparer les Assises elles-mêmes qui doivent représenter la nation tout entière, toutes les options et toutes les régions.

Cette commission travailla avec efficacité. Outre le travail d'organisation et de documentation, elle convoqua en mai et en juin deux assemblées générales des représentants des corps intermédiaires, lesquels discutèrent et approuvèrent les recommandations définissant les normes de représentation[133]. Elle tint des assemblées d'information et d'organisation dans plus de quinze villes du Québec ainsi qu'à Moncton et Ottawa où elle rencontra des représentants des groupes acadiens et franco-ontariens. Elle contacta plus de douze mille (12 000) associations locales, régionales et nationales au Québec et hors Québec pour les inciter à s'associer aux États généraux en participant aux élections territoriales. Elle organisa des bureaux dans les grandes régions du Québec et nomma des coordonnateurs régionaux. Enfin, le 13 septembre, elle organisa les premières élections territoriales. Cent trois assemblées furent convoquées. Seize mille personnes et sept mille cent quarante-cinq associations élirent mille vingt-six délégués et neuf cent soixante suppléants qui constituèrent l'Assemblée préliminaire des États généraux, laquelle se réunit à Montréal en novembre 1966.

Suite à ces élections, des représentants de la Commission générale visitèrent tous les comités pour y rencontrer les délégués et suppléants ainsi que les leaders des groupes sociaux et les autorités locales. Cette opération s'accompagnait de l'expédition de vingt-cinq mille (25 000) questionnaires préparés par la Commission politique et constitutionnelle et destinés aux délégués, aux associations nationales, aux corps intermédiaires et aux milieux d'affaires. La compilation de ce ques-

---

131. Les travaux de ces cinq commissions ont été publiés sous le titre *États généraux du Canada français, exposé de base et documents de travail*, Montréal, Éditions de l'Action nationale, 1967.

132. M. Jacques-Yvan Morin, professeur de droit international public, fut élu à la présidence de cette commission.

133. Ces normes de représentation prévoyaient que dix délégués et dix substituts seraient élus par une assemblée des associations de chacun des comtés du Québec. Les délégués et les substituts élus devaient représenter dix secteurs de vie différents. Les États généraux ne seront plus une assemblée d'associations comme le prévoyait le projet français.

tionnaire permettrait selon les organisateurs des États généraux de dégager les principaux thèmes sur lesquels pouvait exister la plus large unité possible et qui pourraient servir de base à la rédaction des documents de travail des États généraux.

Les Assises préliminaires de 1966

Vous cherchez un dénominateur commun, un point de rencontre où tous les Canadiens français, quels qu'ils soient et de quelque horizon qu'ils viennent, puissent se retrouver...

Lionel Groulx, président d'honneur des États généraux, vient de résumer en les inaugurant les travaux des États généraux. Sa présence est une caution et un symbole. Le frêle vieillard représente plus de soixante ans de lutte et de fidélité. Cette recherche d'un dénominateur commun à laquelle sont conviés les membres de tous les partis, de toutes les classes et de tous les groupes sociaux repose sur l'urgence de fonder à nouveau « l'assurance de la continuité », sur le sentiment que les choix à venir passent par l'animation « d'un peuple si rarement consulté sur son destin », sur la certitude que la Constitution canadienne est inacceptable dans sa forme actuelle. Il s'agit donc de définir les grandes orientations de la nation, de préciser le contenu d'un nouveau régime politique pour le Québec et d'examiner l'état et l'avenir des relations des Québécois et des minorités francophones hors Québec.

À ceux qui définissent le mandat des États généraux en termes de consensus de civilisation éloignée des choix politiques concrets, la réponse vient directe et franche des premiers intervenants. Groulx le premier rappelle que « la conscience de la nation... nous dira à tous, même à nos frères lointains, que nous sommes les fils du même passé, des mêmes traditions, d'un même pays : l'État du Québec ».

À cet État, elle nous dira qu'il faut la souveraineté politique, poussée aussi loin que l'imposent nos exigences de vie, notre droit de rester nous-mêmes, de nous épanouir librement et pleinement.

Elle vous dira qu'il nous faut, dans toute la mesure possible, la libération économique, base essentielle de toute notre vie collective.

Elle vous dira qu'il nous faut, par conséquent, la récupération progressive de toutes nos ressources naturelles, de notre pouvoir d'achat, sous peine de rester perpétuellement un peuple de serfs et de mendiants[134].

Jean Drapeau reprend le même thème. Les États généraux devront choisir le cadre politique et constitutionnel dans lequel les solutions les plus efficaces aux problèmes de la nation seront le plus aisément et le mieux appliquées.

Invitant pour sa part les délégués à se rendre disponibles à la compréhension « de toutes les thèses », le président des États généraux Jacques-Yvan Morin fixe l'objectif ultime, soit la définition d'une orientation commune. Cette idée sera précisée par le directeur général des États généraux, Rosaire Morin. Pour lui le grand motif qui justifie la convocation des États généraux découle de l'imminence de changements dans la Constitution du pays et de la nécessité absolue d'associer la nation à la définition des nouvelles structures politiques et juridiques. Le thème des États généraux, « Un peuple parle », prend son sens dans cette tâche redoutable.

Il importe de rappeler ces interventions de départ que bien des critiques oublieront ou feindront d'ignorer.

Les Assises préliminaires avaient pour objectif d'amorcer une première réflexion sur des aspects très concrets de la vie quotidienne et du développement de la société francophone au Canada. La discussion des options constitutionnelles globales, des choix quant au partage des pouvoirs et de l'aménagement des rapports entre le Québec et les minorités francophones hors Québec devaient faire l'objet des travaux des Assises de 1967.

Trente-cinq commissions d'études analysèrent vingt-quatre sujets différents regroupés sous quatre chapitres, soit les questions culturelles, les problèmes sociaux, les réalités économiques et les orientations politiques et constitutionnelles. Les commissions d'étude n'avaient pas à préparer des résolutions ou à présenter des conclusions définitives. À partir des documents de travail qui leur étaient soumis, elles s'engageaient à dresser un inventaire des problèmes du Canada français et à esquisser une orientation générale quant à la solution de ces problèmes.

Cet inventaire des problèmes du Canada français devait être établi « non pas sous la forme d'un exercice verbal traditionnel ou d'une revendication de droits » mais dans une perspective de développement, en essayant premièrement de dégager « comment il est possible d'agir sur la société et l'économie », et

---

134. *Les États généraux du Canada français*, Assemblée préliminaire 1966, pp. 9-12.

Photo 26. Ouverture des Assises préliminaires des États généraux du
Canada français en novembre 1966: le maire Jean Drapeau, le
chanoine Lionel Groulx, président d'honneur, Rosaire Morin, le directeur
général, et Jacques-Yvan Morin, le président, s'adressent aux congressistes.

deuxièmement en évaluant si « la règle ou la répartition des
compétences dans tel domaine particulier rencontre nos exigences de vie, notre droit de demeurer nous-mêmes et favo-
rise nos intérêts et nos aspirations [135] ».

135. Jacques-Yvan Morin, *Les États généraux du Canada français*, *op. cit.*,
p. 30.136.

Après avoir réaffirmé la compétence du Parlement québécois dans l'ensemble du domaine culturel, les délégués précisaient certaines orientations d'une politique culturelle québécoise : création d'un Conseil des arts du Québec, système de subventions aux troupes de théâtre, mise sur pied de centres d'art permanents et saisonniers, création d'un centre québécois du cinéma, bref, élargissement des activités du ministère des Affaires culturelles et récupération des argents qu'Ottawa dépense au Québec dans ce secteur.

Les conclusions des commissions d'étude qui se penchèrent sur les aspects culturels et constitutionnels de la radiodiffusion et de la télévision sont fondées sur l'affirmation du droit à l'information et des rapports essentiels que ces media entretiennent avec la culture. Dans ce contexte, il fut proposé que ces secteurs d'activité relèvent de la compétence du Parlement québécois qui devrait établir une régie québécoise des ondes. On souligna de plus l'urgence de créer une agence de presse québécoise.

Ces premiers éléments d'une politique culturelle devraient être complétés par une politique de la langue faisant du français la langue officielle du Québec et définissant les droits des minorités au Québec. Pour consolider la culture et la langue française les délégués souhaitent que soit proclamée la compétence internationale du Québec afin d'établir au plan culturel, mais aussi aux plans technique, scientifique et économique, des rapports suivis avec la communauté francophone internationale.

LE DÉVELOPPEMENT SOCIAL

Cinq commissions étudièrent les éléments fondamentaux de la situation sociale des Canadiens français. Dans des textes généreux mais très généraux, on invoque la nécessité de développer l'industrie à partir de nouvelles formules empruntées au socialisme et au coopératisme, formules qui doivent tenir compte des valeurs culturelles et linguistiques des Canadiens français. Dans cette optique, le Québec doit contrôler les pouvoirs qui lui permettraient d'établir une véritable planification des politiques de la main-d'œuvre, de la population et de l'immigration. Plusieurs des conclusions de ces commissions sont ambiguës. On hésite par exemple à exiger le rapatriement de la juridiction sur l'assurance-chômage, le consensus recherché ne s'étant pas matérialisé.

Le développement économique

Priorité à l'éducation économique, rapatriement des juridictions qui permettent au gouvernement du Québec de véritablement planifier le développement économique sur son territoire, y compris le contrôle des ports du Saint-Laurent, multiplication des organismes publics pour gérer et exploiter les ressources québécoises, création d'une Banque de Crédit québécois et d'un ministère de la Coopération, définition d'une politique vigoureuse de mise en marché des produits agricoles, telles sont les conclusions les plus significatives des huit commissions d'étude chargées d'analyser les conditions du développement économique.

Le développement politique et constitutionnel

Six commissions d'étude furent chargées d'analyser les questions d'ordre politique et constitutionnel.

Le statut et les fonctions du Lieutenant-gouverneur firent l'objet de critiques précises. On proposa que les droits de désaveu et de réserve des lois provinciales par le Lieutenant-gouverneur soient abolis. Les fonctions du premier citoyen du Québec devraient être définies dans la Constitution du Québec et cette fonction devrait être élective. De plus, la Constitution du Québec devrait reconnaître que le Lieutenant-gouverneur (quel que soit par ailleurs le titre du personnage exerçant ces fonctions) détient la prérogative de conclure des traités dans le domaine provincial.

Abordant l'importante question de la fiscalité et du pouvoir de dépenser, les délégués retinrent deux solutions : le partage des sources d'impôt entre le pouvoir fédéral et le Québec ou la perception de tous les impôts par Québec qui remettrait au gouvernement fédéral les sommes correspondantes aux services dont il aurait la responsabilité. Cette solution retint l'assentiment d'une majorité des délégués qui demandèrent aux dirigeants des États généraux de préparer une analyse détaillée de la question fiscale au Canada pour les Assises de 1967.

Les délégués s'opposèrent à toute formule de « district fédéral » qui engloberait une partie du territoire québécois et recommandèrent qu'une assemblée constituante soit établie pour définir les termes d'une nouvelle Constitution. Soumise aux Québécois par référendum, cette nouvelle Constitution serait alors proposée aux provinces anglophones et au gouvernement fédéral. Dans l'éventualité d'un refus, le Québec devrait alors

118

choisir entre la proclamation de son indépendance ou la recherche de nouveaux arrangements de type « marché commun »
avec le Canada.

En quelques heures les États généraux du Canada français
avaient abordé l'ensemble des grands dossiers politiques jusque-
là réservés aux partis politiques et à quelques spécialistes.
Ils avaient forcé la réflexion des délégués et à travers eux de
larges secteurs de l'opinion publique. En de nombreux domaines
ils avaient défini des choix jugés radicaux par certains observateurs, évalués comme fragiles et douteux par une partie des
délégués eux-mêmes, qui choisirent de quitter avec éclat les
États généraux. Les indépendantistes accusèrent la grande
assemblée de s'être fait manipuler par des sociétés occultes. Les
dirigeants des États généraux répliquèrent que ce procès n'était
rien d'autre que l'expression du dépit des représentants du Rassemblement pour l'Indépendance Nationale qui avaient échoué
dans leur tentative de noyauter les Assises préliminaires.

De leur côté « les frères lointains », selon l'expression de
Groulx, venus d'Acadie, de l'Ontario ou de l'Ouest se réunissaient
au nombre de trois cents pour rejeter « sans la moindre
hésitation » le séparatisme qui leur rendrait la vie intolérable à
très brève échéance. Pour eux, le Canada français ne saurait se
limiter au Québec. Pour la première fois et avec une grande
intensité, la question des rapports entre le Québec et les
minorités francophones du Canada était posée en des termes
exigeants. Peut-on encore concilier l'appartenance à la même
origine avec les exigences du développement et de l'affranchissement du Québec ? Assistons-nous aux États généraux du
Canada français ou aux États généraux du Québec ? De toutes
parts les critiques se faisaient pressantes. Des groupes
fédéralistes s'étaient abstenus de participer aux États généraux.
Les deux plus grandes centrales syndicales du Québec avaient
adopté la même attitude. Dans quelle mesure les délégués
étaient-ils représentatifs de la nation ? Est-il encore possible de
convoquer une grande réunion qui soit vraiment représentative
de toute la nation ? Le processus de différenciation est-il trop
avancé au Québec, pour qu'il soit devenu impossible de dégager
un consensus national ?

> Nous devons en toute franchise admettre que nous n'avons
> pas atteint la qualité de représentation qu'il faut exiger dans
> la composition d'une assemblée qui se veut être les États
> généraux du Canada français[136].

---

136. *Les États généraux du Canada français*, Assemblée préliminaire 1966, p. 36.

Le directeur général des États généraux par cette simple phrase désamorce la critique qui eût pu entraîner des conséquences fatales pour l'avenir de cette vaste entreprise. Au risque de perdre des éléments jusque-là très actifs, les dirigeants des États généraux font approuver la tenue d'une nouvelle élection territoriale pour la sélection de participants « plus représentatifs de tout le territoire, de toutes les idéologies, de toutes les associations et de toutes les classes sociales ».

Les Assises nationales de 1967

Quand les deux mille cent six délégués et les quatre cent trente-six observateurs se réunissent à Montréal le 23 novembre 1967 pour la tenue des Assises nationales des États généraux du Canada français, leur réunion s'inscrit dans un réseau serré d'événements qui donnent à leurs travaux une exceptionnelle résonnance.

Le Parlement du Québec a créé par un vote unanime, le 14 avril, le ministère des Affaires intergouvernementales. Le gouvernement a relancé le Comité parlementaire de la Constitution. Daniel Johnson, premier ministre du Québec, a reçu en mai un accueil de chef d'État à Paris. De Gaulle a lancé le 4 juillet son retentissant « Vive le Québec libre ». Tous ces événements inquiètent les porte-parole du Canada anglais.

Le Parti Libéral qui a fait la révolution tranquille et qui garde la confiance de 47.4% de l'électorat est profondément divisé depuis que l'Union Nationale, avec 40.9% du vote populaire, a réussi à s'emparer du pouvoir grâce à une carte électorale « pleine de possibilités ». François Aquin annonce en août qu'il quitte le Parti Libéral pour marquer son désaccord avec le jugement sévère que le parti a porté sur les quatre mots du Général. René Lévesque propose le 8 septembre une nouvelle structure politique et économique pour le Québec et pour le Canada, soit l'indépendance du Québec dans une union économique avec le Canada. Cette thèse est défaite par les congressistes au congrès du Parti Libéral d'octobre '67. René Lévesque à son tour quitte le parti et annonce la création d'un mouvement politique voué à la réalisation de la souveraineté du Québec.

Les Assises nationales des États généraux siègent du 23 au 26 novembre. Le 27 novembre débute à Toronto la Conférence interprovinciale sur la « Confédération de demain » convoquée par John Robarts. Chacun attend avec intérêt l'intervention du premier ministre Johnson, auteur d'Égalité ou Indépendance.

C'est dans ce contexte qu'il faut situer les Assises nationales des États généraux du Canada français.

Au plan interne, de nouvelles élections pour le choix des délégués [137] ont été tenues en avril, «dissipant, selon l'aveu même d'un des critiques les plus sévères des États généraux, l'apparence d'exclusivisme idéologique, l'esprit de chapelle, qui menaçaient de s'emparer des États généraux [138]». De plus, un sérieux effort de pénétration du milieu, d'information et d'animation avait précédé la tenue des Assises nationales. Des associations et des institutions les plus variées avaient été conviées à participer à l'élection des délégués. Un journal appelé *Les Cahiers des États généraux* est diffusé depuis janvier 1967. Des assemblées publiques locales et de comtés sont tenues en février et mars 1967 dans plus de soixante-quinze comtés. Divers comités préparèrent les dix-sept documents de travail qui seront soumis à l'attention des délégués. Ces documents avaient été conçus comme des dossiers de référence à partir des tendances exprimées à l'Assemblée préliminaire de novembre 1966, des avis recueillis lors des assemblées publiques régionales, des résultats du questionnaire diffusé à vingt-cinq mille exemplaires à l'automne de 1966 et des mémoires reçus à la permanence des États généraux.

Les divers éléments sont bien en place. Le 23 novembre, Jacques-Yvan Morin inaugure les États généraux du Canada français.

> Nous avons toujours défendu avec opiniâtreté nos droits collectifs, en particulier nos libertés linguistiques et scolaires, mais presque partout dans ce pays on nous a réduits à les quémander. Et voici que nous découvrons qu'il existe une liberté plus large que personne ne peut nous ravir : le droit de disposer de nous-mêmes en tant que peuple, de choisir le régime politique qui convient le mieux à notre mentalité et à nos aspirations.
>
> Nous sommes parmi les derniers peuples de la terre à nous insérer dans ce courant majeur de l'histoire contemporaine, ce fondement nouveau des sociétés politiques qui, depuis le 19e siècle, transforme le monde tendant à mettre fin

---

137. Pour une analyse détaillée de la composition de l'Assemblée des Assises nationales, voir *Les États généraux du Canada français*, Assises nationales 1967, Montréal, Éditions de l'Action nationale, p. 29.
138. Claude Ryan, « La recherche nécessaire d'un dénominateur commun », *Le Devoir*, 15 avril 1967.

aux rapports de subordination entre les peuples pour les remplacer par des rapports d'égalité[139].

D'abord divisés en dix-sept groupes d'études[140] chargés de préparer les avant-projets des résolutions, les délégués participent par la suite aux travaux de quatre ateliers[141] qui révisent et finalisent les textes des avant-projets de résolutions destinées à être présentées à l'Assemblée générale.

Une seule résolution ne devait pas emprunter cette filière commune. En effet, dès la première séance, la Commission générale des États généraux soumet à l'attention et à l'approbation des délégués, une déclamation préliminaire sur le droit à l'autodétermination.

Après avoir rappelé que jamais le peuple canadien-français n'a été consulté sur le régime politique sous lequel il souhaitait vivre et après avoir soumis que désormais il entendait l'être, le proposeur explique le sens de cette résolution. Par cette dernière, les délégués ne souscrivent ni à l'indépendance, ni au fédéralisme, ni à la centralisation, ni à l'autonomie, ni au statut particulier, ni aux États associés. Ils proclament simplement le droit des Canadiens français de choisir celle de ces options qui correspond le mieux à leurs aspirations et à leurs besoins.

> Les États généraux du Canada français, réunis en assemblée,
>
> AYANT CONVENU
>
> que les Canadiens français constituent un peuple de près de six millions d'âmes, possédant en propre une langue, une culture, des institutions, une histoire et un vouloir-vivre collectif,
>
> que ce peuple, répandu par tout le Canada, est concentré avant tout dans le Québec,
>
> que ce peuple dispose dans le Québec d'un territoire et d'un État dont les institutions reflètent sa culture et sa mentalité,
>
> que la vie et l'épanouissement du peuple canadien-français s'appuient sur l'autorité politique, l'influence économique et le rayonnement culturel du Québec.
>
> ET NOTÉ

---

139. *Les États généraux du Canada français*, Assises nationales, 1967, *op. cit.*, p. 14.
140. Chaque groupe d'étude était subdivisé en équipes de travail de huit délégués.
141. Ateliers social, culturel, économique, politique.

que la Charte des Nations Unies exige « le respect du principe de l'égalité de droits des peuples et de leur droit à disposer d'eux-mêmes » (article 1er, par. 2)

AFFIRMENT QUE :

1° Les Canadiens français constituent une nation.

2° Le Québec constitue le territoire national et le milieu politique fondamental de cette nation.

3° La nation canadienne-française a le droit de disposer d'elle-même et de choisir librement le régime politique sous lequel elle entend vivre[142].

Cette déclaration préliminaire est adoptée par les délégués du Québec (98%) mais la majorité requise des deux tiers n'est pas atteinte pour les délégations de l'Acadie (52%), de l'Ontario (35%) et de l'Ouest (30%).

Fondant leur choix sur le droit à l'autodétermination, sur le principe de l'interdépendance des secteurs de développement, sur des exigences de « fonctionnalité », les délégués dressent un inventaire des pouvoirs que doit contrôler le Québec.

Dans le secteur du développement culturel, ils réclament pour le Québec l'exclusivité législative sur l'enseignement, la recherche, la culture et la radiodiffusion. Ils réclament la proclamation du français comme seule langue officielle, la « bilinguisation » des institutions anglaises d'enseignement public, la fin de l'intégration par les anglophones des enfants des autres minorités linguistiques dans leur système scolaire. De plus, tout organisme fédéral, confédéral, d'union canadienne ou autre devrait être entièrement bilingue[143].

Dans le secteur du développement social, les délégués réclament pour le Québec la compétence exclusive en matière de sécurité sociale et de santé, de syndicalisme, de politique de la main-d'œuvre, de transports, de communications et de revenus. Ils exigent de plus la remise au Québec de pouvoirs exclusifs pour l'implantation d'une politique de la population et de l'immigration.

Dans le secteur du développement économique, les délégués se prononcent en faveur de la compétence québécoise exclusive dans le domaine de la législation financière et com-

142. *Les États généraux... 1967, op. cit.*, p. 191.
143. Un certain nombre de conséquences pratiques au niveau des institutions, des services, des réglementations sont dégagées par les délégués. Nous référons, pour le détail de ces propositons, au chapitre VI « Les résolutions » de l'ouvrage *Les États généraux du Canada français*, Assises nationales 1967, *op. cit.*, pp. 191-222.

merciale. Ils affirment que le Québec ne doit se soumettre à aucune politique de planification dirigée par le gouvernement du Canada et contrôle en sa totalité l'ensemble de la politique agricole.

Dans le secteur politique, les délégués se prononcent contre tout contrôle étranger d'une partie du territoire québécois, y compris le Labrador. Ils demandent au gouvernement du Québec d'affirmer sa compétence sur le plateau continental et sur les gisements sous-marins situés au large de ses côtes et de récupérer les ports situés sur son territoire. De plus, le Québec doit exercer sa compétence exclusive à l'égard de la navigation sur le Saint-Laurent et ses tributaires ainsi que sur son espace aérien.

Les délégués appuient massivement une résolution qui proclame que l'État du Québec doit cesser d'être soumis à l'exercice par Ottawa du pouvoir déclaratoire, du pouvoir général de dépenser et de la compétence résiduelle. De plus, il doit assumer lui-même la conduite de ses relations avec les pays étrangers, avoir la pleine maîtrise de sa politique étrangère et de sa politique de défense.

Pour chacun de ces secteurs de développement à quelques exceptions près, des résolutions concernant les groupes francophones établis hors du Québec furent adoptées. Elles s'inspiraient des conclusions des travaux du groupe d'étude chargé d'analyser les relations entre Canadiens français. Elles proposaient « l'augmentation et l'institutionnalisation des échanges entre les divers groupes qui forment la communauté nationale ». Du principe à la réalité, la distance politique et psychologique est fort grande.

Des observateurs nombreux ont souligné qu'au-delà des appels à la dignité et du désir de voir chaque délégué s'exprimer en toute liberté, de nombreux délégués québécois cachaient mal leur impatience devant les points de vue particuliers exprimés par les délégués des minorités.

> Hostilité ouverte ou mal dissimulée, indifférence et froideur ou, pis encore, condescendance couverte d'un sourire en coin, tout y passait à mesure que se déroulaient les travaux. Chaque fois qu'un délégué de l'extérieur du Québec prenait la parole, sarcasmes et huées saluaient ses propos, sauf s'il louait ou approuvait un point quelconque des résolutions à l'étude[144].

---

144. Marcel Gingras, « Des États généraux à l'anglo-saxonne », *Le Droit*, 27 novembre 1967.

Dans l'histoire politique du Québec, les Assises nationales des États généraux constituent un événement capital. Venus de toutes les régions, de tous les milieux, voire de tous les partis, les délégués à cette assemblée avaient proclamé un principe qui est en fait un point de non-retour. *Les Canadiens français ne sont pas une minorité parmi d'autres minorités. Ils constituent une nation libre de disposer et de choisir librement le régime politique sous lequel elle entend vivre.*

Cette liberté de choisir, les délégués aux Assises nationales vont l'exercer en rejetant le fédéralisme canadien, en réclamant les pleins pouvoirs pour le Québec dans tous les secteurs d'activité et en optant pour l'indépendance du Québec. Cette option ne fut pas formulée officiellement mais elle constitue une conclusion péremptoire des décisions des délégués aux Assises nationales.

Même ceux qui se trouvaient en désaccord avec les choix politiques des délégués aux États généraux durent reconnaître que désormais les Québécois devront être consultés quant au régime constitutionnel qui les régira. Ce régime trouvera sa légitimité dans la volonté exprimée de la nation.

On a fait tout un procès aux responsables des États généraux quant à la représentativité de leur assemblée. Jacques-Yvan Morin répondit à cette critique en affirmant que « s'il y a quelques absents ici, qu'ils s'en prennent à eux-mêmes; nous leur avons donné toutes les occasions de venir se joindre à nos reflexions et à nos débats ». Cet argument était partiellement vrai. En effet, le caucus des députés libéraux fédéraux du Québec avait décidé qu'aucun de ses membres ne représenterait le parti aux États généraux. Cette décision compréhensible à certains égards était malheureusement accompagnée de commentaires méprisants pour l'institution elle-même [145]. Il est certain que la décision des parlementaires fédéraux était fondée sur une évaluation du climat et des options prévisibles des États généraux. Ils pouvaient difficilement, s'étant exclus eux-mêmes des Assises, leur reprocher de ne pas être représentatives de la pensée et de l'option constitutionnelle qu'ils incarnaient. Notons de plus que les responsables des États généraux reconnurent eux-mêmes que la représentativité de l'assemblée provisoire n'était pas suffisante. Ils provoquèrent donc de nouvelles élections en 1967 et, après

---

145. Vincent Prince, « Les libéraux fédéraux et les États généraux », *Le Devoir*, 29 juin 1967. Willie Chevalier, « Intelligent mais gaffeur », *Le Droit*, 29 juin 1967.

ces élections «élargies», continuèrent à être attentifs à cette question. Le directeur des Assises nationales de 1967 ne déclarait-il pas en les clôturant: «Nous sommes à l'image de l'élite active de notre peuple... mais le peuple lui-même, en sa densité d'origine et de fonction, n'y est pas totalement présent»?

En effet, toute la nation ne s'exprime pas à travers les États généraux mais ces derniers avaient interpellé toute la nation avec une vigueur impressionnante. De plus, les choix effectués par les Assises nationales eurent un impact à la Conférence Robarts. Les Premiers ministres des Provinces Maritimes en particulier interrogèrent Daniel Johnson sur la signification et l'importance qu'il fallait accorder aux résolutions récemment approuvées par les Assises nationales du Canada français[146].

Les Assises nationales de 1969

Dès l'ouverture des Assises préliminaires des États généraux en 1966, le président de la grande assemblée invitait les délégués à la compréhension « de toutes les thèses » et à la recherche « d'une orientation commune ». Les Assises préliminaires avaient effectué une première analyse des grands dossiers politiques ainsi que des choix qui devaient être confirmés et agrandis lors des Assises nationales de 1967. Après avoir adopté la résolution proclamant le droit à l'autodétermination, les délégués aux Assises nationales de 1967 avaient dressé un inventaire des pouvoirs que devait, selon eux, contrôler et exercer le Québec. Cet inventaire vidait de toute substance le pouvoir fédéral et confiait au gouvernement du Québec tous les pouvoirs d'un État souverain.

En mars 1969, invoquant « la tâche à compléter », les Assises nationales des États généraux furent convoquées à nouveau. À la première séance, Jacques-Yvan Morin, président des États généraux, situa ces Assises dans le contexte « universel » de libération nationale[147] :

> Notre mouvement s'inscrit donc dans un contexte universel et il importe que nous en soyons conscients. Ce contexte, c'est celui de la recherche par tous les peuples de conditions

---

146. Conférence sur la Confédération de demain, *Procès-verbal*, Toronto, 27-30 novembre 1967; intervention du Premier ministre de l'île du Prince-Édouard, p. 70 et du Premier ministre du Nouveau-Brunswick, p. 95.
147. *Les États généraux, Assises nationales*, *L'Action nationale*, vol. LVIII, n os 9 et 10 (mai et juin 1969), p. 14.

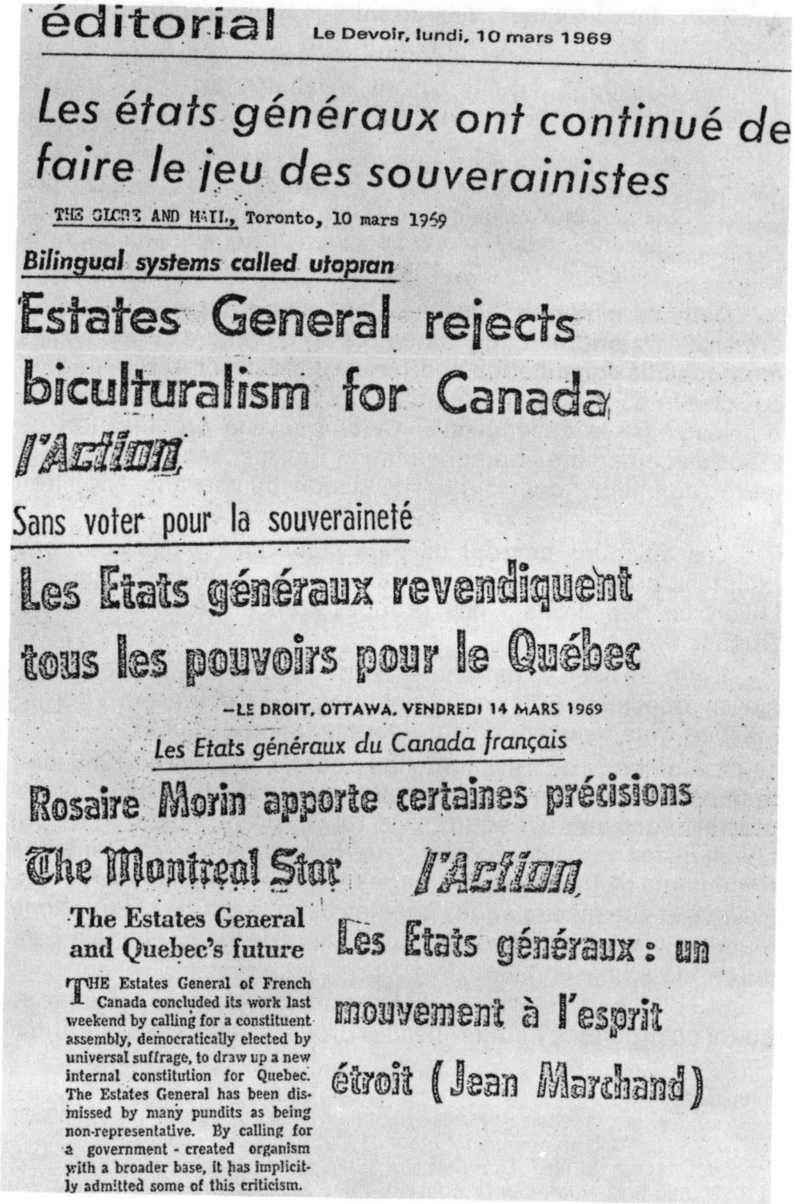

éditorial Le Devoir, lundi, 10 mars 1969

Les états généraux ont continué de faire le jeu des souverainistes

THE GLOBE AND MAIL, Toronto, 10 mars 1969

Bilingual systems called utopian

Estates General rejects biculturalism for Canada

l'Action

Sans voter pour la souveraineté

Les Etats généraux revendiquent tous les pouvoirs pour le Québec

—LE DROIT, OTTAWA, VENDREDI 14 MARS 1969

Les Etats généraux du Canada français

Rosaire Morin apporte certaines précisions

The Montreal Star

The Estates General and Quebec's future

THE Estates General of French Canada concluded its work last weekend by calling for a constituent assembly, democratically elected by universal suffrage, to draw up a new internal constitution for Quebec. The Estates General has been dismissed by many pundits as being non-representative. By calling for a government - created organism with a broader base, it has implicitly admitted some of this criticism.

l'Action

Les Etats généraux : un mouvement à l'esprit étroit (Jean Marchand)

Photo 27. Éditoriaux sélectionnés dans la presse canadienne.

de vie plus humaines et de nouveaux rapports politiques entre les nations ainsi qu'entre gouvernants et gouvernés.

Le président résume à l'attention des délégués les « trois grandes questions » qu'ils auront à débattre au cours de ces Assises. Ils devront définir un projet de société pour le Québec de l'avenir :

> Nous avons dit hautement l'année dernière que le Québec voulait être maître de son destin; il reste à dire quelle sorte de société nous voulons construire pour affronter les problèmes du développement industriel et post-industriel[148].

Dans ce contexte, l'analyse des institutions politiques, du système traditionnel de la représentation, des nouvelles méthodes de consultation et des nouvelles structures de participation s'impose « afin d'organiser l'État en fonction des besoins nouveaux de la collectivité ». Cette nouvelle organisation de l'État exige comme son complément indispensable « une meilleure définition des droits de l'individu devant l'appareil étatique ».

Les délégués devront de plus rechercher « des solutions adaptées à chaque situation » quant à la reconnaissance et à l'exercice des droits « des groupes français établis hors du Québec ».

Enfin les Assises nationales seront appelées à se prononcer sur les questions nombreuses et complexes que posent l'organisation et le développement économique du Québec.

La méthode de travail retenue pour les Assises de 1969 était la même que celle expérimentée en 1967. Les délégués[149] étaient regroupés en équipes de travail de huit personnes qui devaient fournir des réponses aux questions posées dans des documents de travail et rédiger des avant-projets de résolutions. Revues et corrigées par des comités de révision, ces résolutions étaient alors acheminées à quatre ateliers de travail et finalement soumises à l'Assemblée.

Au plan culturel, l'Assemblée approuva diverses résolutions quant au problème traditionnel des droits scolaires des minorités

---

148. *Ibid.*, p. 17.
149. Les Assises nationales de 1969 comptaient mille trois cent quatre-vingt-trois délégués, soit un nombre inférieur de plus de 30% au nombre de délégués des Assises de 1967. Les votes aux Assises de 1969 ont oscillé entre 620 et 800 au maximum. Les responsables des États généraux affirmèrent que cette diminution du nombre des délégués était due à un manque de ressources.

francophones, des droits linguistiques des Canadiens français dans les secteurs de juridiction fédérale ou provinciale. Elle se déclare favorable à la reconnaissance constitutionnelle de ces deux domaines de droit qui font l'objet de luttes politiques au Canada depuis la Confédération. De plus, elle accepte diverses résolutions quant aux responsabilités culturelles du Québec vis-à-vis de sa population et des minorités francophones canadiennes.

Au plan économique, elle affirme par résolution le droit du Québec de jouir du pouvoir exclusif de taxation sur les sociétés propriétaires ou concessionnaires des richesses naturelles. Elle réclame un pouvoir exclusif pour le Québec en matière agricole. Elle exige du gouvernement québécois le développement d'une politique planifiée des ressources minérales, forestières et marines. Enfin, elle propose la définition d'une vigoureuse politique d'aménagement touristique, d'expansion industrielle et de planification urbaine. Bref, le gouvernement du Québec doit posséder toute la compétence constitutionnelle nécessaire pour l'application d'un programme de planification économique, y compris le pouvoir d'imposer, si nécessaire, des droits de douane sur l'importation de certains produits concurrentiels.

Au plan politique, l'Assemblée vote une série de résolutions concernant la Constitution du Québec[150], les droits des citoyens, la démocratie de participation et la formation d'une Constituante.

La Constitution du Québec doit contenir :
— l'affirmation du droit des Québécois à l'auto-détermination;
— une déclaration selon laquelle l'autorité constituante appartient au peuple du Québec;
— la proclamation du principe de suffrage universel;
— l'affirmation de la suprématie de la Constitution sur toutes les autres lois;
— la définition des objectifs fondamentaux du peuple du Québec, exprimés de façon générale dans les 14 résolutions des états généraux de novembre 1967;
— l'affirmation des obligations morales du Québec envers les francophones de l'Amérique du Nord, hors du Québec;

---

150. *Les États généraux, Assises nationales... 1969, op. cit.*, Chap. VIII, « Les résolutions », pp. 365-417.

— une Charte des droits de l'homme, conforme aux aspirations des Québécois et à la Charte des Droits de l'Homme des Nations Unies;

— l'identification suffisante de tous les symboles de l'État;

— des dispositions fixant les frontières du Québec, respectant l'intégrité existante et englobant les prolongements politiques et naturels; des dispositions affirmant la souveraineté du Québec sur son sol, son sous-sol, son espace aérien, ses eaux territoriales et son sol sous-marin et des droits égaux à ceux des autres États quant à toute utilisation de l'espace atmosphérique et extra-atmosphérique;

— une clause stipulant que le gouvernement ne peut porter atteinte à l'intégrité territoriale sans l'approbation d'un référendum;

La Constitution du Québec doit instituer le droit d'initiative et permettre à un groupe de citoyens d'un nombre déterminé de déposer un projet de loi à l'Assemblée nationale qui doit en prendre connaissance et en disposer.

La Constitution du Québec doit permettre à un groupe de citoyens et des conditions déterminées, d'exiger la tenue d'un référendum, avant la promulgation d'une loi votée par l'Assemblée nationale.

La Constitution du Québec doit permettre à un groupe de citoyens dont elle détermine le nombre de provoquer un vote populaire en vue de faire modifier la Constitution.

Toute modification à la Constitution doit être soumise au vote populaire[151].

Le projet de Constituante proposé par certains groupes au Comité parlementaire de la Constitution, inclus également dans le programme électoral de l'Union Nationale, recevait pour la première fois une définition un peu plus détaillée quoique encore bien générale. Une première résolution de l'Assemblée des États généraux exigeait de l'Assemblée nationale du Québec qu'elle crée «d'ici dix-huit mois une commission autonome chargée d'arrêter les modalités de l'élection et du fonctionnement de la Constituante». Une seconde résolution définissait le mandat de la commission limité à une durée de douze mois. Elle prévoyait de plus que le Parlement soumette au peuple « le projet de Constituante de l'Assemblée constituante, par voie de référendum, dans un délai de six mois après l'expiration du mandat[152]».

---

151. *Ibid.*, pp. 392-393.
152. *Ibid.*, pp. 398-399.

Ces résolutions n'eurent pas de suite. Les dirigeants des États généraux ne se faisaient guère d'illusion à ce sujet. Ils avaient conduit à terme une vaste entreprise d'animation et de propagande populaires. Malgré des expressions de sympathie, les partis politiques traditionnels québécois se méfiaient de cette démarche unilatérale qu'ils ne contrôlaient pas. Seul le Parti Québécois allait bénéficier des structures et des rassemblements régionaux créés par les États généraux. Ces derniers quittaient l'avant-scène politique qu'ils avaient occupée par intervalles dans les trois dernières années, laissant sur la place publique un projet de Constituante qui n'avait aucune chance de se réaliser. Comme nous l'avons déjà noté, le Québec tout entier ne s'exprima pas à travers les États généraux mais tout le Québec fut interpellé par les travaux de ce grand rassemblement. Il faut y voir une étape dans un débat plus vaste enraciné dans l'histoire et récemment activé par les projets, attitudes et réclamations du Québec plus sûr de lui-même depuis le début de la décennie.

De 1960 à 1967, le fédéralisme canadien fut ébranlé par le choc de la révolution tranquille. Les débats incessants sur la place du Québec au sein du Canada et le partage des pouvoirs entre les deux niveaux de gouvernements avaient perdu la dimension formelle et trop exclusivement rhétorique qu'ils avaient eue depuis des décennies. La multiplication des interventions de l'État québécois dans de nombreux secteurs de l'activité économique, sociale et culturelle, les recherches, les inventaires, les projets et les choix de développement qu'il suscitait, provoquaient des affrontements vigoureux « sur le terrain même » de l'exercice de leur pouvoir par les deux ordres de gouvernements. Ils posaient en permanence et urgence la question du partage des ressources et celle non moins exigeante de l'interrelation des divers domaines d'activité et de développement. Le conflit n'en était plus un de définition et d'interprétation juridique.

Il est prévisible que des tensions et des affrontements surgissent des structures fédérales elles-mêmes, que des discussions vigoureuses accompagnent la division et l'exercice des pouvoirs ainsi que le partage des ressources dans un régime politique à plusieurs niveaux. Les tenants du fédéralisme voient même dans ces tensions une dynamique fructueuse.

Certaines séries d'événements recensés dans la première partie de cette étude relèvent sans doute de cette dynamique propre au régime fédératif. D'autres séries d'événements débordent cette même dynamique. Ils ont pour effet de remettre en question la place traditionnelle du Québec au sein du Canada, les rapports séculaires entre les Canadiens d'origine française et ceux d'autres origines et le rôle du gouvernement fédéral au Québec.

Ces distinctions ne sont que relatives. La ligne de partage entre les deux groupes de séries d'événements est difficile à préciser. Ils ont l'un sur l'autre des effets cumulatifs certains.

Au terme de ces six années (1960-1967), le jugement porté en 1961 par Georges-Émile Lapalme à savoir « que l'insatisfaction du Canada français est devenue un sentiment général » a trouvé de nouveaux fondements et de nouvelles expressions soit dans les travaux de la Commission Laurendeau-Dunton, dans les discussions au Comité parlementaire de la Constitution ou aux Assises des États généraux du Canada français. Cette insatisfaction avait largement débordé les limites de la classe politique comme en témoignent les débats publics qui ont accompagné les travaux de ces trois forums.

Les conséquences politiques de cette « insatisfaction », latentes depuis le début de la révolution tranquille, devinrent manifestes en 1966-1967.

Le Parti Libéral du Québec, au terme des deux mandats qu'il vient de compléter, réclame « une nouvelle Constitution canadienne, comportant un statut particulier et des pouvoirs accrus pour le Québec... et basé sur la reconnaissance formelle de la présence au Canada de deux nations ». Cette volonté de redéfinition du fédéralisme canadien n'est cependant pas suffisante pour retenir au sein du parti l'un de ses leaders les plus influents. En effet, René Lévesque quitte le parti, crée le Mouvement Souveraineté-Association dont l'objectif premier est « de nous débarrasser d'un régime fédéral complètement dépassé et de construire la souveraineté du Québec ».

L'Union Nationale, portée au pouvoir le 5 juin 1966, grâce en partie à une vigoureuse campagne contre la formule Fulton-Favreau, conditionne la survie du Canada à l'élaboration d'une nouvelle Constitution. Le fondement de ce nouveau pacte reposerait sur « la reconnaissance au sein de la fédération canadienne de deux nations égales en droit et en fait ». En dehors de ce statut d'égalité, s'impose, selon les nouveaux dirigeants québécois, la possibilité de l'indépendance.

L'affirmation et la reconnaissance du statut de nation pour le Québec constituaient en 1967 le dénominateur commun des positions constitutionnelles des partis politiques québécois. Même si chacun de ces partis en tirait des conclusions différentes, elles devenaient de fait le fondement de toute discussion avec les représentants du gouvernement canadien et ceux des sociétés voisines.

La crise du fédéralisme canadien, latente depuis la seconde guerre mondiale, était devenue au cours de ces six années exceptionnelles la première donnée de la politique canadienne et québécoise.

DEUXIÈME PARTIE

LE CANADA : UN PAYS FRAGMENTÉ, 1967-1971

Les rapports de plus en plus conflictuels qui avaient marqué les relations des gouvernements canadien et québécois entre 1962 et 1966, le « non » du Québec à la formule Fulton-Favreau, la fondation du Mouvement Souveraineté-Association, les intentions déclarées du nouveau gouvernement du Québec dans le domaine constitutionnel créaient au Canada anglais incompréhension et inquiétude.

Le Canada, au jugement de la Commission Laurendeau-Dunton, traversait la crise la plus sérieuse de son histoire. Le Canada français exigeait par l'entremise de ses trois grandes formations politiques une révision fondamentale de la Constitution du pays qui n'ait pas uniquement pour objet de fédérer des territoires et des provinces mais d'associer dans l'égalité deux nations. Si pour les uns, cette association devait être négociée suite au démembrement du pays et à l'accession du Québec à la pleine souveraineté, pour les autres ce nouveau pacte pouvait être négocié à partir et dans le maintien des structures fédérales.

Les demandes de plus en plus pressantes du Québec pour une révision de la Constitution reçurent une première réponse du Canada anglais en janvier 1967. Devant l'apparente indifférence du gouvernement fédéral, le premier ministre de l'Ontario, John Robarts, annonça que « son gouvernement avait l'intention de réunir en conférence les dirigeants de toutes les provinces et du gouvernement fédéral pour discuter de l'avenir de notre régime fédéral de gouvernement ».

L'initiative du gouvernement ontarien suscita une réaction immédiate de la part du premier ministre Pearson qui annonça qu'Ottawa convoquerait au début de 1968 une Conférence fédérale-provinciale sur la Constitution. Cette conférence, inaugurée en février 1968, devait durer trois années et se terminer par l'échec de la Conférence de Victoria.

Les objectifs avoués du gouvernement canadien et ceux du gouvernement québécois divergeaient profondément.

Le gouvernement fédéral proposait en 1968 une révision constitutionnelle limitée à quelques grands domaines tels les droits fondamentaux, les droits linguistiques et une formule de rapatriement et d'amendement de la Constitution.

Le gouvernement québécois réclamait pour sa part une révision constitutionnelle complète. Il se montrait peu intéressé à collaborer à la recherche d'une formule de rapatriement et d'amendement de la Constitution qui ne soit pas précédée d'une entente sur un nouveau partage des pouvoirs et des ressources. Le premier ministre Bourassa limita sensiblement les demandes du Québec. Il soumit cependant, en juin 1971, le consentement de son gouvernement à une formule de rapatriement et d'amendement à une entente dans le domaine de la politique sociale. Il exigea, en 1975, comme préalable à l'acceptation du rapatriement de la Constitution par son gouvernement « des garanties constitutionnelles concernant la langue et la culture française ».

Une autre divergence fondamentale opposa dès le début de la révision constitutionnelle le gouvernement québécois au gouvernement canadien. Ce dernier privilégiait la notion des droits individuels et évitait toute référence aux droits collectifs. Pour sa part le gouvernement québécois fondait ses analyses et interventions sur l'affirmation de la réalité nationale et de la spécificité culturelle de la société québécoise.

Au cours des réunions et des sessions de travail de la Conférence constitutionnelle, les chefs des onze gouvernements au Canada abordèrent, outre les questions déjà identifiées, un grand nombre d'autres problèmes tels ceux des disparités régionales, de l'adaptation des institutions fédérales, des mécanismes de coordination des politiques fédérales et provinciales, du pouvoir de dépenser du gouvernement fédéral. Les comités ministériels et le Comité permanent des fonctionnaires créés par la Conférence des Premiers ministres étudièrent un grand nombre de domaines au terme de leur mandat.

Cette vaste opération de la révision constitutionnelle mobilisa pendant plus de trois ans les spécialistes et les exécutifs des onze gouvernements au Canada. Ses premières étapes tout au moins suscitèrent un grand intérêt dans la population. L'enjeu, selon les termes mêmes du premier ministre Pearson, était de refaire l'unité du pays fragmenté qu'était devenu le Canada centenaire.

Chapitre I

Si la Constitution actuelle comporte encore des éléments valables en ce qui concerne l'organisation à dix, il faut bien admettre que cet autre Canada, le Canada à deux, reste largement à inventer[1].

La «Confédération de demain», Conférence de Toronto, novembre 1967

Daniel Johnson, premier ministre du Québec, s'adresse en ce lundi matin, 27 novembre 1967, aux participants de la Conférence sur la «Confédération de demain» réunis à Toronto en tant qu'invités du gouvernement de l'Ontario.

John Robarts, qui a conçu cette exceptionnelle réunion au cours de la Conférence fédérale-provinciale d'octobre 1966, en a souligné le caractère exceptionnel en l'inaugurant.

Jamais, peut-être, depuis les Conférences de Charlottetown et de Québec en 1864 et 1866, un nombre aussi impressionnant de chefs politiques, de conseillers, d'observateurs ne se sont réunis pour discuter, dans toutes ses implications, de l'avenir du Canada.

Jamais le peuple canadien n'a été capable d'observer ses chefs politiques, d'entendre leur conception de l'avenir du pays d'une façon aussi directe. Pendant trois jours et demi toutes les sessions de cette Conférence sont radiodiffusées et télédiffusées

---

1. Gouvernement du Québec, *Allocution d'ouverture de M. Daniel Johnson*, premier ministre du Québec, Conférence sur la «Confédération de demain», Toronto, 27 novembre 1967, p. 7.

Photo 28. John Robarts accueille Daniel Johnson à la Conférence de Toronto sur la «Confédération de demain» en 1967.

en direct à travers tout le pays. La presse écrite, qui sera sévèrement critiquée tout au long de cette Conférence, y a envoyé plus de cent journalistes.

John Robarts, premier ministre de l'Ontario, n'a pas convié tous ses collègues des provinces à ce grand spectacle pour imposer son image aux Canadiens et succéder à Diefenbaker. Il a nié avec vigueur cette interprétation des faits en particulier dans un discours prononcé à Montréal le 23 novembre 1966.

À cette occasion, le chef du gouvernement ontarien affirmait que « les récentes Conférences fédérales-provinciales ont eu comme résultat le plus positif la conscience renouvelée des intérêts communs qui existent entre les provinces[2] ».

> « Il est désormais évident, que le Québec et l'Ontario et en fait la plupart des autres provinces ont un besoin commun d'une révision majeure des responsabilités fiscales des gouvernements provinciaux vis-à-vis du gouvernement fédéral. Il existe un déséquilibre extrêmement grave entre les possibilités financières des provinces pour faire face à leurs obligations et leurs ressources fiscales. Les décisions du gouvernement fédéral telles qu'elles ont été présentées aux

---

2. *Le Devoir*, 24 novembre 1966.

récentes conférences à Ottawa n'ont pas pris ce déséquilibre en considération, ce que nous déplorons. »

Rappelant que les études du comité du régime fiscal indiquent un taux de croissance plus rapide pour les dépenses provinciales que pour les dépenses fédérales et un mouvement inverse pour les revenus, M. Robarts a rejeté la thèse fédérale voulant que chaque niveau de gouvernement doit taxer selon ses besoins sans égard aux politiques des autres.

Dans ce contexte, le Premier ministre ontarien jugeait urgent que les provinces discutent entre elles de la nécessité de modifier la Constitution canadienne. En vue de ces discussions, l'Ontario a créé un Comité consultatif sur la Confédération qui a poursuivi des travaux dans trois secteurs : les aspects économiques et fiscaux du fédéralisme, la réforme de la Constitution et « la gamme des problèmes culturels et éducatifs [3] ».

Dès l'ouverture de la Conférence sur la « Confédération de demain », le premier ministre Robarts reprend les grands thèmes de son discours prononcé à Montréal.

Cette Conférence repose sur sa conviction que les accords fiscaux entre Ottawa et les provinces ont créé un climat et une situation inacceptables.

Cette Conférence, Robarts l'a conçue en écoutant son nouveau collègue du Québec déclarer à la réunion du Comité du régime fiscal tenue à Ottawa en septembre 1966 [4] :

> Le nouveau gouvernement du Québec s'est fixé une tâche fondamentale : celle de faire reconnaître juridiquement et politiquement la nation canadienne-française, entre autres moyens, par l'élaboration d'une nouvelle Constitution, qui reconnaisse dans notre pays des droits collectifs égaux aux Canadiens de langue française et aux Canadiens de langue anglaise, et qui confie au Québec, toutes compétences nécessaires à la sauvegarde de l'identité québécoise.

Lors de la Conférence fédérale-provinciale du 24 au 28 octobre 1966, le chef du gouvernement ontarien avait, à mots

---

3. Gouvernement de l'Ontario, Conférence sur la « Confédération de demain », *Études de bases*, Comité consultatif de l'Ontario sur la Confédération, seconde édition, juillet 1968.
4. Gouvernement du Québec, *Déclaration de l'Honorable Daniel Johnson*, premier ministre, ministre des Affaires fédérales-provinciales et ministre des Richesses naturelles, quatrième réunion du Comité du régime fiscal, Ottawa, 14 et 15 septembre 1966, p. 3.

couverts, suggéré l'ouverture de discussions constitution-nelles[5] :

> Si nous arrivons à faire face aux besoins actuels de redis-tribution fiscale, nous pourrons alors orienter nos efforts vers des questions plus vastes et fondamentales touchant le remaniement de la fédération canadienne, avant de nous lier plus avant par de nouveaux arrangements.

Les interventions des Premiers ministres du Québec et de l'Ontario ne suscitèrent aucune réaction de la part du gouverne-ment fédéral. Cette attitude d'apparente indifférence fut surprise par l'initiative du gouvernement de l'Ontario annoncée dans le discours du Trône de janvier 1967[6] :

> Vous serez invités à confirmer l'intention qu'a mon gou-vernement de réunir en conférence les dirigeants de toutes les provinces et du gouvernement fédéral pour discu-ter de l'avenir de notre régime fédéral de gouvernement. Mon gouvernement estime qu'il est normal pour l'une des pro-vinces fondatrices de la Confédération, l'Ontario, de prendre l'initiative d'une telle conférence et d'en fournir le cadre. Mon gouvernement souhaite que la Conférence sur la Confédération de demain marque le début d'une série de réunions qui permettront de resserrer les liens entre nos onze gouvernements et de consolider l'unité canadienne.

Le projet ontarien suscita une réaction immédiate du chef du gouvernement canadien[7]. Invoquant l'absence de précédent quant à la convocation d'une Conférence fédérale-provinciale par une province, le premier ministre Pearson proposait de mettre à l'ordre du jour d'une future Conférence fédé-rale-provinciale convoquée par Ottawa la question que sou-levait l'initiative du premier ministre Robarts ou de transformer la rencontre projetée par l'Ontario en Conférence interprovinciale. Suite aux négociations entre Ottawa et Queens Park, le premier ministre Robarts annonça le 9 juin 1968 que son gouvernement

---

5. *Ibid.*, p. 4.
6. *Ibid.*
7. Dans ses mémoires, le premier ministre Pearson a évalué comme suit l'initiative de l'Ontario : « Nous avons considéré la démarche de l'Ontario comme hors d'ordre. Que le gouvernement fédéral soit représenté à une Conférence convoquée par une province tout simplement comme l'un des onze participants alors que lui incombe encore la responsabilité de tout changement constitutionnel (bien qu'avec l'approbation nécessaire des provinces), nous semblait inapproprié. » Lester B. Pearson, *Mémoirs*, vol. III, *op. cit.*, p. 274.

était disposé à reconnaître le caractère interprovincial de la Conférence projetée.

La réaction immédiate d'Ottawa dès l'annonce du projet ontarien, l'intervention soutenue du premier ministre Pearson auprès du chef du gouvernement de l'Ontario de janvier à juin 1968, permettent d'évaluer les enjeux en cause. L'annonce de la convocation d'une Conférence fédérale-provinciale par Queens Park signifiait à Ottawa l'intention des provinces de prendre l'initiative de la révision constitutionnelle, de l'agenda, des choix et des orientations de départ. Elle forçait le gouvernement fédéral à prendre position et à intervenir avec célérité, au risque de voir la révision de la Constitution canadienne s'engager en dehors de sa propre évaluation de ce dossier fondamental.

Selon le Premier ministre ontarien, la Conférence sur la «Confédération de demain» devrait fournir des éléments de réponse aux deux problèmes majeurs qui confrontent les Canadiens[8].

En premier lieu s'impose avec urgence la tâche de réexaminer la place des Canadiens français dans la société canadienne. Pour lui, ce problème se présente sous trois dimensions distinctes : la place du Québec au sein de la Confédération, la place et les droits des Canadiens français par rapport aux institutions canadiennes et la place et les droits des minorités francophones dans les diverses provinces canadiennes.

En second lieu, la Conférence devra examiner la nature des relations entre le gouvernement fédéral et les gouvernements provinciaux. La structure fédérale ne doit pas constituer un obstacle au développement du Canada. Elle doit témoigner de la reconnaissance de la diversité et des réalités régionales dans un pays composé de deux sociétés linguistiques et enrichi des apports culturels les plus variés.

C'est dans ce contexte, selon John Robarts, qu'il faut trouver de nouvelles méthodes et de nouveaux instruments de coopération et de coordination entre les divers gouvernements du pays de même qu'une formule d'amendement à la Constitution du Canada. « Un état qui n'a pas les moyens de s'adapter n'a pas les moyens de se conserver. »

Ce que dit le premier ministre Robarts est connu et conventionnel. Selon lui, le Canada n'est pas une société unitaire, ni

---

8. Gouvernement de l'Ontario, Conférence sur la «Confédération de demain», *Procès-verbal*, Toronto, 27-30 novembre 1967, pp. 5-6.

politiquement, ni linguistiquement, ni culturellement, ni au plan des ressources et du développement. En conséquence, ses structures politiques doivent refléter sa diversité et reconnaître les besoins et les préférences des provinces. Ce choix n'a rien d'exceptionnel. La réalité sinon l'expression de « statut particulier » est aussi ancienne que notre Confédération. Qu'il s'agisse des subsides, des termes d'admission des nouvelles provinces au sein du pays, les ententes ne furent pas les mêmes d'une province à l'autre. Nous avons au Canada une tradition de reconnaissance des réalités, des besoins des provinces et des régions.

La position constitutionnelle du gouvernement québécois telle qu'établie à l'intention des participants de la Conférence avait été synthétisée dans un « Exposé préliminaire[9] ». Dès les premiers paragraphes de ce document, la perspective que défendra Daniel Johnson est clairement établie[10] :

> Nous vivons à l'heure actuelle dans un pays divisé, à la recherche de son identité et tiraillé par des tensions internes. Pourquoi en est-il ainsi ? Pourquoi, alors qu'aux yeux de plusieurs rien ne laissait prévoir un tel état de crise il y a seulement quelques années, sommes-nous maintenant soudainement obligés dans divers milieux de considérer comme une hypothèse de travail l'éventualité hier encore impensable de la dissolution même du Canada ? Que s'est-il donc passé qui puisse expliquer l'étonnement des uns et l'inquiétude des autres devant une telle évolution ?
>
> Il s'est passé que le Québec, point d'appui du Canada français, 1) remet en question la structure politique du pays, 2) demande un nouveau partage des pouvoirs entre les deux ordres de gouvernements et exigé, pour le Canada français, la reconnaissance concrète de droits égaux à ceux dont jouit depuis toujours le Canada de langue anglaise.

La remise en question de la structure politique du pays par les Canadiens français repose, selon le document québécois, sur leur expérience centenaire du fédéralisme, « la tendance évidente du gouvernement fédéral à assumer en partie ou en entier des responsabilités pourtant confiées aux provinces par la Constitution de 1867[11] », et leur désir de contrôler de nouveaux champs d'action gouvernementale « qui sont des instruments

9. Gouvernement du Québec, *Exposé préliminaire*, Conférence sur la « Confédération de demain », Toronto, 27-30 novembre 1967.
10. *Ibid.*, p. 1.
11. *Ibid.*, p. 3.

vitaux d'affirmation pour leur collectivité»[12]. Bref, le Québec réclame des modifications substantielles à la structure politique même du pays. Ces modifications devront s'inspirer des principes fondamentaux suivants : la souveraineté absolue du Canada; l'existence, en ce pays, de deux nations liées par l'histoire et jouissant de droits collectifs égaux; une définition des droits de l'homme et la reconnaissance du principe de la collaboration des États ou provinces dans le respect du caractère binational du pays. La nouvelle Constitution devra de plus comporter des garanties aux droits des minorités. Elle devra remettre aux provinces les pouvoirs résiduels. De plus, le gouvernement fédéral se verrait privé de ses actuels pouvoirs de désaveu, de réserve, de même que de son pouvoir déclaratoire. Enfin, la nouvelle Constitution devra prévoir la délégation des pouvoirs des provinces au fédéral dans les domaines de leur choix.

S'inspirant de cet exposé préliminaire, Daniel Johnson s'adresse à la Conférence[13]. Dans la tradition de ses prédécesseurs, il réaffirme la conception québécoise du fédéralisme canadien[14] :

> Ce sont donc les créateurs et les constituants du fédéralisme canadien qui se retrouvent aujourd'hui à Toronto pour se pencher sur leur œuvre et voir comment il y aurait lieu de la parfaire et de l'adapter aux besoins d'aujourd'hui.

L'absence de délégués fédéraux prenait ainsi, aux yeux du chef de la délégation québécoise, son véritable sens. L'antériorité historique des provinces constituantes les autorisaient à remettre en cause «leur œuvre», c'est-à-dire la forme politique du pays qu'elles avaient créé.

Pour Daniel Johnson, cette remise en cause prendra la forme d'un plaidoyer impitoyable contre la Constitution canadienne, sa vétusté, les injustices et les retards qu'elle occasionne.

Le partage des compétences qui déterminent encore l'ordre politique du Canada a été établi il y a un siècle dans une société largement rurale composée de trois millions d'habitants. Ce partage constitutionnel n'est plus susceptible de permettre, aussi efficacement que les Canadiens français le voudraient, l'épanouissement de leur nation.

12. *Ibid.*, p. 4.
13. Gouvernement du Québec, *Allocution d'ouverture de M. Daniel Johnson,* premier ministre du Québec, Conférence sur la « Confédération de demain », Toronto, 27 novembre 1967.
14. *Ibid.*, p. 2.

Quitter le Québec, pour un Canadien français, c'était et c'est encore s'exposer à renoncer tôt ou tard, pour lui-même ou pour ses descendants, à son identité culturelle[15].

Le texte constitutionnel est plein d'anachronismes de forme; il comporte toute une série de dispositions périmées, d'obscurité et de silence.

La Constitution canadienne n'est plus un instrument dynamique de coordination et de progrès. Elle est plutôt une source de conflits.

Elle ne reconnaît pas l'existence de deux nations égales et constituantes du Canada. Dans ce pays, il y a plus de deux langues. Nous sommes en présence de «deux formes d'être et de réagir, de deux sociétés dont l'une est enracinée depuis trois siècles et demi en terre d'Amérique[16]», de deux nations. Cependant, aucun organe permanent n'est constitué sur leur base binationale.

Pour cet ensemble de raisons, le Premier ministre québécois plaide en faveur d'une nouvelle Constitution[17] :

> Si la Constitution actuelle comporte encore des éléments valables en ce qui concerne l'organisation d'un Canada à dix, il faut bien admettre que cet autre Canada, le Canada à deux, reste largement à inventer.

La nouvelle Constitution du Canada devra donc reconnaître l'égalité juridique et pratique des deux communautés nationales.

Cette nouvelle solidarité dans l'égalité implique que la nation québécoise soit reconnue comme telle. En retour, elle désire s'associer au Canada selon des termes nouveaux tous fondés sur l'égalité.

Le Premier ministre du Québec entendra dans les jours suivants des critiques quelquefois acerbes du fonctionnement du fédéralisme de la part de ses collègues, les Premiers ministres provinciaux. Cependant, aucun d'entre eux ne s'associera à lui dans cette remise en question des fondements mêmes du fédéralisme canadien.

L'intervention du Premier ministre québécois avait respecté les grands thèmes prévus par les organisateurs de la Conférence, soit les objectifs canadiens : la place des langues anglaise et

---

15. *Ibid.*, p. 8
16. *Ibid.*, p. 6.
17. *Ibid.*, p. 7.

française au Canada, les méthodes pour améliorer le système fédéral, les mécanismes et les structures des relations fédérales-provinciales et les relations interprovinciales au Canada. Ses propositions dépassaient largement ces problématiques. En un sens son intervention détermina le ton et le contenu des discussions qui prendront place dans les trois jours suivants.

Les représentants des Provinces Maritimes, à l'exception de ceux de Terre-Neuve, se disent prêts à envisager les changements constitutionnels. Dans des termes presque identiques, le premier ministre de la Nouvelle-Écosse, M. Smith, et le premier ministre de l'île du Prince-Édouard, M. Campbell, se disent prêts à revoir les termes mêmes du régime fédéral « si cela pouvait nous conduire à l'unité » ou si, selon l'expression du premier ministre Smith, « notre Constitution et nos institutions ne répondent plus aux besoins et aspirations de l'ensemble ou d'une partie du pays »[18]. Pour lui l'un des objectifs de la nouvelle Constitution devrait être d'assurer aux provinces les ressources fiscales qui puissent leur permettre d'exercer leur responsabilité.

Pour sa part, le premier ministre Robichaud, du Nouveau-Brunswick, affirme que la révision constitutionnelle s'impose en raison des transformations qui ont affecté la société canadienne depuis un siècle et pour assurer un nouveau partnership entre les communautés francophones et anglophones au Canada[19].

Joe Smallwood, premier ministre de Terre-Neuve, s'oppose à la rédaction d'une nouvelle Constitution[20]. Pour le seul père vivant de la Confédération, l'unique raison de cette entreprise repose sur les demandes du Québec, lesquelles pourraient être satisfaites à l'intérieur du régime constitutionnel actuel sans consentir au statut spécial pour cette province.

Les provinces des Prairies opposent une fin de non-recevoir aux demandes du Québec. Le représentant du Manitoba, qui parle au nom du gouvernement élu de sa province, insiste sur la dimension multiculturelle de la société canadienne[21].

Au nom de l'Alberta, le premier ministre Manning attaque les supposés spécialistes qui, depuis un certain nombre d'années,

18. Gouvernement de l'Ontario, Conférence sur la « Confédération de demain », *Procès-verbal*, Toronto, 27-30 novembre, 1967; intervention de l'Hon. Campbell, pp. 21-22; celle de l'Hon. Smith, pp. 14-17.
19. *Ibid.*, pp. 17-21.
20. *Ibid.*, pp. 25-31.
21. *Ibid.*, pp. 34-37; l'Hon. R.W. Bonner, Procureur général de la Colombie-Britannique.

ont soumis le pays à une sévère psychanalyse détaillant tous les aspects négatifs de l'expérience canadienne[22]. Malgré de longs débats, ces critiques n'arrivent pas à préciser quels sont les vrais problèmes, les causes de conflits et les demandes de ceux qui proposent des changements constitutionnels au pays.

Au plan constitutionnel le Premier ministre de l'Alberta affirme que la rédaction d'une nouvelle Constitution représente un projet irréaliste dans l'immédiat et dans l'avenir prévisible.

Malgré des tentatives nombreuses et des objectifs précis tels le rapatriement de la Constitution et la définition d'une formule pour l'amender, les gouvernements n'ont pas pu s'entendre dans le passé.

De plus une redéfinition des contenus et de la forme de la Constitution canadienne qui privilégierait les droits culturels et linguistiques de certains groupes ferait naître des débats sans fin sur les motifs d'une telle attitude. La perspective du débat ne serait plus la valeur de la contribution culturelle de tel ou tel groupe mais plutôt un débat entre les groupes au sujet de droits qu'ils ne se voient pas accordés également. Reconnaître dans la Constitution du Canada des droits particuliers à la langue et à la culture françaises créerait un très profond sentiment d'hostilité qui serait contraire à l'unité du pays.

Le Canada n'est pas et ne fut pas l'union de deux races et de deux cultures. On pourrait souhaiter qu'il en fût autrement mais la réalité historique est autre.

Prenant la parole immédiatement après son collègue de l'Alberta, le premier ministre Thatcher fait l'éloge de la Constitution canadienne, redit son accord avec la formule d'amendement Fulton-Favreau et son désir de voir le rapatriement de la Constitution s'effectuer dans les plus brefs délais[23]. Selon lui, la question constitutionnelle est la dernière des préoccupations de sa province qui s'opposera à toute tentative de reconnaître à une province des privilèges ou un statut spécial. Dans cette perspective, Québec est une province comme les autres ni plus ni moins.

Le gouvernement de la Saskatchewan a d'autres priorités à proposer et à défendre. En premier lieu le premier ministre Thatcher évoque la survivance et l'unité du pays; en second lieu, le maintien de l'égalité des chances pour tous les Canadiens en particulier dans le secteur de l'éducation. Il affirme qu'une

22. *Ibid.*, pp. 38-45.
23. *Ibid.*, pp. 45-49.

méthode acceptable de financement de ce secteur d'activité devrait être trouvée et assumée par le gouvernement fédéral.

Le représentant de la Colombie-Britannique, le Procureur général Bonner, affirme qu'il est faux de prétendre que la Constitution est un échec et ne saurait résoudre les problèmes actuels de la société canadienne[24]. Malgré certaines lacunes et le fait qu'on n'a pu s'entendre sur une formule pour l'amender, elle demeure un instrument flexible et efficace.

Ceux qui évoquent l'âge de la Constitution canadienne, le fait qu'elle est l'une des plus anciennes constitutions politiques des démocraties de l'Ouest et concluent qu'elle n'est plus adaptée aux temps actuels, oublient que nous avons su l'amender, que nous disposons d'instruments politiques nouveaux tels les Conférences fédérales-provinciales et les diverses et fréquentes discussions interprovinciales. Nous avons failli, au début de cette décennie, malgré des efforts sérieux et constants à nous entendre sur une formule d'amendement de notre Constitution, comment peut-on sérieusement croire que nous pourrons nous entendre sur le contenu d'une nouvelle Constitution?

De plus le développement démographique du pays impose de reconnaître qu'au-delà de la dualité de langue et de culture, au-delà «des anciennes cultures» de notre pays, la réalité présente de la société canadienne est constituée d'une variété de cultures et de langues qui en font une société multiculturelle.

Les déclarations d'ouverture et les discussions qui s'ensuivirent nous permettent d'établir un certain nombre de constatations.

Le gouvernement du Québec est le seul gouvernement provincial à réclamer avec insistance la rédaction d'une nouvelle Constitution.

Aux demandes du Québec pour une révision fondamentale de la Constitution canadienne, les représentants provinciaux répondent par une variété de positions. Même s'ils n'en font pas une priorité, les Premiers ministres de l'Ontario, de l'île du Prince-Édouard et de la Nouvelle-Écosse se disent prêts à travailler à une révision constitutionnelle. Le Premier ministre du Nouveau-Brunswick ne se contente pas pour sa part de répondre à la demande québécoise, il invoque des motifs justifiant une réforme constitutionnelle et se réfère à l'expérience et aux besoins spécifiques du Nouveau-Brunswick.

---

24. *Ibid.*, p. 32.

À l'opposé les Premiers ministres de Terre-Neuve, du Manitoba, de l'Alberta, de la Saskatchewan et de la Colombie-Britannique s'opposent à une révision fondamentale de la Constitution canadienne. Pour Joe Smallwood, premier ministre de Terre-Neuve, toute modification à la Constitution ne saurait changer «la nature même» des structures politiques du Canada qui garantissent «les droits du peuple québécois», selon son expression.

Le premier ministre Manning de l'Alberta se dit très inquiet des propos de Daniel Johnson. Pour lui, compte tenu de la situation présente, il est irréaliste de croire qu'un consensus pourra se dégager au Canada pour une révision fondamentale de la Constitution. Opter pour cet objectif serait accroître les tensions au pays et le déstabiliser davantage. Il vaut mieux résoudre les problèmes un à un, à mesure qu'ils se présentent.

Au troisième jour de la Conférence, la discussion devient plus tendue. Les premiers ministres Robarts et Manning opposent une fin de non-recevoir à la demande du chef du gouvernement québécois. À ce dernier qui insiste sur la nécessité de doter le pays d'une nouvelle Constitution, le Premier ministre de l'Ontario répond qu'il s'agit là d'une entreprise irréaliste qui pose d'énormes problèmes pratiques. Faut-il amender ou réécrire? À cette question le chef du gouvernement ontarien répond en privilégiant la première option. À son tour, le Premier ministre de l'Alberta intervient pour rejeter la demande québécoise. Dans le contexte politique actuel, affirme M. Manning, vouloir réécrire une nouvelle Constitution, c'est proposer l'échec. La Constitution actuelle est un acquis solide qui a produit des résultats positifs; la mettre de côté c'est risquer de miner ce capital précieux.

Daniel Johnson répond que le Québec n'acceptera jamais l'option limitée du rapiéçage par amendements, voire la recherche d'une formule d'amendement sinon à l'intérieur d'un objectif de révision radicale, de réforme fondamentale de la Constitution. Les observateurs ont souligné le caractère dramatique de ces quelques heures de discussion.

La thèse des deux nations constitutives de la réalité canadienne, selon le jugement des porte-parole québécois, est contredite par une majorité de Premiers ministres provinciaux. Seuls les chefs des gouvernements de l'Ontario, du Nouveau-Brunswick et de l'Île du Prince-Édouard évoquent en des termes différents l'importance d'une réelle reconnaissance de la dualité canadienne. John Robarts reconnaît l'existence au sein du Canada de deux sociétés et d'une grande variété de groupes culturels. Louis Robichaud propose qu'on reconnaisse dans une Constitution renouvelée les aspirations des deux communautés culturelles canadiennes. Le Premier ministre de l'île du Prince-Édouard insiste pour que la Constitution définisse des droits égaux pour les «deux peuples fondateurs». Joe Smallwood plaide pour la reconnaissance des droits individuels des Canadiens français. Pour les Premiers ministres des provinces des Prairies et de la Colombie-Britannique, le Canada est une société multiculturelle et le Québec, une province comme les autres.

Même si la «primauté» et la responsabilité du gouvernement fédéral sont évoquées en termes divers par l'ensemble des chefs de délégation des provinces anglophones, le gouvernement fédéral fut soumis à leurs sévères critiques. Joe Smallwood évoque dans son style ineffable la figure mythologique de Procruste et dresse un parallèle entre l'attitude du gouvernement fédéral et celle du célèbre et généreux Procruste. Ce dernier accueillait avec munificence tous les voyageurs qui passaient. Il leur offrait des banquets copieux arrosés des meilleurs vins. Le soir venu l'hôte offrait à ses invités le gîte pour la nuit. Un lit leur était réservé, le fameux lit de Procruste. Si le visiteur était plus petit que le lit, il était alors «étiré» pour atteindre la juste dimension. Si le visiteur était plus grand, Procruste lui coupait les jambes. Cette vieille légende illustre bien, selon le Premier ministre de Terre-Neuve, la politique du gouvernement fédéral. Les provinces, nonobstant leur volonté et leurs ressources, doivent s'ajuster aux choix fédéraux.

Tour à tour presque tous les Premiers ministres provinciaux reprendront la critique de Smallwood. Daniel Johnson, outre ses critiques sur la vétusté de la Constitution, soumet à une sévère analyse le pouvoir unilatéral d'Ottawa de définir les politiques fiscales et monétaires sans consultation avec les provinces. Ces dernières ne sont qu'informées de ces politiques qui affectent leur fonctionnement et peuvent même voir leur choix et leurs programmes sabotés par des politiques fiscales et monétaires sur lesquelles elles n'ont aucun contrôle.

John Robarts insiste à son tour sur l'absolue nécessité d'institutionnaliser la consultation fédérale-provinciale. Cette idée, selon le Premier ministre ontarien, n'est pas encore acceptée par tous ceux qu'elle concerne.

Le pouvoir de dépenser du gouvernement fédéral est remis en cause par la délégation québécoise. Cette dernière rappelle que les projections statistiques indiquent que le gouvernement fédéral doit s'engager dans toute une série de nouveaux programmes afin de disposer des énormes rentrées fiscales qui seront les siennes. Dans la même période les provinces accumuleront des déficits considérables. Ces déficits, rappellent les Premiers ministres du Nouveau-Brunswick et de l'Alberta, sont souvent créés par des programmes conjoints définis par Ottawa auxquels les provinces se doivent de participer. Si une province n'adhère pas à un ou l'autre de ces programmes ou souhaite n'y adhérer qu'en partie, elle perd tout simplement les sommes d'argent qu'Ottawa avait choisi de dépenser dans cette province aux fins de ce programme. Le premier ministre Manning résume les avis de ses collègues en affirmant que cette formule des programmes conjoints unilatéralement définis par Ottawa constitue une négation du pouvoir des provinces de définir leurs propres priorités.

Les représentants des Provinces Maritimes insistent sur l'urgence de définir une politique nationale de redistribution des richesses qui puisse redresser structurellement les disparités régionales. Pour leur part, les chefs de délégations des provinces des Prairies soumettent à une sévère critique la politique tarifaire et la politique de transport du gouvernement fédéral.

Le jeudi 30 novembre 1967 se termine l'une des plus exceptionnelles expériences de l'histoire politique du Canada. Pendant près de trente heures sous l'œil des caméras et du peuple canadien, les chefs de gouvernement des dix provinces, en l'absence de représentants du gouvernement fédéral, ont engagé le pays dans une direction dont nul ne connaît l'issue.

Ce dialogue à dix s'est rapidement transformé en discussion sur la dualité canadienne, sur le projet du Canada à deux dont Daniel Johnson s'était fait l'habile avocat. Dans une dernière intervention, le Premier ministre québécois rappelle la dimension historique du fait français au Canada. « Nous avons habité ce pays depuis plus de trois siècles et demi[25]. » Il souligne la dimension démographique du Québec qui compte autant d'habitants que la population globale de huit provinces canadiennes, et 83% des Canadiens d'expression française.

Il résume ses interventions antérieures; un projet de nouvelle Constitution pour le Canada, la reconnaissance comme fondement de cette Confédération renouvelée de la dualité nationale comme élément fondamental du pays. Tout en affirmant sa satis-

---

25. Gouvernement de l'Ontario, Conférence sur la « Confédération de demain », *Procès-verbal, op. cit.*, pp. 192-198.

faction du travail accompli, l'auteur d'*Égalité ou Indépendance* reconnaît l'ampleur du travail qui reste à faire [26].

> Ce Canada à deux dont j'ai parlé dans mon allocution d'ouverture, arriverons-nous à l'organiser, à le structurer de telle façon que les Canadiens français puissent se sentir chez eux d'un littoral à l'autre ? Je dois admettre qu'après trois jours de discussions fort amicales et fort intéressantes, la question reste posée. En militant pour une Constitution nouvelle qui consacrerait l'égalité juridique et pratique de nos deux communautés, j'ai pris une sorte de pari sur le Canada, sur son aptitude à être la patrie de tous les Canadiens sans distinction de langue et de culture. Vais-je gagner ou perdre mon pari ? La réponse, ce n'est pas à moi de la donner. On nous a souvent demandé au cours de ces dernières années, et encore à cette conférence, ce que voulait le Québec. Je pense que dans notre exposé préliminaire, et dans les explications verbales que nous avons fournies, nous en avons dit assez pour que nous puissions maintenant retourner la question.

John Robarts qui a le grand mérite d'avoir conçu et convoqué cette Conférence affirme en la clôturant qu'elle ne constitue qu'un point de départ. Il plaide pour une action immédiate afin d'éviter que les problèmes actuels ne se transforment en une crise véritable.

À la toute fin de la Conférence, les Premiers ministres adoptèrent une résolution commune créant un Comité de Premiers ministres sous le nom de Comité permanent sur la Confédération. L'analyse des travaux et des conclusions de la Conférence et l'exploration du cadre et des contenus des discussions ultérieures constituaient le mandat de ce Comité.

Les chefs des gouvernements du Québec, de l'Ontario, de la Nouvelle-Écosse et de l'Alberta formaient ce Comité qui ne tint aucune réunion. En effet, l'expérience de Toronto avait amené le Premier ministre canadien à convoquer pour février 1968 une Conférence constitutionnelle qui devait poursuivre ses travaux jusqu'en juin 1971. Dans ce contexte nouveau, le Comité permanent sur la Confédération créé à Toronto semblait être sans objet. Il demeurait cependant un recours dans l'éventualité d'un échec de la négociation fédérale-provinciale. Comme nous le verrons, certains Premiers ministres provinciaux rappelèrent son existence et son éventuelle convocation aux heures creuses des trois prochaines années de révision constitutionnelle.

---

26. *Ibid.*, p. 196.

La Conférence sur la «Confédération de demain» avait permis aux Canadiens d'évaluer les questions qui divisaient le pays, ainsi que la complexité et la difficulté de leurs solutions.

Chapitre II

La révision de la Constitution du Canada, 1968-1971

Le 16 juin 1971, le Premier ministre du Canada et les chefs de gouvernements des dix provinces canadiennes qui sont réunis à Victoria depuis trois jours annoncent dans un communiqué commun qu'ils ont défini un consensus « considérable et de vaste portée » relatif à la réforme de la Constitution canadienne [27]. Ce consensus sera rapidement identifié par l'expression « Charte de Victoria ».

Cette Charte doit être traitée comme un tout. Elle sera soumise aux onze Parlements pour approbation si les dix gouvernements provinciaux communiquent avant le 28 juin leur acceptation du document. Dans l'éventualité d'une acceptation par les gouvernements et les Parlements de l'entente intervenue à Victoria, il sera possible de prendre les mesures nécessaires pour rapatrier la Constitution canadienne, étape préliminaire à l'exercice du pouvoir de la modifier.

La Charte de Victoria définit les termes d'une formule permettant de modifier au Canada la Constitution. Elle contient des dispositions relatives à certains droits politiques et linguistiques fondamentaux, à la Cour suprême et aux cours fédérales, aux consultations fédérales-provinciales, aux inégalités régionales. Elle prévoit de plus la révocation du droit de réserve et de

---

27. Gouvernement du Canada, *La Révision constitutionnelle 1968-1971*, Rapport du Secrétaire, Secrétariat des Conférences intergouvernementales canadiennes, Information Canada, Ottawa, 1974. Conférence constitutionnelle, Victoria, 14-16 juin 1971, Conclusions de la réunion, pp. 387-388.

désaveu, la mise à jour du libellé de la Constitution et la suppression de dispositions périmées et désuètes. Enfin la Charte de Victoria contient une modification à l'article 94A de l'Acte de l'Amérique du Nord Britannique de façon à y ajouter des dispositions visant les allocations familiales, les allocations aux jeunes et les allocations de formation professionnelle. Il y est prévu de plus que le gouvernement fédéral devra consulter les provinces concernant toute législation dans les champs ci-devant mentionnés.

Ce consensus limité et partiel est le résultat de quatre années de travail, de quarante-cinq sessions de rencontres des Premiers ministres, de comités et de sous-comités ministériels et du Comité permanent des fonctionnaires sans compter les innombrables réunions de comités au niveau de chaque gouvernement et de rencontres informelles bilatérales et multilatérales à tous les niveaux entre les gouvernements fédéral et provinciaux.

Ce consensus limité et partiel a été rendu possible grâce au travail de centaines de fonctionnaires et de ministres. Il a été établi entre 1967 et 1971 et négocié par dix-neuf chefs de gouvernements. Au niveau fédéral, le processus de révision a été établi par le premier ministre Pearson en 1967 et poursuivi à partir d'avril 1968 par le premier ministre Trudeau. Quatre provinces ont changé d'allégeance politique, donc de gouvernement, au cours de la période 1967 à 1971.

La délégation du Québec fut d'abord dirigée par le premier ministre Daniel Johnson. Au décès de ce dernier, en septembre 1968, Jean-Jacques Bertrand prend la direction de la délégation québécoise. Enfin en avril 1970, Robert Bourassa devient premier ministre du Québec. Il négocie, à ce titre, au nom du Québec, lors des trois dernières réunions des Premiers ministres qui conduisent à la Charte de Victoria.

La Nouvelle-Écosse et le Nouveau-Brunswick changent de gouvernement en octobre 1970. Gérald Reagan, chef du Parti Libéral, remplace le premier ministre Smith à la direction du gouvernement de la Nouvelle-Écosse. Richard Hatfield, chef du Parti Conservateur, remplace le premier ministre Robichaud à la direction du gouvernement du Nouveau-Brunswick.

En juin 1969 Edward Schreyer, chef du Nouveau Parti Démocratique, remplace Walter Weir, conservateur, au poste de Premier ministre du Manitoba.

Les provinces de l'Ontario et de l'Alberta changent également de chef de gouvernement pendant la période de la révision constitutionnelle, suite à la démission du premier ministre Manning et son remplacement par Harry Strom en décembre 1968 et le retrait de la vie politique de John Robarts remplacé par William Davis comme Premier ministre de l'Ontario en juin 1971.

Enfin les délégations de la Colombie-Britannique, de la Saskatchewan, de Terre-Neuve et de l'île du Prince-Édouard sont présidées par les mêmes Premiers ministres de 1968 à 1971 [28].

MÉCANISMES DE LA RÉVISION CONSTITUTIONNELLE

Pressé par les demandes de révision constitutionnelle du gouvernement québécois depuis plus de quinze années, débordé par l'initiative spectaculaire du Premier ministre de l'Ontario qui avait conçu et réalisé la Conférence sur la «Confédération de demain», forcé de donner suite aux recommandations de la Commission d'enquête sur le bilinguisme et le biculturalisme, le gouvernement canadien par la voix du premier ministre Pearson annonce au Parlement et à la population, le 10 mai 1967, la convocation d'une Conférence fédérale-provinciale sur la Constitution [29]. Notons qu'au point de départ l'objectif du gouvernement fédéral était limité à la rédaction d'une déclaration constitutionnelle des droits fondamentaux pour les Canadiens. La réaction du Québec à cette proposition était prévisible. Tout en acceptant de participer à cette Conférence le premier ministre Johnson, dans sa réponse à son collègue fédéral, suggère un élargissement du projet fédéral [30] :

> Une déclaration des droits de l'homme devrait être étudiée dans le contexte d'un examen global de la Constitution et non en tant qu'étape préliminaire...

Pour sa part le gouvernement de la Nouvelle-Écosse insistait pour que le problème des disparités régionales soit porté à l'ordre du jour de la Conférence [31].

---

28. M. W.A.C. Bennett pour la Colombie-Britannique, M. Ross Thatcher pour la Saskatchewan, M. Joe Smallwood pour Terre-Neuve et M. A.B. Campbell pour l'île du Prince-Édouard.
29. Cette décision officielle faisait suite à la création, à l'été de 1966, d'un comité de direction chargé d'entreprendre les études nécessaires à l'élaboration d'une ligne de conduite fédérale en matière constitutionnelle.
30. Gouvernement du Canada, La Révision constitutionnelle 1968-1971, Rapport du Secrétaire, op. cit., p. 11.
31. Mémoire sur les questions de disparités régionales présenté par la province de la Nouvelle-Écosse, février 1968, Document n° 18.

En septembre, le Premier ministre canadien soumettait à ses collègues provinciaux un nouveau programme de discussions pour la Conférence constitutionnelle. Ce nouveau programme intégrait le projet initial d'une déclaration des droits fondamentaux mais incluait l'étude des recommandations de la Commission d'enquête sur le bilinguisme et le biculturalisme, le problème des disparités régionales et un dernier élément très large intitulé « autres questions constitutionnelles ».

Ce premier « débat de correspondance » laisse entrevoir les deux orientations qui deviendront familières après la Conférence Robarts et la première Conférence constitutionnelle. Le Québec réclame une négociation globale et la rédaction d'une nouvelle Constitution. Ottawa propose d'abord un objectif limité et accepte sous les pressions du Québec et d'autres provinces d'élargir la portée de la négociation.

Quand les Premiers ministres se réuniront à Ottawa pour la première Conférence constitutionnelle, ils auront en main le livre premier du Rapport de la Commission royale d'enquête sur le bilinguisme et le biculturalisme.

Au Québec, les forces indépendantistes ont reçu comme un cadeau des dieux les paroles du général de Gaulle. Ces dernières ont fait la manchette internationale, coupant en quelque sorte le cordon ombilical de la cause indépendantiste qui en apparence la rattachait au mécontentement d'un groupe limité, posant selon plusieurs en termes excessifs les inquiétudes de 2% de Nord-Américains que l'histoire avait isolés à l'extrémité du continent. Désormais la question du Québec, de son existence et de son développement occupait une place modeste mais réelle dans les affaires politiques du monde.

René Lévesque a annoncé son option Québec, forçant désormais les milieux politiques, de nombreux groupes et les citoyens à se situer par rapport au choix essentiel qu'il construit avec acharnement dès son départ du Parti Libéral.

Les États généraux ont proclamé le droit à l'autodétermination du Québec et réclamé un transfert massif des pouvoirs du fédéral vers « le gouvernement national » des Québécois.

Daniel Johnson a proposé à ses collègues, à l'occasion de la Conférence Robarts, une réorganisation du Canada à deux. C'est la première fois qu'un Premier ministre du Québec propose comme principe d'organisation politique du Canada la reconnaissance de la dualité nationale.

De toute évidence, l'objectif initial du gouvernement canadien, soit la rédaction d'une déclaration constitutionnelle des droits, était débordé de toute part.

C'est dans ce contexte que s'imposa aux Premiers ministres, lors de leur rencontre de février 1968, l'obligation de définir les mécanismes de la révision constitutionnelle. L'ampleur et la complexité des négociations à venir, leur durée prévisible, exigeaient, outre la structure politique, une structure permanente de soutien et une structure sectorielle.

La Conférence des Premiers ministres constituait la structure politique de la révision constitutionnelle. Ce sont eux qui dirigent les travaux, effectuent le choix des questions à étudier, créent des comités de travail, définissent les mandats de ces comités. Ce sont eux évidemment qui définissent et reconnaissent certains accords ou désaccords fondamentaux. Aux fins de la réforme constitutionnelle, les Premiers ministres se sont réunis sept fois entre février 1968 et juin 1971. Quatre de ces rencontres constituaient des réunions de la Conférence constitutionnelle[32]. Elles étaient publiques et télédiffusées en tout ou en partie. Les trois autres réunions des Premiers ministres[33] furent des sessions de travail privées.

Qu'il s'agisse des réunions de la Conférence constitutionnelle ou des sessions de travail, les Premiers ministres ont toujours jugé préférable, à un moment ou l'autre de leurs discussions, de poursuivre leurs travaux en séance privée sans assistance de leurs fonctionnaires. Ces réunions fermées ont toujours permis d'activer sensiblement les décisions.

On peut imaginer aussi que les rencontres bilatérales au niveau des chefs de gouvernements ou au niveau ministériel ont eu le même effet.

De ces rencontres privées multilatérales ou bilatérales on ne sait que peu de chose sinon de froids communiqués ou certaines indiscrétions et confidences limitées[34].

Le Comité permanent des fonctionnaires, créé lors de la première réunion des Premiers ministres en février 1968, incarnait, selon l'expression de son secrétaire, «la permanence de

---

32. Réunions de février 1968, février 1969, décembre 1969, juin 1971.
33. Réunions de juin 1969, septembre 1970 et février 1971.
34. On pense en particulier aux conversations de Robert Bourassa avec le journaliste Raymond Saint-Pierre : voir le Chapitre II « Victoria : vers une véritable Constitution ? » dans Les Années Bourassa, Montréal, Éditions Héritage, 1977, pp. 49-68.

la révision ». Formé des représentants des onze gouvernements, le Comité étudiait les questions que lui soumettaient les Premiers ministres et préparait à l'intention de ces derniers des rapports détaillés décrivant les états de fait, les alternatives et les options communes ou divergentes des gouvernements. Ce Comité permanent des fonctionnaires a tenu quatorze réunions en plus des sessions intensives de travail que lui imposaient les rencontres des Premiers ministres. Ce Comité fut sans doute le pilier le plus important du travail de la révision constitutionnelle. En plus de préparer les dossiers utilisés par les Premiers ministres, les hauts fonctionnaires servaient de courroie de transmission depuis leur capitale respective vers les représentants des autres gouvernements et de ces derniers vers leur gouvernement respectif. Ce travail de liaison et d'interprétation ne peut être évalué objectivement mais il importe d'en souligner la réalité et l'importance. Notons que le Comité des fonctionnaires avait toute autorité pour définir son programme de recherche et établir les sous-comités qu'il jugeait utiles[35].

Les comités ministériels constituaient la structure sectorielle de la mécanique mise en branle par les Premiers ministres pour les assister dans leur entreprise de révision constitutionnelle. C'est lors de leur seconde rencontre, en février 1969, que les chefs de gouvernements décidaient de confier l'étude de certaines questions à des comités composés de ministres. Sept comités ministériels furent créés, chargés d'analyser respectivement les langues officielles, les droits fondamentaux, le système judiciaire, le Sénat, le régime fiscal, la région de la capitale nationale, les disparités régionales. Seuls les quatre premiers comités mentionnés avaient un mandat essentiellement constitutionnel. L'efficacité des comités ministériels fut limitée. Aucun d'entre eux ne présenta de rapport final de ses délibérations, se contentant de remettre aux Premiers ministres une description des divers aspects des problèmes qu'ils avaient inventoriés.

Cet ensemble de structures créées en vue de la révision constitutionnelle indique bien l'ampleur de la négociation qui s'engage et des enjeux qui sont en cause.

---

35. Le Comité permanent des fonctionnaires créa trois sous-comités : le sous-comité de la taxe de vente et des droits successoraux, le sous-comité des langues officielles, le sous-comité des droits fondamentaux.

PREMIÈRE RÉUNION DE LA CONFÉRENCE CONSTITUTIONNELLE: FÉVRIER 1968

La première réunion de la Conférence constitutionnelle suscita un grand intérêt au Québec. Pour les uns, cette réunion prouvait par son existence même la souplesse du fédéralisme et sa capacité d'absorber les crises et de s'ajuster aux besoins du temps. Pour d'autres, elle marquait la bonne volonté du Canada anglais vis-à-vis des demandes québécoises. Les sceptiques étaient nombreux. L'expérience canadienne depuis la seconde grande guerre les avait convaincus, selon leur aveu même, de l'inutilité d'une telle entreprise vouée à l'échec dès le départ. Enfin plusieurs étaient disponibles, prêts à observer et à analyser le déroulement de la Conférence. Ceux-là la percevaient comme une véritable négociation dont la réussite ou la faillite portaient des significations politiques fondamentales. L'un des observateurs les plus attentifs de l'histoire constitutionnelle canadienne et québécoise exprimait comme suit ce qui semble avoir été, au début de 1968, l'avis d'un grand nombre [36] :

De toutes les conférences fédérales-provinciales qui, depuis des années, se réunissent périodiquement à Ottawa, aucune encore n'a eu l'envergure et l'importance de celle qui va s'ouvrir au début de février. Son objectif fondamental n'est pas un point particulier, comme le logement, l'assurance-maladie, une formule d'amendement à la Constitution, voire une répartition plus équitable des impôts; il est de rebâtir politiquement et constitutionnellement le Canada, il est d'inventer un nouvel aménagement de l'État canadien qui permette aux deux communautés linguistiques et culturelles constituantes de coexister dans la paix et de s'épanouir l'une et l'autre selon les exigences du génie propre à chacune. Le Pacte fédératif de 1867 avait établi les conditions de la vie commune; or, au dire de l'un des conjoints, ces conditions n'ont pas été respectées et, de toute façon, elles sont devenues radicalement insuffisantes aujourd'hui. Il faut élaborer un nouveau contrat comportant de meilleures conditions de vie, sinon c'est le divorce. Telle est la situation au moment où s'ouvre la Conférence constitutionnelle d'Ottawa.

Quand il ouvre la première réunion de la Conférence constitutionnelle le 5 février 1968, tous savent que Lester B. Pearson ne sera plus premier ministre dans trois mois. Les rumeurs les

---

36. Richard Arès, « La prochaine conférence fédérale-provinciale », *Relations*, n° 324 (février 1968), p. 36.

Photo 29. La Conférence constitutionnelle de février 1968: le premier ministre Pearson accueille John Robarts et Daniel Johnson, chefs des délégations de l'Ontario et du Québec.

Photo 30. Le ministre de la Justice Pierre Elliott Trudeau salue le premier ministre Daniel Johnson, 1968.

plus diverses circulent au sujet de sa succession. À sa droite Pierre Elliott Trudeau, ministre de la Justice, prend quelques notes qui lui serviront pour défendre le projet fédéral d'une Charte des droits de l'homme. Placés derrière le Premier ministre, Paul Martin, Paul Hellyer, John Turner, Mitchell Sharp assisteront à l'un des plus spectaculaires duels de la politique canadienne, opposant le ministre fédéral de la Justice et l'affable Daniel Johnson, premier ministre du Québec, réduit par la sémantique du ministre fédéral aux fonctions et au statut de député de Bagot. Les plus perspicaces d'entre eux ont sans doute réalisé à ce moment que Pierre Elliott Trudeau venait en moins d'une heure de succéder à Lester B. Pearson dans l'esprit et le cœur d'un grand nombre de Canadiens.

L'homme n'a jamais été éloquent. Dans ses moments de grande sincérité, le ton de sa voix s'élève et ne s'arrête plus. Il n'a pas comme son prédécesseur John Diefenbaker l'art de la pause, le pouvoir de communiquer ses indignations et ses idéaux autant par le rythme que par les mots. Aujourd'hui cependant, Lester Pearson impressionne. Il dresse une fresque saisissante du pays dont les politiciens canadiens ont presque seuls une connaissance détaillée. Autour de lui les dix Premiers ministres des provinces écoutent avec attention cet homme modeste fait pour les consensus et les négociations d'ambassade et qui a présidé aux destinées du Canada dans la période la plus troublée de son histoire. Seulement quatre d'entre eux seront encore membres de ce club select en juin '71 quand cette Conférence se réunira pour la dernière fois. À tour de rôle, reprenant pour l'essentiel leurs propos de la Conférence Robarts qui les a réunis il y a à peine dix semaines, ils exposeront leurs vues sur l'avenir du pays.

Le Premier ministre canadien lance le débat en invoquant le défi du changement qui force les individus et les nations à revoir leur comportement et leurs structures[37]. Il invite ses interlocuteurs et les Canadiens à poser un acte nouveau et fondamental pour permettre au pays de survivre[38].

Pour peu que nous ayons la sagesse et la détermination qu'il faut pour choisir la bonne voie, et pour y tenir sans

---

37. Le Gouvernement du Canada a rendu publics deux documents qui exposent sa conception initiale de la révision constitutionnelle : *Charte canadienne des droits de l'Homme*, Ottawa, Imprimeur de la Reine, janvier 1968; *Le Fédéralisme et l'Avenir*, Déclaration de principe et exposé de la politique du Gouvernement du Canada, Ottawa, février 1968.
38. Gouvernement du Canada, *Conférence constitutionnelle, première réunion, Procès-verbal*, Ottawa, février 1968, p. 2.

Photos 31 et 32. La tension des débats.
Photo du haut: le premier ministre Daniel Johnson et son conseiller Marcel Faribault.
Photo du bas: le premier ministre Pearson, le ministre de la Justice Pierre Elliott Trudeau et leur conseiller, Carl Goldenberg.

défaillance, rares sont, je pense, les espoirs qui ne sont pas permis à l'action conjuguée de notre peuple. Mais si, au contraire, nous avons peur de choisir, ou si notre choix est mauvais, c'est un pays en morceaux que nous laisserons à nos enfants... C'est à nous que sera imputé l'échec de la Confédération.

Ce « démembrement » du Canada qu'évoque le premier ministre Pearson signifierait l'affaiblissement, l'appauvrissement

Photo 33. Pierre Elliott Trudeau à la Conférence constitutionnelle de février 1968.

de l'Ontario et du Canada. La fin de l'association du « Canada anglais (dans l'Est) » avec le Canada français marquerait un affaissement du « caractère et de la couleur » de la vie nationale. Rappelant que ce qui est en jeu n'est rien de moins que la survivance du Canada, le chef du gouvernement fédéral résume dans les termes suivants sa perception de la situation [39] :

> Nul n'ignore ici que le Canada français est actuellement profondément mécontent de sa place dans la Confédération. Il y a à cela des raisons complexes, d'inégale importance. J'ai déjà dit, et je le répète aujourd'hui, que la plupart de ces raisons sont à mon avis parfaitement fondées. Mais ce n'est pas le moment d'analyser les causes de ce malaise au Canada français, ni de se livrer à une analyse de tous ses tenants et aboutissants ni de mesurer à cet égard les responsabilités des uns et des autres. Il importe infiniment plus de se rendre compte de l'existence de ce mécontentement, de convenir que, pour peu qu'on lui permette de persister sans y porter remède, il pourrait déboucher sur la séparation et sur la fin de la Confédération.

Le Premier ministre canadien s'engage à susciter des conditions telles que les Canadiens de langue française « puissent retrouver leur patrie dans toutes les parties du pays». Il réclame d'eux et de leurs compatriotes anglophones compréhension, bonne volonté et patience. Les propositions du gouvernement fédéral pour la révision constitutionnelle visent à la fois le maintien du Canada comme État unique et fédéral et, pour le Québec, «les meilleures conditions possibles d'épanouissement».

Ces propositions étaient résumées par le Premier ministre dans les termes suivants [40] :

> (i) L'acceptation, avec les garanties constitutionnelles qui s'ensuivent, des recommandations de la Commission royale sur le bilinguisme et le biculturalisme portant sur le statut du français et de l'anglais en tant que langues officielles et sur l'établissement de l'égalité culturelle et linguistique des deux groupes qui, ensemble, ont fait la Confédération.

> (ii) Un accord de principe sur le fait que certains droits essentiels devraient être consacrés, pour tous les Canadiens, par un texte constitutionnel.

> (iii) Un accord pour procéder ensemble à un travail complet de révision constitutionnelle.

---

39. *Ibid.*, p. 6.
40. *Ibid.*, pp. 18-19.

L'intervention du Premier ministre fédéral constituait selon ses propres termes « l'une des dernières grandes responsabilités » dont il s'acquittait à ce titre. Le Canada de l'avenir qu'il décrit en termes généraux au terme de ces cinq dernières années de pouvoir, recouvre-t-il la réalité, les perceptions et les besoins des régions et des provinces ? La position fédérale privilégie les droits individuels et l'égalité culturelle et linguistique « des deux groupes qui, ensemble, ont fait la Confédération ». Pouvait-on espérer en 1968 « refaire et renforcer » le pays sur ces assises ?

Daniel Johnson parle à son tour[41]. Après les formules d'usage, il fonde la thèse constitutionnelle québécoise sur la reconnaissance de l'existence au Canada de deux nations, « ce que quelques irréductibles feignent encore de ne pas admettre ». Selon le chef du gouvernement québécois cette reconnaissance s'appuie sur l'histoire, la sociologie et le vouloir-vivre collectif. La Constitution canadienne de l'avenir ne saurait être valable en dehors de cette reconnaissance[42] :

> C'est peut-être devenu pour certains un exercice purement académique que de se demander si l'Acte de l'Amérique du Nord britannique fut jadis le résultat d'un pacte; mais de toute façon, en ce qui concerne l'avenir, il n'y a pas de doute possible : pour être valable, toute Constitution canadienne devra désormais être le produit d'une entente entre nos deux nations.

Les caractéristiques essentielles de la nouvelle Constitution canadienne, outre son caractère proprement canadien, reposent sur les fondements suivants : elle doit être le principe organisateur non seulement du Canada à dix, mais aussi du Canada à deux :

> Elle ne doit pas avoir uniquement pour objet de fédérer des territoires, mais aussi d'associer dans l'égalité deux communautés linguistiques et culturelles, deux peuples fondateurs, deux nations au sens sociologique du terme[43].

Elle devra être écrite et comporter son propre mécanisme d'amendement. Elle devra être interprétée « en dernier ressort

---

41. Gouvernement du Québec, *Allocution d'ouverture de M. Daniel Johnson,* premier ministre du Québec, Conférence intergouvernementale canadienne, Ottawa, 5 février 1968; la délégation du Québec avait déposé à la Conférence un *Mémoire sur la question constitutionnelle.*
42. *Ibid.,* p. 4.
43. *Ibid.,* p. 19.

par un tribunal formé de façon à ce que personne ne soit tenté de mettre en doute son impartialité [44] ». Elle devra attribuer les pouvoirs résiduaires aux provinces et assurer à ces dernières une possibilité réelle de collaborer aux processus des décisions prises par l'autorité fédérale. Le Sénat, dans ce contexte, serait une émanation directe des États fédérés.

Aux représentants du gouvernement fédéral qui souhaitent étendre l'usage du français dans les institutions fédérales et reconnaître aux minorités françaises des autres provinces des droits collectifs comparables à ceux dont bénéficient déjà les anglophones du Québec, Daniel Johnson rappelle que ces choix politiques sont insuffisants. Les éléments de solution de la crise canadienne dépassent largement ces perspectives « partielles ». Ils impliquent nécessairement l'expansion des pouvoirs du Québec [45].

On ne peut s'attendre, compte tenu des renseignements de notre histoire, à ce que les Canadiens français du Québec, qui forment 83 pour cent de la population francophone du Canada, confient la direction de leur vie sociale et culturelle à un gouvernement où leurs mandataires sont en minorité et soumis par surcroît au jeu de la responsabilité ministérielle et de la discipline de parti. Ils veulent certes d'un gouvernement central pour s'occuper de problèmes communs aux deux communautés, ou de questions qui ne mettent pas en cause les particularismes culturels ou sociologiques; mais c'est au Québec qu'ils veulent spontanément situer le centre des décisions dès qu'il s'agit d'établir les conditions nécessaires au développement de leur personnalité et de leur dynamisme propre.

Cet ensemble de propositions implique qu'on aborde la révision constitutionnelle « par l'étude d'un nouveau partage des compétences entre les deux ordres de gouvernements. Cette étude devrait commencer « par des domaines qui sont d'une urgente actualité », soit la sécurité sociale, les relations avec les autres pays et avec les organismes internationaux, les instruments d'éducation et de culture ainsi que les doctrines et formules diverses tendant à attribuer à l'État fédéral des pouvoirs indéfiniment extensibles.

Après avoir ainsi élargi le débat sur les propositions fédérales dans le domaine linguistique, le Premier ministre

---

44. *Ibid.*, p. 7.
45. *Ibid.*, p. 11.

québécois analyse le projet fédéral d'une déclaration des droits fondamentaux des citoyens. Selon lui :

> ...la question des droits fondamentaux est intimement liée à l'ensemble du problème constitutionnel et qu'aucune décision ne saurait être prise à ce sujet avant qu'on ne se soit entendu sur certaines réformes de base, en particulier sur la création d'un véritable tribunal constitutionnel[46](.)

Au terme de son intervention, Daniel Johnson affirme « que le temps ne joue pas en faveur du Canada d'aujourd'hui ». Il identifie les deux grands adversaires de la volonté québécoise au sujet de la révision de la Constitution canadienne[47] :

> Certains ont déjà parié sur notre impuissance à nous entendre. Allons-nous leur procurer la carte qui manque à leur jeu, soit l'aveu ou le constat de notre échec ?
>
> D'autres, pour des raisons tout à fait différentes, misent également sur notre insuccès. Ce sont ceux qui pensent que les problèmes se régleront d'eux-mêmes à condition de les nier; qu'il suffira d'un léger replâtrage, relevé ici et là d'un vernis de bilinguisme, pour contenter tout le monde; et qu'à force de parler d'unité nationale, on finira bien par faire disparaître la dualité canadienne.
>
> Qu'on ne se fasse pas d'illusion : au Canada, le déplacement du facteur de subordination ne changerait rien au problème de base. Pour être plus précis, disons que la disparition de la subordination à un autre pays n'élimine pas du même coup le danger que représenterait la subordination à un gouvernement central qui revendiquerait le droit à l'hégémonie politique.

L'intervention du Premier ministre québécois fut reçue avec hostilité par la délégation fédérale et en particulier par le ministre de la Justice Pierre Elliott Trudeau. Daniel Johnson venait, en fait, de s'opposer fermement aux perspectives retenues par les hommes politiques fédéraux. Il avait posé la question « de la dimension politique de l'égalité culturelle », pour reprendre l'expression de la Commission Laurendeau-Dunton, et porté un jugement sévère, voire définitif sur les propositions fédérales qui privilégiaient la dimension des droits individuels et linguistiques comme solution au problème constitutionnel canadien.

Malgré une apparente confusion, une difficulté évidente d'établir un consensus sur les problèmes du pays, une diversité

---

46. *Ibid.*, pp. 20-21.
47. *Ibid.*, p. 17.

réelle d'interprétation quant aux solutions possibles, cette première session de la Conférence constitutionnelle avait effectué des choix fondamentaux. Le processus de révision constitutionnelle était engagé. Les Premiers ministres avaient décidé de transformer leur réunion en un organisme permanent de la révision constitutionnelle. Ils avaient créé un secrétariat permanent et un Comité permanent des fonctionnaires. Ils avaient fixé un ordre des grandes questions à étudier[48] et approuvé unanimement un accord sur les droits linguistiques[49].

De toute évidence, la conjoncture politique invoquée au début de ce chapitre avait influencé fortement la Conférence. Des objectifs limités, que proposait le gouvernement fédéral aux chefs des gouvernements provinciaux le 10 mai 1967, aux conclusions de la Conférence constitutionnelle, la différence était quantitative. Le 7 février 1968, le Canada était engagé dans une immense entreprise de redéfinition de sa structure politique. À des niveaux d'espérance et d'enthousiasme variés, les onze gouvernements avaient approuvé la création de mécanismes permanents pour assurer la suite de l'entreprise. « Le pays fragmenté » dont parlait Lester B. Pearson au début de cette Conférence trouvera-t-il en lui-même les ressources de renouvellement indis-

---

48. Cet ordre de questions avait été établi comme suit : les langues officielles — les droits fondamentaux — la répartition des compétences — la réforme des institutions reliées au fédéralisme, notamment le Sénat et la Cour suprême — les inégalités régionales — le dispositif de modification constitutionnelle et les dispositions provisoires — les mécanismes des relations fédérales-provinciales. Gouvernement du Canada, *La Révision constitutionnelle 1968-1971*, Rapport du Secrétaire, *op. cit.*, p. 344.

49. Texte de l'accord unanime sur les droits linguistiques : « La Conférence reconnaît qu'ainsi que le propose la Commission royale sur le bilinguisme et le biculturalisme, et en toute justice, les Canadiens francophones n'habitant pas le Québec doivent jouir des mêmes droits que les Canadiens anglophones du Québec.

« Il est reconnu que, conformément aux vœux exprimés par la Commission royale sur le bilinguisme et le biculturalisme, il y a intérêt à ce que les gouvernements interviennent aussi rapidement que possible, en adaptant leur action à la situation de chaque province et sans préjudice des droits actuellement reconnus par la loi ou l'usage.

« L'établissement d'un comité spécial chargé d'étudier le rapport de la Commission royale d'enquête sur le bilinguisme et le biculturalisme et les vues exprimées à la Conférence au sujet du contenu de ce rapport, ainsi que les autres questions relatives aux droits linguistiques et à la reconnaissance pratique de ces droits, et chargé également de déterminer des modalités d'application, y compris la nature du concours fédéral envisagé, et la forme et les techniques de la modification constitutionnelle. » *Ibid.*, p. 343.

pensables à sa survie? Les trois prochaines années seront décisives.

La première réunion de la Conférence constitutionnelle avait permis de clarifier davantage les deux ordres de problèmes dont la solution constituait la clef de l'avenir des relations du Québec et du Canada.

Le gouvernement fédéral était disposé à s'engager fermement dans le règlement des problèmes que posait l'inégalité de la langue et de la culture françaises au pays. Pour ce faire, il dispose des recommandations de la Commission Laurendeau-Dunton. Cependant, la solution des problèmes que pose l'existence de la collectivité canadienne-française au Canada laisse largement ouverte l'autre question, véritable détonateur de la Conférence constitutionnelle, soit la place du Québec comme société distincte au sein du Canada.

La première réunion de la Conférence constitutionnelle se terminait sans qu'aucun progrès ait été accompli quant à la reconnaissance par le gouvernement fédéral de la dimension québécoise de la crise canadienne.

DEUXIÈME RÉUNION DE LA CONFÉRENCE CONSTITUTIONNELLE: FÉVRIER 1969

Le 10 février 1969 se réunissaient à Ottawa les onze Premiers ministres pour la seconde réunion de la Conférence constitutionnelle. Le pays avait connu depuis la première session de cette Conférence des changements profonds.

Pierre Elliott Trudeau a succédé à Lester B. Pearson le 20 avril 1968. Sous sa direction, le Parti Libéral a remporté une éclatante victoire à l'élection du 25 juin de la même année. Le statut du Québec au sein de la Confédération et celui de la langue française au Canada ont occupé une place considérable dans cette élection. Champion et vedette de l'unité canadienne, Pierre Trudeau a promis de mettre fin au jeu de souque à la corde qui divise le pays.

Le nouveau chef du gouvernement canadien a exposé à maintes reprises sa conception du développement de la société canadienne. Au niveau méthodologique et psychologique, cette conception repose sur sa volonté avouée de s'opposer aux idées reçues, de faire contrepoids, de partir des faits et de tenir compte du rapport réel des forces[50]. Au niveau philosophique, son op-

---

50. Pierre Elliott Trudeau, *Le Fédéralisme et la Société canadienne-française*, Montréal, HMH, 1967, pp. V-XIII.

Photo 34. Pierre Elliott Trudeau, champion et vedette de l'unité canadienne, 1969.

tion fondamentale est celle du personnalisme. Avec les co-signa-
taires du « Manifeste pour une politique fonctionnelle », il définit
cette option comme suit[51] :

> Il importe dans le contexte politique actuel, de revaloriser
> avant tout la personne, indépendamment de ses accidents
> ethniques, géographiques ou religieux. L'ordre social et
> politique doit être fondé au premier chef sur les attributs
> universels de l'homme, non sur ce qui le particularise. Un
> cadre de priorité au niveau politique et social, qui repose sur
> la personne est totalement incompatible avec un ordre de
> priorité appuyé sur la race, la religion ou la nationalité.
>
> Ce manifeste est donc un acte de foi dans l'homme, et
> c'est à partir de critères humains que nous réclamons des
> politiques mieux adaptées à notre espace et à notre temps.
> Cela nous suffit comme mobile d'action, et nous n'avons
> cure d'autres « appels à la fierté et à la dignité » que
> celui-là.

---

51. « Manifeste pour une politique fonctionnelle », *Cité Libre,* mai 1964, p. 11.

Sur ces fondements, le Manifeste identifie les tâches primordiales qui sollicitaient les énergies disponibles. Ces tâches sont intimement liées au développement et à l'adaptation des personnes. Elles visent à résorber le chômage, à assurer une distribution du revenu et de la richesse de façon plus équitable, à mettre à jour les mécanismes d'accessibilité aux services de justice, à qualifier les investissements consentis dans le développement et l'adaptation du capital humain. Outre cet ensemble de tâches dont la réalisation assurerait le mieux-être des citoyens, le Manifeste identifie un ensemble de problèmes sociaux et de choix collectifs soumis à « l'attention urgente des citoyens de notre pays [52] ».

C'est dans le contexte général de cet ensemble de tâches qu'il faut, selon les signataires du Manifeste, analyser « l'importance exagérée accordée par nos élites aux problèmes constitutionnels [53] ».

> Les problèmes constitutionnels au Canada sont loin d'être aussi graves et aussi importants qu'on le laisse entendre. Les obstacles au progrès économique, au plein emploi, à un régime de bien-être équitable, ou même au développement de la culture française au Canada, ne sont pas, au premier chef, le fait de la Constitution canadienne. Les contraintes ne sont pas d'abord juridiques mais d'ordre sociologique et économique, et c'est avoir une conception bien exagérée de la force du droit que de croire que ces contraintes vont disparaître par l'effet d'un changement constitutionnel, de quelque ampleur qu'il soit. Ce qu'on appelle la construction d'un nouvel édifice constitutionnel a la futilité d'un immense jeu de blocs et les efforts consacrés présentement à débattre cette réforme représentent autant d'énergie enlevée à la solution des problèmes plus urgents et plus fondamentaux de notre société.

Pierre Elliott Trudeau reprendra et poussera plus avant ces propositions dans un texte daté de 1965 qui devait servir de document de travail à un certain nombre de mouvements

---

52. Les problèmes identifiés et brièvement analysés dans le Manifeste sont les suivants : l'aménagement des espaces ruraux et urbains, la pollution de l'eau et de l'air, la situation anarchique de l'administration publique dans un grand nombre de ministères provinciaux et de municipalités, la planification des divers modes de transport et de communication, la définition d'une politique d'aide aux pays en voie de développement, la clarification d'une politique de défense et la recherche d'une politique de libre-échange en matière de commerce international. *Idem*, p. 15.

53. *Idem*, p. 16.

populaires qui se proposaient de soumettre un mémoire au Comité de la Constitution de l'Assemblée législative du Québec[54]. Dans un bref commentaire sur le mandat du Comité[55], le futur Premier ministre du Canada nie à la Législature du Québec, du point de vue constitutionnel, le droit de se faire le porte-parole du «Canada français». Il rejette comme aboutissant « inévitablement au chauvinisme et à l'intolérance » l'exaltation du fait « national » (entendu au sens ethnique) et rappelle l'existence de minorités ethniques importantes dans la société québécoise et la présence des individus qui les composent dans les organisations et mouvements sociaux. Ces commentaires constituent des « faits fondamentaux » qui inspireront Pierre Elliott Trudeau, ministre de la Justice et premier ministre du Canada.

Le texte de 1964 reposait sur la notion du développement et des droits de la personne[56].

> La fonction de l'État, c'est d'assurer l'instauration et le maintien d'un ordre légal tel que les citoyens puissent s'épanouir pleinement. Or un tel ordre, selon la conception que j'en ai, doit s'orienter vers un certain nombre d'objectifs qu'il est commode de classer comme économiques, sociaux et culturels.

La croissance du revenu *per capita* constitue un objectif économique majeur. La réalisation de cet objectif commande une transformation de l'économie québécoise qui doit devenir « extrêmement efficace, technologiquement d'avant-garde, passablement spécialisée » et compétitive. Elle réalisera, selon Trudeau, ce niveau de modernité et de rendement que si elle n'est pas isolée « mais plutôt intégrée dans un complexe plus vaste où nous trouverons en même temps des marchés et des compétiteurs »[57].

---

54. Pierre Elliott Trudeau, *op. cit.*, pp. 7-59. Des extraits de ce texte seront utilisés par Pierre Elliott Trudeau lors d'une communication au Congrès de la Fédération Libérale du Canada, section Québec, le 26 mars 1966. Cette communication intitulée « Du réalisme constitutionnel » eut un impact réel tant dans l'opinion publique que dans la classe politique. Elle constituait une illustration sans équivoque de la notion de « contrepoids » chère à M. Trudeau.

55. Le mandat du Comité parlementaire de la Constitution était formulé comme suit : « La détermination des objectifs à poursuivre par le Canada français dans la révision du régime constitutionnel canadien, et des meilleurs moyens d'atteindre ces objectifs ». Cité dans Pierre Elliott Trudeau, *op. cit.*, p. 9.

56. *Idem*, p. 28.

57. *Idem*, p. 29.

Or il faut bien se rendre compte que c'est plutôt vers l'isolement que tendent — quoi qu'on dise — la plupart des chambardements constitutionnels présentement en vogue dans notre province. C'est ainsi qu'on propose de donner au gouvernement du Québec la juridiction (plus ou moins exclusive) sur les banques, sur l'immigration, sur le placement de la main-d'œuvre, sur le commerce extérieur, sur les tarifs et les douanes, et bien d'autres choses encore. On se propose ainsi un but bien louable, la reprise en main de ses destinées économiques. Mais de toute évidence, on veut utiliser ces instruments légaux pour mettre notre capital, nos entrepreneurs et nos cadres supérieurs à l'abri de la concurrence étrangère. Or c'est là une technique infaillible pour rendre ces facteurs inefficaces, et pour s'assurer que nos produits seront rejetés par les marchés extérieurs. Le Québec devra alors obliger ses consommateurs à faire de « l'achat chez nous » pour écouler ces produits et en définitive ce sont les ouvriers et les cultivateurs qui devront les payer plus cher (en prix ou en subsides). Ce raisonnement est valable pour l'acier comme pour les bleuets, et c'est une erreur de croire que les classes laborieuses ont quelque avantage à long terme à se laisser transformer en marché captif.

Les propositions « des chambardeurs constitutionnels » ne recèlent pas, au jugement de Trudeau, la moindre promesse d'une efficacité économique accrue. Elles semblent plutôt « être le prélude à des pratiques plus ou moins protectionnistes dont la rentabilité se mesurera surtout en termes de prestige et de dividendes pour les classes possédantes ».

Les objectifs sociaux et culturels sont étroitement dépendants de la capacité de créer et d'accroître la richesse d'une société [58].

Il faut donc commencer par appliquer en matière d'objectifs sociaux les considérations constitutionnelles que j'exposais dans la section A ci-dessus à propos des objectifs économiques. C'est dire en somme qu'il faut s'opposer à une dislocation du pays parce que cela aurait pour effet d'affaiblir notre économie et conséquemment de la rendre moins apte à poursuivre les objectifs sociaux et à en solder le coût.

Analysant les possibilités de réalisation des objectifs économiques, sociaux et culturels, l'auteur du *Fédéralisme et la*

---

58. *Idem*, p. 33.

Société canadienne-française juge que la Constitution actuelle accorde aux provinces, donc au Québec, « une vaste juridiction » sur l'éducation, sur le territoire et les ressources de même qu'en matière de sécurité sociale, ce qui leur permet de développer des politiques et de se fixer des objectifs de développement. Au plan des objectifs culturels, « le fédéralisme canadien est idéal[59] ».

> C'est pourquoi, sur le plan des objectifs culturels, le fédéralisme canadien est idéal. Tout en obligeant les Canadiens français, sur le plan fédéral, à soumettre leur culture (et singulièrement leur culture politique) à l'épreuve de la concurrence, le système fédératif nous permet en même temps de nous donner, dans le Québec, la forme de gouvernement et les institutions éducatives qui conviennent le mieux à nos besoins.

Au terme de sa réflexion trop rapidement résumée dans les pages qui précèdent, Pierre Elliott Trudeau porte un jugement extrêmement sévère sur ceux qu'il a qualifiés précédemment de « chambardeurs constitutionnels[60] » :

> Ni la Constitution actuelle du Canada, ni le pays lui-même n'incarnent pour moi une réalité immuable et éternelle. Mais ce pays et cette Constitution depuis cent ans ont permis à des hommes de vivre dans une liberté et une prospérité qui, si elles ne furent pas parfaites, trouvent néanmoins peu d'égales dans le monde. Et je ne puis que condamner comme irresponsables ceux qui voudraient voir notre peuple investir des quantités indéterminées d'argent, de temps et d'énergie dans une aventure constitutionnelle qu'ils n'ont pas encore pu préciser, mais qui consisterait plus ou moins vaguement à saborder le fédéralisme canadien pour y substituer des formes encore imprécises de souveraineté, d'où naîtrait quelque chose comme un Québec indépendant, ou des États associés, ou un statut spécial, ou un marché commun canadien, ou une confédération de dix États, ou quelque chose d'autre encore à inventer dans le temps, c'est-à-dire après que le chaos politique, économique et social sera bien assuré.

En ce 10 février 1969, celui qui écrivait ces lignes préside la Conférence constitutionnelle rendue inévitable suite aux revendications des individus et des groupes québécois jugés sévèrement par l'actuel Premier ministre canadien quelque deux ans plus tôt.

---

59. *Idem*, p. 41.
60. *Idem*, p. 45.

Toujours au niveau du personnel politique, deux provinces ont changé de chef de gouvernement. E.C. Manning, premier ministre de l'Alberta, a remis sa démission en décembre 1968. Harry Strom lui a succédé et préside dans le même esprit que son prédécesseur la délégation de sa province à la Conférence de février 1969.

Plus important est le changement qui s'est produit au Québec suite au décès de Daniel Johnson en septembre 1968. Jean-Jacques Bertrand lui a succédé.

On lui reconnaît des dons remarquables d'efficacité et d'assiduité, une honnêteté intellectuelle certaine. En plusieurs milieux fédéralistes, l'on est convaincu que le nouveau Premier ministre du Québec sera plus accommodant que son habile prédécesseur.

Ceux qui avaient suivi la carrière de Jean-Jacques Bertrand savaient qu'il était convaincu de la nécessité d'une réforme fondamentale de la Constitution. S'il n'a pas su ou pu imposer ses convictions dans ce secteur par une formule indélébile comme l'avait fait son prédécesseur en lançant son célèbre « Égalité ou Indépendance », il a en d'innombrables circonstances communiqué ses convictions. En 1963, c'est lui qui a obtenu l'accord unanime du Parlement québécois pour la création du Comité parlementaire de la Constitution. C'est lui aussi qui à l'automne de 1968 a proposé de modifier l'appellation Assemblée législative par l'expression Assemblée nationale pour désigner le Parlement québécois.

Le nouveau chef de la délégation québécoise, en se rendant à Ottawa, poursuivait deux objectifs inséparables l'un de l'autre. S'il rencontrait ses collègues pour la négociation constitutionnelle, il s'adressait à travers eux aux Québécois qu'on avait alertés au sujet « de la faiblesse de son leadership » et aux membres de son parti, de son caucus, voire de son conseil des ministres qui allaient se rassembler dans quelques mois pour le confirmer dans ses fonctions ou le remplacer par un de ses ministres, Jean-Guy Cardinal, qui menait une campagne habile et efficace contre le successeur « accidentel » de Daniel Johnson. Dans ce contexte, il ne pouvait donner l'impression d'être un porte-parole inefficace et faible de la cause québécoise.

Sa performance personnelle devenait un acte politique essentiel. Il devait intégrer à son style direct et franc la stratégie de son prédécesseur qui consistait à faire sentir constamment aux interlocuteurs, pour les forcer à reconnaître les intérêts et les projets québécois, la possibilité de la solution indépendantiste.

Photo 35. Le premier ministre Jean-Jacques Bertrand s'adresse aux participants lors de la réunion de février de la Conférence constitutionnelle.

Photo 36. Des membres de la délégation québécoise à la réunion de la Conférence constitutionnelle de février 1969 conversent avec le premier ministre Trudeau.

Au niveau politique, les rapports entre le gouvernement du Canada et les provinces s'étaient détériorés depuis la première séance de la Conférence constitutionnelle. Réunis au mois d'août, les Premiers ministres provinciaux avaient unanimement demandé au premier ministre Trudeau de les rencontrer pour analyser les effets du programme fédéral d'assurance-santé sur les finances provinciales. La réponse était venue polie mais négative.

À la Conférence fédérale-provinciale des ministres des Finances en novembre 1968, le gouvernement fédéral avait réagi cavalièrement aux doléances des provinces quant à leurs problèmes financiers. Elles avaient été informées que le gouvernement fédéral avait décidé de se retirer de certains programmes de sécurité sociale. Ce retrait d'Ottawa s'accompagnait de transferts d'argent équivalents au coût présent des programmes mais ne prévoyait aucune assistance pour le financement de l'augmentation prévisible des coûts de ces programmes.

Dans les semaines qui précédèrent la Conférence, le gouvernement fédéral, sans consultation préalable avec les provinces, avait effectué des modifications à sa politique fiscale dans des secteurs qui affectaient les provinces.

L'effet cumulatif de ces politiques fédérales alimentait un esprit de confrontation qui laissait présager de sérieuses difficultés pour la Conférence.

De plus la présentation en octobre 1968 du projet de loi concernant le statut des langues officielles au Canada suscitait un débat considérable au Parlement et à travers le pays. Les retombées de cet événement allaient influencer les travaux de la Conférence.

Le contexte était apparemment peu favorable, les difficultés de calendrier, des fuites de documents et une longue discussion quant à l'ordre du jour compliquèrent encore davantage l'organisation, et en un sens affectèrent l'esprit même de la Conférence.

Au Premier ministre canadien qui proposait de retenir, comme ordre du jour provisoire, les objectifs de la Confédération, les principes fondamentaux de la Constitution, les langues officielles et les droits fondamentaux, la Nouvelle-Écosse répondait en insistant pour que soit ajoutée à cette liste la question des disparités régionales.

L'Ontario et le Manitoba proposaient d'inclure dans les sujets de discussion la question fiscale.

Le gouvernement de Régina, insatisfait de la réaction du premier ministre Trudeau, lui signifiait son intention de demander qu'une seconde réunion de la Conférence Robarts soit convoquée pour étudier la question fiscale.

Le gouvernement de Toronto, pour sa part, communiquait publiquement ses craintes que la Conférence constitutionnelle ne se heurte aux prises de position arrêtées du gouvernement fédéral.

Réunis au sein du «Conseil économique des Prairies», les Premiers ministres des provinces de l'Ouest faisaient parvenir le 1er février au chef du gouvernement canadien une demande pour que la Conférence constitutionnelle accorde priorité aux problèmes fiscaux et pour que la Cour suprême du Canada se prononce sur le projet de loi sur les langues officielles.

Toutes ces querelles de procédure et de contenu opposant Ottawa aux provinces de l'Ouest et à l'Ontario, faisaient les manchettes de la presse du pays. Elles masquaient une autre divergence qui opposait Ottawa et les provinces anglophones au Québec.

Dans ce dossier le réalignement était clair, quoique nuancé.

Pour les Premiers ministres fédéral et des provinces anglophones, le Canada est composé de citoyens individuels parlant deux langues différentes et c'est à ce niveau que des droits doivent être définis et protégés.

Pour le Québec, le Canada est composé de deux nations[61]. Ces deux nations ne sauraient être réduites à des agglomérations d'individus possédant des droits identiques. Elles sont des entités propres dont les droits débordent la reconnaissance exclusive des droits individuels.

La solidarité des tenants de la thèse des droits individuels s'effrite quand le gouvernement canadien définit dans un projet de loi les contenus possibles des droits linguistiques. C'est là le sens de l'opposition des provinces de l'Ouest aux propositions d'Ottawa dans ce secteur.

Le Québec, pour sa part, refuse de reconnaître la dualité linguistique du Canada telle que définie par le projet fédéral. Il pose comme un fait essentiel et irréductible la dualité nationale et propose sa reconnaissance politique.

Pour ajouter au climat de tension, voire de dissension qui précède immédiatement la seconde session de la Conférence constitutionnelle, le secrétariat de la Conférence rend publics, quelques jours avant la Conférence, des documents de travail dont le contenu peut être résumé comme suit[62] :

Les représentants de divers gouvernements au Comité permanent des fonctionnaires ont remis en cause l'apparent consensus obtenu par Lester B. Pearson dès la première session de la Conférence constitutionnelle au sujet du bilinguisme.

Le gouvernement du Québec est le seul au pays à désirer une refonte totale de la Constitution. Tous les autres gouvernements

---

61. Dans un document soumis au Comité des fonctionnaires en juillet 1968, intitulé *Document de Travail, propositions pour la révision constitutionnelle*, le Québec détaillait avec précision un projet possible de réorganisation politique du Canada sur la base de la reconnaissance de la dualité nationale du pays. Ce document marque une étape essentielle dans la définition et la précision des objectifs politiques du Québec. Ce document n'exprimait pas l'attitude arrêtée du gouvernement québécois. Cependant, ses soixante propositions étaient soumises officiellement à l'attention des Canadiens par le premier ministre Bertrand dans son allocution d'ouverture à la seconde session de la Conférence constitutionnelle, le 10 février 1969.

62. *Rapport du Comité permanent des fonctionnaires à la Conférence constitutionnelle*, février 1969, Document n° 87. *Document d'information sur les délibérations du Comité permanent des fonctionnaires*, 6 février 1969, Document n° 75.

expriment à des niveaux divers des doutes, voire des oppositions. L'Ontario, le Nouveau-Brunswick et l'île du Prince-Édouard manifestent une prudente sympathie pour le Québec mais pour l'essentiel se rangent du côté d'Ottawa.

Les gouvernements des neuf provinces anglophones rejettent le principe d'un statut spécial pour le Québec en tant que principe formel.

L'Ontario et le Manitoba seraient prêtes à considérer certains accommodements pratiques qui donneraient au Québec un statut spécial de fait mais sans reconnaissance formelle.

Les données fondamentales de la réforme constitutionnelle et la démarche à suivre, l'ordre des questions à étudier ne font l'objet d'aucun consensus. Ottawa veut aborder la révision par le biais des droits fondamentaux et linguistiques. Aucun gouvernement provincial n'appuie avec enthousiasme cette position et le Québec s'y oppose.

Il réclame une nouvelle répartition des pouvoirs. Ottawa, pour sa part, propose de retenir cette question pour la toute fin de la discussion constitutionnelle.

Les réticences du Québec et de certaines autres provinces devant les projets du gouvernement fédéral méritent quelques explications. Comment les provinces peuvent-elles s'objecter à la définition d'une Charte des droits de l'homme qui s'étendrait aussi aux droits linguistiques ?

Pour l'ensemble des provinces, ces mesures font naître la crainte qu'à travers ces législations le gouvernement fédéral et ses organismes n'interviennent dans des domaines de compétence provinciale. On craint en particulier son intervention dans le domaine de l'éducation.

Pour le Québec, outre cette première crainte qu'il partage avec les autres provinces, se conjugue un sentiment profond que ces mesures ne s'accompagneront jamais d'une véritable redistribution des pouvoirs. Au jugement du gouvernement québécois, les propositions constitutionnelles, soumises dans un Livre Blanc par le gouvernement fédéral[63], accroissent son pouvoir et ne transforment les institutions fédérales que trop superficiellement.

Le document fédéral passait en revue cinq éléments d'une Constitution fédérale, soit les objectifs de la Confédération, une Charte des droits des citoyens, la Constitution du gouvernement

---

63. Gouvernement du Canada. *La Constitution et le Citoyen*, février 1969.

fédéral, la Constitution des gouvernements provinciaux, la Cour supérieure du Canada et le système judiciaire.

Ce Livre Blanc déposé à la Chambre des Communes seulement trois jours avant la Conférence constitutionnelle propose le maintien du régime de démocratie parlementaire dans une structure fédérative et le statu quo quant au régime de la monarchie constitutionnelle.

La réforme des institutions politiques canadiennes suggérée par le document fédéral comporte des propositions nouvelles. On y expose un projet de réorganisation radicale du Sénat dont les membres seraient nommés en partie par Ottawa et en partie par les provinces. On se dit prêt à reconnaître de nouvelles responsabilités pour le Sénat dans les secteurs des droits fondamentaux et linguistiques. On propose qu'il discute et approuve la nomination des juges de la Cour suprême, des ambassadeurs, des dirigeants d'organismes culturels. En vertu des propositions fédérales, le Sénat n'aurait plus le pouvoir d'opposer son veto à la législation approuvée par la Chambre des Communes.

Au sujet de la Cour suprême, les propositions du gouvernement fédéral impliquent le maintien de son initiative quant à la nomination des juges qui y siègent. Elles écartent l'idée d'un Tribunal constitutionnel distinct et s'opposent à ce que les provinces nomment une partie des juges du Tribunal suprême du pays.

Les propositions fédérales ayant trait à la Charte des droits fondamentaux et des droits linguistiques seraient, si acceptées par les provinces, insérées dans le texte même de la Constitution. Elles se verraient conférées, par rapport aux lois ordinaires, une permanence et une supériorité que la législation sur les droits de l'homme ne possède pas au Canada.

Ce Livre Blanc suggère également que l'on s'entende sur les objectifs généraux du fédéralisme et qu'on remette à plus tard les discussions sur le partage des pouvoirs. Du même souffle il affirme que la Constitution doit remettre au gouvernement central des pouvoirs étendus pour gérer l'économie, maintenir l'emploi à un niveau élevé, pour redistribuer les revenus, pour garantir à tous les Canadiens un niveau de vie acceptable et réduire les disparités régionales. Ces positions impliquent un très large accès à la fiscalité et un contrôle étendu des politiques canadiennes de sécurité sociale.

La seconde réunion de la Conférence constitutionnelle allait reprendre l'ensemble des questions et des débats que nous venons d'évoquer. Aux consensus et aux accords unanimes de février 1968 succédait, comme nous l'avons déjà noté, la confrontation.

Le premier ministre Trudeau se retrouva devant une assemblée profondément divisée, quant au problème de fond de la révision constitutionnelle et à celui de la politique des langues. Sur le premier point la délégation québécoise se trouva totalement isolée.

Sur le second point la délégation fédérale se trouva confrontée à l'hostilité des représentants de l'Ouest.

Il apparut évident dès le premier jour de la Conférence qu'en situation de réelles négociations, au-delà donc des affirmations de principes, les provinces de l'Ouest n'étaient aucunement disposées au moindre compromis. Les déclarations des premiers ministres Weir, Strom, Bennett et du Procureur général Stuart ne laissaient aucun doute à ce sujet.

L'Ontario et les Provinces Maritimes, pour leur part, appuyaient les propositions fédérales. Le Québec acceptait la législation linguistique du gouvernement canadien sans enthousiasme mais s'opposait au concept de districts bilingues.

Aux Québécois qui s'inquiétaient de la possible complaisance de Jean-Jacques Bertrand, ce dernier apportait un cinglant démenti[64].

> Une langue n'est pas seulement une façon de s'exprimer; c'est d'abord une façon de penser; mieux encore une façon d'être. La dualité canadienne ne tient donc pas seulement à une différence de langues; elle tient avant tout à des façons différentes de voir, de sentir, de réagir devant les événements. Un Canadien français n'est pas la transposition, dans une autre langue, d'un Canadien anglais; il parle différemment parce qu'il est différent.
>
> Or, chaque fois que s'affrontent, sur une question importante, ces deux façons d'être et de réagir, on voit le gouvernement du Québec s'identifier d'instinct à la majorité francophone du Québec et le gouvernement d'Ottawa s'identifier d'instinct à la majorité anglophone du Canada, quelle que puisse être par ailleurs la langue d'appartenance culturelle de ceux qui, dans une circonstance donnée, incarnent l'autorité. Tel est le poids que nous

---

64. Gouvernement du Québec, *Allocution d'ouverture de M. Jean-Jacques Bertrand, premier ministre du Québec,* Conférence constitutionnelle canadienne, Ottawa, 10 février 1969, pp. 7-8. Gouvernement du Canada, Conférence constitutionnelle, *Délibérations*, Ottawa, février 1969.

impose ici le jeu de la démocratie. Ce serait donc rester à la surface des choses que de ne voir, dans le problème constitutionnel canadien, qu'une question de droits personnels ou de droits linguistiques. Je ne dis pas que ces droits ne sont pas importants; mais je dis que ce n'est pas le fond du problème qui nous rassemble ici.

S'il y a crise au Canada, ce n'est pas parce qu'il s'y trouve des individus qui parlent des langues différentes; c'est parce qu'il s'y trouve deux collectivités, deux peuples, deux nations dont il faut harmoniser les rapports.

Daniel Johnson avait conçu une nouvelle définition politique du Canada. Jean-Jacques Bertrand la reprend et s'en fait l'ardent défenseur.

Tous ceux qui, au Canada anglais, avaient cru que les positions et les attitudes du Québec s'assoupliraient grâce à la politique fédérale sur les langues officielles et l'accession au pouvoir de Jean-Jacques Bertrand ont dû être profondément déçus. John Robarts, à la fin du discours de Bertrand, glisse une note au ministre de la Justice Turner, soulignant que le Premier ministre du Québec venait de renverser la position défendue pendant six ans par Jean Lesage.

L'intervention de Jean-Jacques Bertrand ramenait le projet de politique linguistique du fédéral à une proposition modeste, à la périphérie du problème fondamental de l'égalité des deux nations qui, selon lui, composent le Canada. Il posait en des termes précis plus nets et plus directs que son prédécesseur la problématique des deux nations. La formulation était moins spectaculaire mais en quelques phrases directes et simples il résumait la dimension historique du projet québécois[65].

> L'important pour les Canadiens français du Québec, ce n'est pas de pouvoir individuellement parler leur langue même dans les régions du pays où elle a très peu de chances d'être comprise; c'est de pouvoir collectivement vivre en français, travailler en français, se construire une société qui leur ressemble; c'est de pouvoir organiser leur vie communautaire en fonction de leur culture... Sans le Québec, il pourrait encore y avoir des minorités françaises, mais il n'y aurait plus vraiment de Canada français.

La Conférence avait provoqué le plus célèbre imbroglio de l'histoire canadienne. Selon les sujets d'étude, le fédéral se retrouvait isolé, puis appuyé par l'Ouest et désavoué par le Québec,

---

65. *Ibid.*, pp. 8-9.

critiqué par l'Ouest et appuyé par l'Ontario et les Maritimes. Pour la question essentielle de la révision complète de la Constitution, le Québec restait profondément isolé, mais déterminé à maintenir, même à renforcer ses exigences à ce sujet. Le Premier ministre du Québec avait même affirmé que le gouvernement central était le gouvernement du Canada anglais. Aucun de ses prédécesseurs immédiats n'avait osé formuler un tel jugement, se contentant d'identifier le gouvernement du Québec au seul gouvernement représentatif du Canada français.

Deux conceptions de l'avenir du Canada et une gamme impressionnante de divergences au sein du Canada anglais laissaient peu d'espoir pour l'avenir de la révision constitutionnelle. Malgré ces difficultés, les onze chefs de gouvernements réaffirment dans leur communiqué final « leur intention de mener à bien une étude globale de la Constitution du Canada, de déterminer si celle-ci peut satisfaire aux besoins présents et à venir, et de considérer l'opportunité de la changer, soit en modifiant la Constitution actuelle ou en en adoptant une nouvelle [66] ».

Devant l'impasse manifeste sur laquelle débouchèrent leurs discussions, pour chaque point de l'ordre du jour les Premiers ministres créèrent cinq comités ministériels, précisèrent le mandat du Comité des fonctionnaires [67] et décidèrent de convoquer le Comité du Régime fiscal. Ils décidèrent de plus de se réunir plus fréquemment et de tenir des séances privées de travail pour relancer la révision constitutionnelle.

PREMIÈRE SÉANCE DE TRAVAIL DE LA CONFÉRENCE CONSTITUTIONNELLE : JUIN 1969 [68]

La conjoncture politique canadienne n'a pas apparemment, en juin 1969, la gravité qu'elle avait en février 1968, quand les Premiers ministres se réunirent pour la première fois autour de la question constitutionnelle.

Une campagne électorale se déroule au Manitoba qui portera au pouvoir le Nouveau Parti Démocratique et son chef Ed-

---

66. Gouvernement du Canada, *La Révision constitutionnelle 1968-1971*, Rapport du Secrétaire, *op. cit.*, p. 345.
67. Le Comité permanent des fonctionnaires devra aborder en priorité la question de la répartition des pouvoirs. Il est désormais habilité à mettre sur pied tout sous-comité, groupe de travail ou commission spécialisée qui lui semblera utile pour poursuivre ses travaux.
68. Cette première séance de travail constituait la troisième rencontre des Premiers ministres consacrée à la révision constitutionnelle. Ils s'étaient réunis une première fois en février 1968 et à nouveau en février 1969.

ward Schreyer. L'impact de ce changement de gouvernement à Winnipeg se fera sentir dès la Conférence de décembre 1969 mais la campagne électorale n'a pas d'impact sur la séance de travail du mois de juin.

Le seul événement politique d'importance qui coïncide avec la séance de travail des Premiers ministres est constitué par la campagne au leadership de l'Union Nationale qui oppose le premier ministre Jean-Jacques Bertrand et son ministre de l'Éducation Jean-Guy Cardinal. L'événement n'est pas sans précédent en politique canadienne mais il revêt dans la perspective de la réforme constitutionnelle une réelle importance. Jean-Jacques Bertrand ne saurait revenir d'Ottawa en vaincu. Son adversaire, quant à lui, proclame à travers le Québec que « la Conférence fédérale-provinciale n'a pas le droit de prendre aucune décision importante engageant l'avenir du Québec parce que dix jours plus tard le Premier ministre du Québec ne sera peut-être plus le même ». Il laisse entendre de plus que « Trudeau » a convoqué à cette date cette Conférence pour donner une tribune à Jean-Jacques Bertrand « parce qu'il ne veut pas que Jean-Guy Cardinal devienne premier ministre du Québec ».

Un autre événement politique d'importance affecte le déroulement de la Conférence, soit le dépôt, par le ministre fédéral des Finances, d'un budget accusant un surplus net de $250 millions. Dans le contexte d'une discussion portant sur la fiscalité, ce surplus fédéral n'est pas sans importance.

La première séance de travail de la Conférence constitutionnelle se réunit à Ottawa le 11 juin, à huis clos.

Cette rencontre, tant par ses objectifs que nous analyserons, et sa méthode, revêtait une importance majeure. Au plan de la méthode, elle pouvait modifier en profondeur l'attitude des chefs de gouvernements au sujet de l'efficacité des rencontres publiques.

Les Canadiens ne pouvaient suivre à la télévision ou à la radio ce grand spectacle repris deux fois depuis la Conférence Robarts. On jugeait dans les milieux politiques fédéraux que « ce grand spectacle » avait assez duré. Le scénario des grandes déclarations et des affrontements spectaculaires ajustés aux urgences électorales avait peut-être eu un effet contraire aux objectifs initiaux visés par le choix de l'audience publique. Repris sans considération, il risquait d'exacerber les auditeurs désormais conscients de vivre « dans un pays fragmenté ». Les séances de travail à huis clos des Premiers ministres leur permettraient de développer de meilleures relations de travail, d'aborder

187

avec plus de consistance les questions complexes et techniques qui avaient été portées à l'ordre du jour.

Nous ne disposons pas de la transcription intégrale des délibérations des chefs de gouvernements. Nous savons cependant qu'ils abordèrent tour à tour et dans l'ordre les problèmes suivants : les pouvoirs d'imposer, le pouvoir de dépenser du gouvernement fédéral, les aspects constitutionnels des disparités régionales, les rapports préliminaires et peu substantiels des cinq comités ministériels.

Pour l'analyse de ces différentes questions les Premiers ministres disposaient des propositions du gouvernement fédéral[69]. De plus, divers dossiers soumis par les provinces et une nomenclature des documents disponibles sur le pouvoir de dépenser dressée par le Comité permanent des fonctionnaires leur avaient été remis.

Les principaux sujets à l'ordre du jour étaient d'une importance capitale dans un régime fédéral. En les simplifiant à l'extrême on pourrait les résumer comme suit : comment le gouvernement fédéral et les gouvernements provinciaux se partagent-ils le pouvoir de taxer et le pouvoir de dépenser.

Pour plusieurs, la source majeure de la crise canadienne s'explique par le recours abusif et unilatéral par Ottawa du fameux pouvoir de dépenser. Invoquant ce pouvoir, les autorités fédérales se sont immiscées dans un nombre sans cesse grandissant de domaines de juridiction prioritaire ou exclusive des provinces. Le Québec s'est toujours vigoureusement objecté à ces interventions[70]. D'autres provinces et notamment l'Ontario ont réagi tardivement mais sans ambiguïté contre la définition du pouvoir de dépenser d'Ottawa qui lui donne une puissance politique pratiquement illimitée[71].

Jean Lesage avait forcé le gouvernement du Canada à définir une formule qui permette aux provinces de se retirer des programmes fédéraux jugés de compétence provinciale. Cette for-

69. Gouvernement du Canada : *Les Pouvoirs d'imposer et la Constitution canadienne*, L'Honorable E.J. Benson, ministre des Finances. Imprimeur de la Reine, Ottawa, 1969 ; *Les Subventions fédérales-provinciales et le Pouvoir de dépenser du Parlement canadien*, Le Très Honorable Pierre Elliott Trudeau, premier ministre du Canada, Ottawa, Imprimeur de la Reine, 1969.
70. Gouvernement du Québec, Conférence constitutionnelle, Comité permanent des fonctionnaires, *Document de travail*, Propositions pour la révision constitutionnelle, 24 juillet 1968, p. 42.
71. *La Position de l'Ontario vis-à-vis le pouvoir de dépenser*, présenté par le gouvernement de l'Ontario, juin 1969, Document n° 134 (1).

mule de l'*opting out* permettait à une province d'assurer elle-même le contrôle et le financement d'un programme dit conjoint et d'obtenir une équivalence fiscale. Cette méthode ne fut utilisée que par le Québec. Le gouvernement fédéral s'inquiéta de ce fait et choisit à la fin de 1966 de mettre fin unilatéralement à la possibilité pour les provinces de diriger elles-mêmes un programme initialement conjoint. Si elles choisissaient de le faire, elles devaient dans ce cas en assurer seules et entièrement le financement.

Depuis 1967, c'était l'impasse totale.

Si les précédentes rencontres des Premiers ministres au sujet de la réforme constitutionnelle avaient plané bien haut et cherché à établir des consensus au niveau des principes, la session de travail de juin 1969 posait la question essentielle. Tous les débats autour du partage et de l'exercice réel des pouvoirs n'ont que peu de réalité s'ils ne posent pas en priorité le problème du pouvoir de taxer et de dépenser. Tel fut l'enjeu de cette session de travail des Premiers ministres, équilibrer, selon l'expression d'un observateur, «le concept de Constitution-symbole par celui de Constitution-instrument de travail».

Le gouvernement fédéral y déposa des propositions qui servirent de référence à la discussion.

Pour l'essentiel ces propositions prévoyaient que le gouvernement central conserverait son pouvoir de dépenser[72]. Ce dernier justifiait cette position par ses responsabilités en termes de péréquation des services publics provinciaux[73] et l'équivalence des perspectives d'avenir pour tous les Canadiens, rendue plus réelle par la redistribution du revenu des particuliers et une

---

72. « En termes constitutionnels, l'expression « pouvoir de dépenser » a une signification qui est propre aux institutions canadiennes, savoir : le pouvoir qu'a le Parlement de verser certaines sommes aux individus, aux organisations ou aux gouvernements, à des fins au sujet desquelles le Parlement canadien n'a pas nécessairement le pouvoir de légiférer. L'exemple le plus approprié est probablement celui des subventions aux gouvernements provinciaux afin d'assurer la gratuité des services hospitaliers d'un bout à l'autre du Canada. Le Parlement n'a pas la compétence constitutionnelle nécessaire pour mettre sur pied des hôpitaux généraux, non plus que pour les astreindre à une certaine réglementation; toutefois, en vertu de son « pouvoir de dépenser » le Parlement peut, de l'avis général, accorder des subventions aux provinces en vue du financement des programmes hospitaliers provinciaux.» Gouvernement du Canada, *Les Subventions fédérales-provinciales et le Pouvoir de dépenser du Parlement canadien, op. cit.*, p. 5.

73. *Ibid.*, p. 7.

189

politique canadienne du développement économique régional[74].
Enfin, le pouvoir de dépenser du gouvernement fédéral était fondé, selon ses représentants, sur sa responsabilité dans l'élaboration et la réalisation de programmes particuliers revêtant une importance nationale.

Le total des versements effectués par le gouvernement du Canada investi de son pouvoir de dépenser était en 1968-1969 de $4 414 400., soit 31.8% de ses dépenses[75].

Ces motifs ayant été invoqués, les rédacteurs du document rappellent que « l'interprétation judiciaire de l'Acte de l'Amérique du Nord Britannique a été à l'effet de lui permettre d'affecter les argents de fonds du revenu consolidé à n'importe quelle fin, à condition que la mesure législative autorisant les dépenses ne constitue pas une invasion des compétences provinciales[76] ».

Ces décisions judiciaires ont cependant été interprétées différemment par les juristes canadiens. Pour certains, elles signifient que le Parlement canadien peut effectuer tout versement qu'il désire et à quelques fins que ce soit pourvu que le programme fiscal ne soit pas une mesure législative ou réglementaire. D'autres ont interprété ces décisions comme signifiant que le Parlement du Canada pouvait faire des versements inconditionnels aux provinces. Enfin, une troisième interprétation veut que ces décisions interdisent au Parlement du Canada de faire des versements dans des domaines qui sont de compétence exclusive des provinces. Le gouvernement fédéral s'en tient quant à lui à la première interprétation.

Le pouvoir de dépenser du gouvernement canadien s'exerçait dans deux secteurs spécifiques, celui des programmes fédéraux-provinciaux et celui des subventions aux individus et aux organismes.

---

74. *Ibid.*
75. *Ibid.*, p. 9.
Cette somme était répartie comme suit :

	Total des versements ($ millions)	% des dépenses fédérales
Versements aux individus	$ 855.2	8.0
Versements aux organisations	77.3	0.7
Versements aux gouvernements		
conditionnels	1616.9	15.0
inconditionnels	865.0	8.1
Total	$ 4414.4	31.8

76. *Ibid.*, p. 13.

Outre les motifs déjà invoqués, le gouvernement fédéral justifiait son pouvoir de dépenser de même que sa contribution à des programmes dans les domaines de compétence provinciale comme suit[77] :

> ...ce pouvoir se rattache à la nature même d'un État industriel moderne — interdépendance économique et technologique, interdépendance des politiques des divers gouvernements; ...il se rattache à l'esprit communautaire qui fait que les résidents d'une partie du pays veulent contribuer au bien-être des résidents des autres parties du pays.

Afin d'« éliminer » les critiques de certaines provinces tout en n'affaiblissant pas indûment son pouvoir de dépenser, le gouvernement canadien propose qu'à l'avenir on applique les principes suivants[78] :

> Le pouvoir constitutionnel du Parlement canadien de contribuer aux services publics et aux programmes provinciaux devrait être inscrit en termes explicites dans la Constitution ;
>
> Le pouvoir du Parlement d'accorder des subventions inconditionnelles aux gouvernements provinciaux en vue du financement de leurs services publics et de leurs programmes devrait être illimité;
>
> Le pouvoir du Parlement d'accorder des subventions conditionnelles générales aux programmes fédéraux-provinciaux dans les domaines qui sont reconnus être de la compétence exclusive des provinces devrait être subordonné à l'existence des deux facteurs suivants : premièrement, il faudrait que le Parlement puisse démontrer qu'il existe un accord général national en faveur de la mise sur pied d'un programme donné avant de pouvoir exercer son pouvoir; deuxièmement, la décision d'un corps législatif provincial d'exercer son droit constitutionnel de ne pas participer à un programme donné, même lorsqu'il y a un accord général national, ne devrait pas avoir pour résultat l'imposition d'une peine fiscale sur les habitants de cette province.

Seule la troisième proposition était vraiment nouvelle. Le gouvernement central propose donc d'obtenir « un accord national » quant à l'opportunité de nouveaux programmes et accepte le principe de la compensation pour les provinces non participantes. Dans ce contexte, la notion même de programme

77. *Ibid.*, pp. 21-22.
78. *Ibid.*, p. 37.

conjoint prend un sens plus réel et n'est plus, selon l'expression d'un observateur qualifié, « un sinistre abus de langage ».

Le pouvoir du gouvernement central de verser des subventions conditionnelles serait pour la première fois réglementé en quelque sorte.

Les formules concrètes permettant de réaliser ces objectifs n'étaient pas définies mais les principes de l'approbation nécessaire des autorités provinciales et du droit d'une province non participante à la compensation étaient enfin reconnus.

Au sujet de ce dernier point, le gouvernement fédéral prévoyait que, dans les provinces non participantes, le Parlement remettrait aux contribuables un montant « qui soit en relation avec les impôts qu'ils auront contribués pour défrayer le coût du programme en question, ou un montant qui équivaut aux bénéfices qu'ils auraient reçus si leur gouvernement avait décidé d'adhérer au programme[79] ».

Prévoyant les objections des provinces à ce dernier aspect de ses propositions, les porte-parole fédéraux affirmaient qu'il n'existe aucune raison pour laquelle le Parlement devrait verser une compensation aux gouvernements des provinces non participantes plutôt que de la verser directement aux contribuables, en vertu de son obligation constitutionnelle d'offrir une compensation.

Les propositions mises de l'avant par le gouvernement fédéral concernant les pouvoirs d'imposer privilégiaient le principe de l'accessibilité plutôt que celui plus rigide de la prédiction et de la répartition des besoins et des ressources fiscales[80].

Le Parlement devrait avoir le pouvoir d'imposer toutes les personnes, ainsi que les revenus, la propriété et les transactions (achats et ventes) au Canada. Chaque province devrait avoir le même pouvoir à l'intérieur de ses frontières; cette limite posée aux pouvoirs d'imposer provinciaux devrait permettre une répartition équitable entre les diverses provinces du revenu, de la propriété et des transactions imposables. Le contribuable se trouvera aussi protégé contre la possibilité que plus d'une province impose son revenu, sa propriété ou ses achats. Tous sont généralement d'accord pour dire qu'aucun gouvernement ne devrait avoir le droit d'employer son régime d'imposition afin d'ériger des barrières au commerce interprovincial, que ce soit de propos

---

79. *Ibid.*, p. 49.
80. Gouvernement du Canada, *Les Pouvoirs d'imposer et la Constitution canadienne*, L'Honorable E.J. Benson, ministre des Finances, *op. cit.*, p. 17.

délibéré ou autrement. Tous sont d'accord aussi pour dire que seul le Parlement doit avoir le pouvoir de percevoir des droits de douane.

Cet accès conjoint des deux niveaux de gouvernements à toutes les formes de revenus implique la création de mécanismes de consultation sur les questions fiscales et budgétaires[81]. Notons que les propositions fédérales ne se réfèrent pas à l'impôt foncier et aux droits successoraux dont Québec réclamait l'accès exclusif.

Au niveau des principes, l'Ontario et le Québec ne pouvaient que s'associer à tout projet limitant le pouvoir d'intervention, le pouvoir de dépenser du fédéral dans des domaines de juridiction provinciale, compte tenu de leur position commune illustrée par leur réaction récente au programme d'assurance-santé défini par le fédéral. Le gouvernement de l'Ontario avait pendant long-temps accepté avec enthousiasme les initiatives fédérales. Cependant le dernier programme dit conjoint imposé aux pro-vinces par Ottawa avait suscité une réaction indignée de la part de l'Ontario. Le premier ministre Robarts répétait à qui voulait l'entendre que sa province ne s'y ferait plus prendre à l'avenir.

Le Québec pour sa part maintient une même position depuis les débuts des années '60. Les programmes dits conjoints et à frais partagés déterminés par le gouvernement central faussent les priorités provinciales, rendent impossible la planification au niveau des provinces et contredisent la forme fédérale en cen-tralisant et en uniformisant les choix d'investissement public et de développement social. La détermination de normes qui désormais présideront à la définition et à l'implantation de pro-grammes dits conjoints recevait, toujours au niveau des prin-cipes, l'appui d'une majorité des provinces.

Sur le pouvoir de taxer et de dépenser du gouvernement fédéral les provinces réagissaient différemment. Les moins bien nanties souhaitaient que le gouvernement central conserve un large pouvoir de dépenser qui lui permette de les assister et d'assurer à leur population un niveau minimal de bien-être. Pour le Québec et l'Ontario les pouvoirs de taxer et de dépenser d'Ottawa doivent être limités à ses propres domaines de juri-diction.

---

81. Cette question est longuement discutée dans le document fédéral, pp. 49-55.

Cette restriction du pouvoir de dépenser du gouvernement fédéral soulève, dans le régime fédéral canadien dont les compòsantes sont si inégales, des difficultés considérables. Comment réaliser un véritable fédéralisme qui ne soit pas un État unitaire déguisé et en même temps exiger que le gouvernement fédéral s'occupe de résoudre l'ensemble des problèmes désignés par l'expression «disparités économiques régionales»?

C'est cette espèce de position contradictoire que les Premiers ministres consacrent en convenant d'inclure dans le préambule d'une nouvelle Constitution une disposition qui reconnaîtrait la responsabilité du gouvernement fédéral quant à la solution du problème des disparités régionales.

Le communiqué commun rendu public à la fin de la session de travail témoignait d'une première véritable négociation au niveau politique quant à la réforme de la Constitution[82]. Cette négociation n'a pas tout réglé. Les problèmes discutés étaient complexes et, en un certain sens, amputés de leur réalité essentielle. La véritable négociation, celle du partage des pouvoirs, n'était pas encore amorcée. Cependant de réels *progrès* avaient été faits dans la manière de définir et de poser le problème fiscal.

À une exception près[83], toutes les provinces et le gouvernement fédéral avaient accepté les principes du libre accès aux champs d'imposition et affirmé la responsabilité propre de chaque Parlement quant à sa politique fiscale[84]. Ce consensus prévoyait des mesures de protection pour les citoyens contre l'imposition de leurs revenus «par plus d'une province» et des assurances contre l'imposition de barrières tarifaires entre les provinces. On avait accepté de plus et unanimement de conserver au gouvernement fédéral l'exclusivité des tarifs douaniers.

Ce dernier se voyait également octroyer un pouvoir explicite d'accorder des subventions inconditionnelles aux gouvernements provinciaux qui, en raison de leur faiblesse relative, ne pourraient pas réaliser autrement des politiques jugées essentielles dans les domaines de leur juridiction.

82. Gouvernement du Canada, *La Révision constitutionnelle 1968-1971,* Rapport du Secrétaire, Secrétariat des Conférences intergouvernementales canadiennes, Information Canada, Ottawa, 1974, pp. 351-355.
83. La Colombie-Britannique avait réservé son accord dans le domaine du libre accès à l'imposition.
84. Gouvernement du Canada, *Les Pouvoirs d'imposer et la Constitution canadienne, op. cit.,* p. 17 et p. 49.

Nous avons déjà signalé les diverses positions prises par les provinces au sujet du pouvoir de dépenser. Le communiqué final les reprend sans commentaires.

Quant aux programmes dits conjoints et à frais partagés, les participants à la Conférence ont consenti à en laisser l'initiative au gouvernement fédéral dans la mesure où ce dernier aura d'abord réalisé un consensus national dont la formule restait à déterminer. De plus le principe du retrait facultatif *(opting out)* devait être respecté et une formule de compensation acceptable pour les provinces, définie.

Enfin, les chefs des onze gouvernements avaient, comme nous l'avons déjà signalé, convenu d'inclure dans le préambule d'une nouvelle Constitution une disposition qui reconnaîtrait la responsabilité du gouvernement fédéral quant à la solution du problème des disparités régionales.

La session de travail de juin 1969 avait de toute évidence permis d'explorer un secteur clef de la révision constitutionnelle. Une fois de plus les intérêts divergents des différentes régions du pays s'étaient manifestés avec force. Des progrès de définition avaient été accomplis mais aucune solution concrète n'avait été élaborée. Le dossier retournait au Comité permanent des fonctionnaires.

TROISIÈME RÉUNION DE LA CONFÉRENCE CONSTITUTIONNELLE: DÉCEMBRE 1969[85]

Le 8 décembre 1969, les chefs de gouvernements du Canada se réunissaient à Ottawa dans la salle des pas perdus de l'ancienne Gare Centrale transformée en vaste studio de télévision. Cette réunion était publique et télédiffusée.

Le contexte politique avait peu évolué. Pour la première fois, Edward Schreyer dirigeait la délégation du Manitoba. On le disait ardent supporteur du gouvernement fédéral mais aussi sympathique au Québec qu'il connaissait manifestement mieux que ses collègues des provinces de l'Ouest. Encore une fois, c'est la situation politique québécoise qui retenait l'attention.

Divisé depuis le congrès du leadership de l'Union Nationale qui avait consacré officiellement le statut de Premier ministre de

---

85. Cette troisième réunion de la Conférence constitutionnelle était la quatrième rencontre des Premiers ministres consacrée à la révision constitutionnelle. Ils s'étaient réunis en février 1968, en février 1969 et en juin 1969.

Jean-Jacques Bertrand, le gouvernement québécois devait déclencher des élections générales dans les mois qui suivent la réunion d'Ottawa. Pour la première fois, un parti politique indépendantiste présenterait des candidats dans tous les comtés. Ce parti, dirigé par René Lévesque, suivait étroitement le comportement des hommes politiques et ne manquerait pas d'exploiter toutes les «failles» du débat constitutionnel.

Jean-Jacques Bertrand en présentant le dossier québécois n'avait pas manqué de souligner que les réponses d'Ottawa et des provinces constitueraient un élément important de la prochaine campagne électorale et de l'élection «référendum», selon son expression.

L'ordre du jour de la réunion des Premiers ministres prévoyait qu'on allait discuter de la répartition des pouvoirs dans les secteurs de la sécurité du revenu et des services sociaux, du pouvoir de dépenser et de la taxation. On devait de plus réexaminer la question des politiques visant à solutionner les inégalités régionales[86].

À quelques jours de l'ouverture de la Conférence, le gouvernement fédéral rendait public un document de travail précisant sa position relative à la sécurité du revenu et aux services sociaux[87].

---

86. À l'occasion de cette réunion de la Conférence constitutionnelle, un grand nombre de documents en provenance des provinces ou des Comités de la Conférence étaient rendus publics. «Les disparités régionales, autres solutions de formule constitutionnelle» soumis par le gouvernement du Nouveau-Brunswick, septembre 1969, Document n° 159; «Problèmes relatifs à l'étude de la répartition des compétences d'après l'Acte de l'Amérique du Nord Britannique, la recherche d'une méthode», document de travail présenté par le gouvernement du Nouveau-Brunswick, Document n° 160; «Document d'information sur les discussions du Comité permanent des fonctionnaires», novembre 1969, Document n° 174A; «Rapport intérimaire du Comité ministériel des droits fondamentaux à la Conférence constitutionnelle», novembre 1969, Document n° 180; «Rapport intérimaire du Comité ministériel sur le système judiciaire à la Conférence constitutionnelle», novembre 1969, Document n° 181; «Rapport intérimaire du Comité ministériel sur les langues officielles à la Conférence constitutionnelle», novembre 1969, Document n° 182; «D'autres observations sur la question des programmes à frais partagés et sur une formule d'accord national», présenté par le gouvernement du Nouveau-Brunswick, novembre 1969, Document n° 185; «Document d'information sur les discussions du Comité ministériel des droits fondamentaux», décembre 1969, Document n° 194; «Mémoire de la Nouvelle-Écosse à la Conférence constitutionnelle de décembre 1969», Document n° 204.

87. Gouvernement du Canada, *Sécurité du revenu et Services sociaux*, Le Très Honorable Pierre Elliott Trudeau, premier ministre du Canada, Imprimeur de la Reine, Ottawa, 1969.

Le document établissait une distinction entre les programmes de soutien et d'assurance du revenu[88] et les services
proprement dits de bien-être et de santé[89]. Pour les premiers,
le document propose qu'ils continuent à relever de la compétence parallèle d'Ottawa et des provinces. Pour les seconds,
le document soumet qu'ils relèvent exclusivement de l'autorité
des provinces, mais maintient un recours possible du gouvernement central grâce à son pouvoir général de dépenser[90].

Les rédacteurs du document fédéral avaient choisi un langage peu diplomatique décrivant les gouvernements provinciaux
comme « des petits gouvernements », des « gouvernements régionaux » et le gouvernement fédéral comme « un grand gouvernement ».

Au-delà de ces erreurs d'appréciation, de jugement et de fait,
l'argumentation du gouvernement central peut être résumée
comme suit :

Il incombe que le gouvernement « national » se voie accorder
par la Constitution assez de pouvoir et de revenus pour qu'il
assure la croissance économique du pays[91], maintienne l'emploi
à un haut niveau, réduise au minimum les effets des disparités
régionales et sociales[92], maintienne «le sentiment d'une
collectivité canadienne[93] et garantisse des services équivalents aux Canadiens qui se déplacent d'une province à l'autre[94].
Dans ce contexte, il ne saurait céder aux provinces la responsabilité de soutien et d'assurance du revenu.

Le gouvernement fédéral refusait de s'amputer lui-même
d'un outil économique, d'un mécanisme de redistribution de la
richesse du pays. Si le transfert de juridiction devait s'accompagner d'un transfert fiscal équivalent à 32% de l'impôt
sur le revenu des particuliers plus un supplément de 500 millions
de dollars, le gouvernement fédéral ne contrôlerait, dans ce contexte, que 3/8 de l'impôt des particuliers. Selon les auteurs du

---

88. Les programmes de soutien et d'assurance du revenu recoupent pour
l'essentiel l'assurance-chômage, l'assurance-accident, les allocations familiales et allocations aux jeunes, le revenu garanti, le régime de rentes, la
sécurité de la vieillesse et l'assistance sociale.
89. Les services de bien-être et de santé recoupent pour l'essentiel les services
aux malades et aux nécessiteux, les hôpitaux, les hospices, les cliniques et
le service social à domicile.
90. *Sécurité du revenu et Services sociaux, op. cit.*, p. 107.
91. *Ibid.*, p. 73.
92. *Ibid.*, p. 67.
93. *Ibid.*, p. 69.
94. *Ibid.*, p. 71.

197

document fédéral, cela signifie qu'il n'y aurait plus au Canada aucun centre de décision disposant des ressources nécessaires pour contrôler l'inflation et influer sur le taux de chômage.

De plus, en vue de protéger les fonds de pension des Canadiens qui déménagent d'une province à l'autre, le gouvernement central proposait qu'on lui reconnaisse constitutionnellement la primauté en matière d'assurance-retraite publique[95].

Le document fédéral fait peu confiance au jugement des gouvernements provinciaux, en laissant entendre que ces derniers, dans l'éventualité d'un transfert de responsabilité et d'argent au poste des programmes de soutien et d'assurance du revenu, n'utiliseraient pas ces nouvelles ressources pour soutenir le revenu des citoyens.

En bref, le gouvernement central proposait qu'à l'occasion de la révision constitutionnelle, on accroisse considérablement ses pouvoirs dans le domaine de la sécurité sociale.

Le journal *The Gazette* dans un éditorial du 6 décembre qualifie ces propositions de provocation. La même journée, Claude Ryan écrit dans la page éditoriale du *Devoir* que le Québec ne saurait accepter ces propositions sans renier bêtement tout ce qui a été fait depuis quinze ans pour l'affirmation de sa personnalité distincte sur le plan constitutionnel. René Lévesque affirme que « ce document fédéral ne fait qu'enfoncer un peu plus tout le monde dans la jungle » et Jean Lesage, chef de l'opposition à Québec, laisse tomber un « c'est frustrant, extrêmement frustrant ».

À Ottawa, le premier ministre Bertrand affirme que ce document traduit l'esprit extrêmement centralisateur du gouvernement fédéral[96].

> Il ne nous propose même pas le statu quo. Il va plus loin ou moins loin selon l'optique qu'on adopte et non seulement il refuse de reconnaître au Québec la priorité que lui confère la Constitution actuelle, mais il veut enlever au Québec certains pouvoirs qu'il possède déjà.
>
> De plus, il demande que le pouvoir illimité de dépenser dont le fédéral s'est fréquemment servi dans le passé à l'aide de ressources fiscales abondantes soit dorénavant confirmé dans la nouvelle Constitution.

95. *Ibid.*, p. 91.
96. Gouvernement du Canada, Conférence constitutionnelle, troisième réunion, *Procès-verbal*, Ottawa, décembre 1969, pp. 11 et 12.

Enfin, il veut obtenir un pouvoir prépondérant en matière de pensions et de caisses de retraite, ce qui équivaut à dire que nous perdrions effectivement le contrôle de notre régime québécois de rentes et tous les programmes connexes.

Jean-Jacques Bertrand répudie point par point la thèse fédérale. « La sécurité sociale est indivisible et elle doit être exclusive au gouvernement du Québec. Le Québec ne peut se dispenser de concevoir et d'organiser sa vie sociale selon les exigences permanentes de sa culture [97]. » Il invoque la continuité historique de la position québécoise déjà définie par l'administration de Jean Lesage [98] :

> La sécurité sociale, y compris toutes les allocations sociales, les pensions de vieillesse, les allocations familiales, la santé et les hôpitaux, le placement et la formation de la main-d'œuvre devraient être attribués exclusivement aux États.

L'argument fédéral qui veut qu'un transfert de juridiction et de ressources dans le secteur des programmes de soutien et d'assurance de revenu mine sa capacité de contrôler l'économie ne résiste pas, selon le chef du gouvernement québécois, à l'analyse. Même si ce transfert était effectué, Ottawa, en plus de ses autres sources de revenus, contrôlerait encore 40% de l'impôt sur le revenu des particuliers.

Après avoir affirmé que le Québec accepte le pouvoir de dépenser du fédéral, le Premier ministre québécois rappelle que des limites précises doivent lui être imposées. Autrement, en matière de sécurité sociale par exemple, le gouvernement fédéral finira par agir comme si, à côté de la Constitution officielle, que nous aurons élaborée au prix de tant d'efforts, il y avait une Constitution parallèle, non écrite, officieuse et même clandestine, dont il pourrait se servir à sa guise pour contourner ce qui ne lui plaît pas dans les dispositions formelles arrêtées d'un commun accord.

Tour à tour, les Premiers ministres des provinces anglophones appuient la thèse fédérale et reconnaissent le droit du gouvernement canadien d'effectuer des paiements aux individus

---

97. Dans son document *Sécurité du revenu et Services sociaux*, le gouvernement fédéral avait prévu et répudié cette relation privilégiée entre vie sociale et vie culturelle, pp. 77-78.
98. Gouvernement du Canada, Conférence constitutionnelle, troisième réunion, *Procès-verbal*, Ottawa, décembre 1969, p. 11.

aux termes de programmes de soutien et d'assurance du revenu. Seul le Premier ministre de l'Ontario a insisté pour que ces paiements fédéraux aux individus n'interviennent pas dans des domaines de juridiction provinciale. Si privément certains chefs de délégation manifestent intérêt et sympathie pour la position québécoise, aucun d'entre eux cependant ne se laisse convaincre par l'argumentation québécoise, toujours la même depuis 1968.

Si le gouvernement du Québec insiste tant pour reprendre la pleine maîtrise de la sécurité sociale, c'est pour deux raisons principales :

D'abord, parce que la coexistence de deux gouvernements dans ce domaine empêche une planification efficace de la sécurité sociale, permet la contradiction entre les divers programmes et mène au double emploi administratif et au gaspillage.

Ensuite, parce que l'ensemble des mesures de sécurité sociale touche la nation dans sa vitalité même en tant que société[99].

La position du premier ministre Robarts mérite un bref rappel. Tout en reconnaissant le bien-fondé de certaines propositions fédérales, il souligne que depuis l'accession au pouvoir de Pierre Elliott Trudeau, l'Ontario constate que le gouvernement fédéral « prend de plus en plus position en faveur de la centralisation et qu'il est de moins en moins sensible aux problèmes des provinces. Il agit comme s'il voulait mettre fin au fédéralisme et imposer le centralisme ».

Les premiers ministres Thatcher, Bennett et Strom ont tous trois souhaité qu'on aborde les graves problèmes affectant le développement de l'Ouest et qu'on replace dans une plus juste perspective les problèmes du Québec et ceux des provinces de l'Atlantique.

Au terme de la première journée de cette Conférence, le Québec se trouvait totalement isolé « par un mur étanche d'incompréhension ».

Par l'un de ses retournements dont le débat constitutionnel fournit des exemples toujours surprenants, c'est le gouvernement fédéral qui se retrouva isolé lors de la seconde journée de la Conférence.

---

99. Gouvernement du Québec, *Mémoire sur la question constitutionnelle*, Conférence intergouvernementale canadienne, Ottawa, 5-7 février 1968, p. 12.

C'est avec unanimité et vigueur que les provinces rejettent le projet fédéral d'amendement de la Constitution qui remettrait à Ottawa la primauté législative dans le secteur des programmes de soutien et d'assurance du revenu.

La formule mathématique définissant « le consensus national » autorisant le gouvernement fédéral à lancer de nouveaux programmes dits conjoints a été combattue avec acharnement par tous les chefs des délégations provinciales. Ces derniers s'opposèrent avec vigueur aux intentions fédérales d'indemniser directement les citoyens d'une province qui refuse de participer à l'un ou l'autre des programmes dits conjoints. Les provinces proposent unanimement que leur soient consenties des équivalences fiscales.

Au terme de cette Conférence, certaines constatations sont inévitables.

Le gouvernement du Québec et le gouvernement d'Ottawa, ce dernier appuyé par les provinces anglophones, ont des conceptions tout à fait différentes de ce qu'est le Canada de 1969 et de ce qu'il devrait être dans l'avenir. Pour le chef du gouvernement canadien, ce dernier est d'un ordre supérieur par rapport aux gouvernements provinciaux. Il est seul capable de parler et d'agir au nom de tous les Canadiens et doit avoir le pouvoir d'imposer ses vues aux provinces même s'il s'agit de domaines de juridiction provinciale lorsque, selon lui, l'intérêt national est en jeu. Pour le chef du gouvernement québécois, les gouvernements provinciaux sont des gouvernements souverains au même titre que le gouvernement fédéral, chacun selon sa juridiction.

Aucun accord n'était possible pour le Québec avec un interlocuteur qui proposait de s'approprier le secteur de l'assurance-retraite publique. Cette question a fait l'objet de la plus grande bataille de la décennie en matière de sécurité sociale. Jean Lesage l'avait remportée. La proposition fédérale à ce sujet signifie que l'attitude d'Ottawa en 1964 et 1965 n'était que stratégique mais qu'il se proposait de reprendre le contrôle de l'assurance-retraite à la première occasion.

Sur la répartition des compétences en matière de sécurité du revenu et des services sociaux, l'impasse était totale, Québec et Ottawa défendant des thèses irréconciliables.

Sur l'ensemble des modalités relatives aux programmes dits conjoints, aucune entente n'était intervenue et aucune entente n'était prévisible. Toutes les provinces d'un côté et Ottawa de l'autre privilégiant des options opposées.

À la clôture de la Conférence, les Premiers ministres avaient convenu de se réunir à nouveau à huis clos en juin 1970 et de tenir une nouvelle réunion de la Conférence constitutionnelle à l'automne de 1970. Ils avaient de plus confié au Comité permanent des fonctionnaires le mandat d'examiner la place et le rôle de la taxe de vente et des droits successoraux dans le cadre d'une Constitution renouvelée.

Quant à l'inclusion dans le texte d'une nouvelle Constitution d'un article consacrant le pouvoir du fédéral de combattre les inégalités régionales, on s'entend sur le principe mais non sur les modalités.

De nombreux observateurs ont noté que l'initiative de la réforme constitutionnelle avait changé de camp à l'occasion de la réunion de décembre 1969. Demandée avec insistance par Québec, inaugurée en quelque sorte par l'Ontario en 1967, concédée par Lester B. Pearson, la révision était maintenant devenue l'affaire du gouvernement fédéral, lequel était passé à l'offensive en se présentant à la Conférence avec des politiques claires et une attitude ferme. John Robarts notait avec diplomatie que le Québec de Jean-Jacques Bertrand ne réussissait pas à faire ressortir le caractère d'urgence des discussions constitutionnelles comme au temps de Jean Lesage et de Daniel Johnson. La stratégie du Premier ministre québécois qui renonçait à la confrontation tentait de convaincre rationnellement les citoyens canadiens de la nécessité de renouveler le fédéralisme canadien. La présence de Pierre Elliott Trudeau à la présidence de la Conférence donnait en grande partie au débat l'allure d'une querelle entre Canadiens français.

Ramenée à l'essentiel, la Conférence constitutionnelle de décembre 1969 désagrège la thèse répandue au Canada anglais voulant que le charisme et la force politique de Pierre Elliott Trudeau au Québec forcerait le Québec à retraiter tout au moins stratégiquement. Or il n'en fut rien. Jean-Jacques Bertrand avec son style propre avait maintenu la continuité historique de la position québécoise.

Au lendemain de la Conférence, les Premiers ministres de l'Ontario et du Manitoba affirmaient que l'attitude d'Ottawa envers le Québec retardait la révision de la Constitution. Ils ouvraient la perspective d'arrangement particulier entre le Québec et le reste du Canada. Cette orientation raisonnable n'était que des vœux sincères sans doute formulés par des interlocuteurs inquiets.

La Conférence de décembre 1969 marquait une étape. Durant l'année qui se terminait, les Premiers ministres s'étaient réunis trois fois, le Comité permanent des fonctionnaires quatre fois. Trois des quatre comités ministériels s'étaient réunis chacun deux fois.

Dans la grande salle des pas perdus où se réunissaient les Premiers ministres, la grande horloge était détraquée. Ses aiguilles marquaient en permanence midi du début à la fin de la Conférence...

DEUXIÈME SÉANCE DE TRAVAIL DE LA CONFÉRENCE CONSTITUTIONNELLE: SEPTEMBRE 1970[100]

Depuis 1966 les chefs de gouvernements du Canada avaient eu comme interlocuteurs québécois les chefs successifs de l'Union Nationale. Ces derniers avaient fait de précises allusions à la présence d'un nouveau parti « indépendantiste » et à la réalité politique de cette option.

Quand ils se réunissent à nouveau en 1970, l'Union Nationale ne forme plus le gouvernement du Québec. Le Parti Québécois avait obtenu 4% du vote populaire (soit cent mille votes) de plus que l'Union Nationale à l'élection d'avril 1970. Six cent mille Québécois, soit 23% de l'électorat, avaient voté pour le parti dirigé par René Lévesque et la thèse de la souveraineté-association. Robert Bourassa est le nouvel interlocuteur québécois à la Conférence constitutionnelle. Ce dernier a proclamé ses convictions fédéralistes et son désir « de rechercher en priorité un partage nouveau, plus précis et plus juste des ressources fiscales et des pouvoirs ». On le présente à la fois comme « l'homme d'Ottawa » et en certains milieux on se méfie de son ancienne amitié avec René Lévesque. Dans un raccourci que les événements à venir démentiront, le nouveau Premier ministre québécois affirma tout au long de la campagne électorale que « grâce à la présence de Québécois aux postes de commande du gouvernement central, le Québec, pour la première fois, peut mettre vraiment le fédéralisme à profit. Il se trouve aujourd'hui à Ottawa des hommes, des hommes du Québec, décidés à reconstruire le Canada[101] ».

---

100. Cette deuxième séance de travail de la Conférence constitutionnelle était la cinquième rencontre des Premiers ministres consacrée à la révision constitutionnelle. Ils s'étaient réunis en février 1968, en février 1969, en juin 1969 et en décembre 1969.
101. Robert Bourassa, *Bourassa Québec*, Montréal, Les Éditions de l'Homme, 1970, p. 27.

Photo 37. Robert Bourassa et Pierre Elliott Trudeau à la deuxième séance de travail de la Conférence constitutionnelle, 1970.

Du même souffle, il qualifiait la Constitution canadienne de « relique poussiéreuse d'une époque révolue ». Il affirmait que le « découpage arbitraire des compétences législatives avait entraîné et continuait d'entraîner un émiettement de la puissance publique et un gaspillage de ressources dont les citoyens finissent toujours par faire les frais ». Il s'engageait « à mener des négociations serrées sur un nouveau partage des compétences législatives ».

Notons que la participation des Premiers ministres du Nouveau-Brunswick et de la Nouvelle-Écosse à la session de travail sera conditionnée par le fait qu'ils sont tous deux en train de livrer une dure lutte électorale.

La lenteur des progrès accomplis depuis le début de la révision constitutionnelle, l'ampleur des désaccords qu'elle a mis à jour, les affrontements qu'elle a suscités, la dimension théorique des débats publics, autant de facteurs qui militent en faveur d'un sérieux redressement de la situation.

C'est la validité même de l'entreprise qui est en cause. À la fin de la réunion de décembre 1969, certains Premiers ministres ont qualifié d'inutile la tenue de ces rencontres et ont souhaité publiquement qu'on renoue avec la réalité « du pain et du beurre ».

Sans doute exprimaient-ils le sentiment de bien des Canadiens choqués de l'apparente futilité du grand spectacle. Bref l'étape de la séance de travail de septembre 1970 doit produire des résultats. Il faut désamorcer l'impatience de l'Ouest, refaire une crédibilité à travers le pays à l'institution qu'est devenue la Conférence constitutionnelle.

Robert Bourassa a besoin « d'une semaine productive » pour faire la preuve a posteriori de sa thèse qui veut que la présence « d'hommes du Québec à Ottawa » et de « jeunes administrateurs compétents » à Québec soit la garantie du succès dans la réforme de la Constitution.

Dans la déclaration qu'il a préparée pour cette séance de travail de la Conférence constitutionnelle, le nouveau chef du gouvernement québécois se présente comme un politicien désireux d'accélérer le travail de la révision constitutionnelle et d'atteindre des objectifs concrets et rentables[102]. Toute rhétorique a été exclue de ce document. Les termes sont sobres. Il n'y est pas fait usage une seule fois du mot « nation », on l'a remplacé par l'expression « communautés de base ». L'aspiration à l'égalité dont Daniel Johnson et Jean-Jacques Bertrand avaient fait le fondement même de leurs négociations est remplacée par « la perspective du maintien et du développement de notre identité ».

Le critère d'évaluation des compétences constitutionnelles n'est plus historique mais fonctionnel[103] :

> Dès lors que l'examen serein d'un problème précis révélera que les citoyens seront mieux servis par tel ou tel ordre de gouvernement, là sera notre position.

L'objectif de la révision était défini comme suit par Robert Bourassa[104] :

> Préserver et développer le caractère biculturel de la fédération canadienne.

---

102. Gouvernement du Québec, *Déclaration de M. Robert Bourassa*, premier ministre et ministre des Finances, Conférence constitutionnelle, Ottawa, 14 et 15 septembre 1970. Robert Bourassa avait à plusieurs reprises affirmé qu'il fallait dépasser la dimension traditionnelle « juridique et culturelle » du Québec et viser « la solution efficace », voire bâtir le programme d'action de l'État autour de cette notion. Cette perspective fut longuement exposée par Robert Bourassa dans le *Discours de politique générale du gouvernement* prononcé lors de l'ouverture de la première session de la 29e Législature, 9 juin 1970.
103. *Ibid.*, p. 5.
104. *Ibid.*, p. 7.

Là où le Québec réclamait depuis la Conférence de novembre 1967 une priorité législative, le nouveau gouvernement québécois réclamait « une plus grande participation aux décisions susceptibles de toucher les Québécois[105] ».

De toute évidence, la perspective d'une entente avec Ottawa et les autres provinces semblait plus réelle que jamais suite à la déclaration de Robert Bourassa. Ce dernier insistait de plus sur la nécessité d'accélérer les discussions[106].

> Il nous faudra donc mobiliser nos énergies en un temps record et déboucher rapidement sur des solutions concrètes. La chance nous est encore donnée de modifier certains aspects particulièrement désuets et inopérants du présent modèle de fédéralisme. Mais nos concitoyens québécois ne toléreront plus longtemps ni l'excessive lenteur du processus de révision de la Constitution, ni la confusion chronique qui en découle.

Cette invitation sera accueillie avec enthousiasme par Ottawa. Le travail de révision de la Constitution sera poursuivi avec diligence, voire avec précipitation. En moins de neuf mois, les Premiers ministres se réuniront trois fois, les fonctionnaires seront forcés d'activer tous les dossiers. La perspective d'un accord constitutionnel n'avait jamais été aussi présente qu'en septembre 1970. L'interlocuteur québécois qui rendait cette perspective possible sera celui-là même qui, par son rejet de la Charte de Victoria, mettra un terme au processus de révision constitutionnelle.

L'arrivée au pouvoir de Robert Bourassa signifia que le dossier de la révision constitutionnelle allait, pour une période de six mois, être discuté et contrôlé par le bureau du Premier ministre et celui du Secrétaire général du Conseil exécutif. Désireux de « régler » rapidement cette question, le nouveau chef du gouvernement québécois décida d'éloigner les fonctionnaires supérieurs, en particulier le sous-ministre Claude Morin, qui jusque-là avait la responsabilité de ce dossier. Devant la complexité des problèmes en cause, les pressions de plus en plus suivies d'Ottawa, le premier ministre Bourassa décida à l'automne 1970 de réintégrer dans l'équipe de négociateurs québécois ceux qui depuis 1967 avaient assuré la permanence du dossier constitutionnel du Québec.

105. *Ibid.*, p. 7.
106. *Ibid.*, p. 5.

L'ordre du jour de la seconde session de travail des Premiers ministres prévoyait qu'ils discuteraient de la révision constitutionnelle, de la gestion du milieu, du marché des capitaux et des institutions financières. Ils devaient de plus analyser divers rapports du Comité permanent des fonctionnaires et des comités ministériels[107].

Un long communiqué, émis à la fin de la rencontre, informa les Canadiens des progrès sensibles qui avaient marqué les discussions des Premiers ministres[108]. On y décelait la volonté de ces derniers de poursuivre la réforme de la Constitution.

Les Premiers ministres informent les Canadiens «qu'il leur faut dès maintenant prêter attention à l'examen des formules d'amendement de la Constitution». Dans la même phrase, ils reconnaissent de profondes divergences au sein de leur groupe. Certains d'entre eux pensent qu'il faut apporter à la Constitution quelques modifications urgentes avant de la réviser en profondeur. À cet effet, ils souhaitent qu'une formule d'amendement soit trouvée et approuvée. Pour d'autres on ne saurait amender la Constitution en plein processus de révision. Cela aurait sans doute pour effet de mettre un terme à tout travail visant la réforme constitutionnelle.

Le communiqué témoigne de directives plus précises données au Comité permanent des fonctionnaires pour qu'il accélère les consultations intergouvernementales relatives à la répartition des compétences. Ce dossier fondamental était resté stationnaire depuis le début des travaux de la Conférence constitutionnelle.

Enfin, les provinces et le gouvernement fédéral se trouvaient en pleine opposition au sujet du contrôle des institutions financières. Les Premiers ministres avaient aussi discuté de la gestion du milieu et de la lutte contre les divers types de pollution. Ils avaient décidé que ces questions ne tomberaient pas sous la juridiction exclusive d'un ordre de gouvernement. On avait remis à l'ordre du jour d'une prochaine rencontre l'analyse de la dimension constitutionnelle de cette question.

Quand les Premiers ministres se quittèrent, ils ne savaient pas que deux d'entre eux ne seraient pas au prochain rendez-vous. Les premiers ministres Smith de la Nouvelle-Écosse et

---

107. Gouvernement du Canada, *La Révision constitutionnelle 1968-1971*, Rapport du Secrétaire, *op. cit.*, pp. 262-374.
108. *Ibid.*, p. 295.

Robichaud du Nouveau-Brunswick allaient tous deux être défaits dans les semaines qui suivirent la Conférence.

Ils ne savaient pas surtout que le pays qu'ils tentaient de redéfinir connaîtrait dans quelques jours l'une des plus grandes crises de son histoire, soit celle d'octobre 1970. Des mesures de sécurité exceptionnelle seront alors prises pour les protéger dans un pays recouvert par l'ombre froide de la loi des mesures de guerre.

TROISIÈME SÉANCE DE TRAVAIL DE LA CONFÉRENCE CONSTITUTIONNELLE: FÉVRIER 1971[109]

Le 8 février 1971, les chefs de gouvernements des provinces refont le voyage vers Ottawa où les a convoqués le Premier ministre du Canada à une sixième rencontre consacrée à la révision de la Constitution.

Les premiers ministres Reagan de la Nouvelle-Écosse et Hatfield du Nouveau-Brunswick sont des nouveaux venus dans ce club particulier.

Ils maintiendront pour l'essentiel les positions déjà définies par leurs prédécesseurs.

Louis Robichaud utilisait ces Conférences pour dramatiser à l'extrême les situations jugées par lui explosives. Il avait conjuré ses collègues, lors de la conférence Robarts, de comprendre et d'aider Daniel Johnson à maintenir le Québec dans la Confédération; presque en larmes, il avait, en citant le long vers de Victor Hugo, comparé le Canada à une mère qui dispense son amour à ses enfants, «chacun en a sa part et tous l'ont en entier». À lire aujourd'hui ces textes refroidis, l'on en garde un arrière-goût de faux théâtre, voire de ridicule. L'homme cependant leur donnait un pouvoir d'émotion qui rejoignait un grand nombre. S'il y avait à chaque Conférence constitutionnelle le moment Smallwood, un bref espace de récréation pour tous, on attendait chaque fois le récital du «p'tit Louis», comme l'appelaient ses amis acadiens.

L'ancien premier ministre Smith de la Nouvelle-Écosse faisait rarement la manchette aux Conférences constitutionnelles. Cet homme plutôt terne et efficace dans la tradition

---

109. Cette troisième séance de travail de la Conférence constitutionnelle était la sixième rencontre des Premiers ministres consacrée à la révision constitutionnelle. Ils s'étaient réunis en février 1968, en février 1969, en décembre 1969 et en septembre 1970.

de Stanfield était cependant un interlocuteur impressionnant. Ses interventions étaient brèves mais utiles. À la vérité il était l'un des rares représentants du Canada anglais véritablement prêt à négocier.

Chacun à leur manière, Robichaud et Smith avaien cherché à poser et à ordonner les questions à débattre. La contribution constante de leur gouvernement aux travaux du Comité des fonctionnaires avait été supérieure à celle des représentants de l'Ouest. L'on estimait, en février 1971, que les successeurs de ces deux hommes n'avaient pas leur stature et contribueraient peu au débat de cette séance de travail.

Les premiers ministres Strom de l'Alberta et Thatcher de la Saskatchewan, en accord avec leur collègue de la Colombie-Britannique, avaient déjà à maintes reprises souhaité que ces Conférences constitutionnelles s'attaquent aux problèmes économiques[110] plutôt qu'aux négociations de principes. En février 1971, ils sont tous deux à quelques semaines d'une élection dans leur province respective. Cette situation en inquiétait plusieurs à Ottawa. On craignait qu'ils utilisent à fond la tribune de cette séance de travail pour exprimer leur ressentiment à l'endroit des positions québécoises et répondre ainsi aux attentes de leur électorat respectif.

L'Ontario, qui avait amorcé en quelque sorte la révision constitutionnelle en convoquant en 1967 la Conférence sur la « Confédération de demain », sera représentée à la session de travail de février 1971 par un Premier ministre démissionnaire. John Robarts a en effet annoncé qu'il se déchargeait de ses fonctions. À Toronto on s'activait pour le congrès de leadership qui lui choisirait un successeur. Dans ce contexte, l'on imaginait mal que cette délégation prenne des engagements fermes.

Robert Bourassa se présente à cette Conférence dans un contexte piégé.

Le Québec a subi il y a à peine trois mois l'une des plus sérieuses crises de son histoire. Les questions restées sans réponse à l'occasion des événements d'octobre font surface. La société et le gouvernement québécois ont été ébranlés jusqu'au fond d'eux-mêmes par l'action violente du Front de Libération du Québec et par l'occupation militaire.

---

110. Leur position se trouvait renforcée par la crise aiguë de chômage qui affectait le pays. À l'ouverture de la session de travail en février 1971, il y avait plus de 530 000 chômeurs au Canada.

Photos 38, 39, 40. Octobre 1970: la crise.

La nécessité politique et l'urgence née des événements le forcent à maintenir un discours et un ton optimistes. Cependant la publication du rapport Castonguay-Nepveu sur la sécurité du revenu, le contenu du mémoire déposé par Claude Castonguay à la Conférence des ministres de la Santé qui s'est tenue à Ottawa deux semaines à peine avant la rencontre des Premiers ministres, lui interdisent tout compromis sur cette question jugée par les gouvernements Lesage, Johnson et Bertrand non négociables. Le gouvernement du Québec disposait désormais, grâce aux recherches et aux rapports de la Commission sur la sécurité du revenu d'une vision plus précise et plus détaillée de ses besoins dans ce secteur. Cette recherche lui permettait d'aborder la question de la division du pouvoir dans le secteur des politiques sociales en termes plus concrets, ce qu'il n'avait pu faire auparavant.

Le Parti Québécois, à la veille de la Conférence, publie un long texte tendant à prouver que Robert Bourassa s'apprête à briser la tradition respectée par les précédents gouvernements et à accepter une formule d'amendement avant même qu'un accord ne soit intervenu sur la substance d'une nouvelle Constitution. Le Parti Québécois ajoute que le Québec aura perdu la partie s'il ne parvient pas à faire accepter sa compétence prioritaire en matière sociale. Le Parti Québécois justifie son intervention dans le débat constitutionnel en affirmant « qu'après l'avènement du gouvernement indépendantiste, les négociations éventuelles avec le reste du Canada pourraient se heurter aux énormes difficultés juridiques qu'une nouvelle formule d'amendement aurait fait surgir[111] ».

Des rumeurs d'élections circulent à Ottawa. La popularité du Parti Libéral, voire celle de Pierre Trudeau, sont à la baisse. Robert Stanfield ne ménage pas ses énergies et fait preuve de sincérité face au Québec. On comprend, dans ce contexte, les pressions considérables que fait Ottawa sur les différentes capitales provinciales afin de les convaincre de l'urgence d'un accord partiel. Des indiscrétions calculées laissaient croire que cette fois les Premiers ministres se mettraient d'accord sinon sur le contenu du moins sur le principe d'une formule d'amendement et sur toute une série de sujets jusque-là litigieux.

Telles étaient en février 1971, pour l'essentiel, les conditions politiques qui influaient sur la session de travail des onze Premiers ministres à la recherche d'une Constitution pour le Canada.

Une intense activité avait précédé l'ouverture de la session de travail.

Le Comité permanent des fonctionnaires avait tenu deux longues réunions consacrées à l'analyse des mécanismes des relations fédérales-provinciales et à l'étude des questions du

---

111. «Le Droit à l'autodétermination et la Réforme constitutionnelle», *Le Devoir*, 8 février 1971.

rapatriement de la Constitution et d'un mode d'amendement. Il avait préparé sur ces questions un mémoire à l'intention des Premiers ministres.

Des négociations bilatérales avaient conduit le ministre fédéral de la Justice dans toutes les capitales provinciales. John Turner proposait à ses interlocuteurs un ensemble de réformes constitutionnelles susceptibles de produire un consensus. La veille de leur réunion officielle[112], les Premiers ministres avaient eu une première rencontre officieuse. Ils avaient, à cette occasion, envisagé sur une base multilatérale la possibilité d'un accord sur cet ensemble limité de réformes proposées par le gouvernement fédéral.

L'ordre du jour de la session de travail comportait cinq items : les mécanismes des relations fédérales-provinciales, la gestion de l'environnement, la politique sociale, la formule de modification, le marché commun canadien[113].

Dès la première journée de la session de travail, soit le 8 février, les Premiers ministres se mirent d'accord en principe sur le rapatriement et sur une formule de modification de la Constitution canadienne. Le mardi 8 février, ils discutèrent sans arrêt des autres questions à l'ordre du jour. Enthousiasmés par le rythme des négociations, ils décidèrent de prendre le dîner sur place.

Les seules difficultés que rencontraient les Premiers ministres ainsi que les équipes ministérielles et celles de fonctionnaires qui négociaient tout au long de la réunion des chefs de gouvernements se rapportaient à la question des relations extérieures et à celle du contrôle de la politique sociale. Il fut décidé de ne pas aborder la première dans le communiqué final. Quant à la seconde le premier ministre Bourassa, objet de pressions considérables, et son ministre Castonguay présent à Ottawa, maintenaient une attitude ferme qui n'avait d'égale que la fermeté du gouvernement fédéral sur le même sujet. Les représentants du Québec réaffirmaient leur volonté de contrôler ce secteur[114] :

> Le Québec estime essentiel quant à la sécurité du revenu, que les provinces aient la prépondérance dans la formula-

---

112. Les premiers ministres Bennett de la Colombie-Britannique et Strom de l'Alberta n'étaient pas présents à cette rencontre.
113. Gouvernement du Canada, *La Révision constitutionnelle 1968-1971*, Rapport du Secrétaire, *op. cit.*, p. 278.
114. *Le Devoir*, 9 février 1971.

tion des programmes, on veut qu'ils soient cohérents et qu'ils tiennent compte de la politique de main-d'œuvre et de la particularité régionale de l'économie.

Une politique de sécurité du revenu ne saurait être formulée en dehors des objectifs des services sociaux et des services de main-d'œuvre.

Invoquant des raisons précédemment inventoriées, le gouvernement central plaidait pour « sa » priorité législative dans ce même secteur.

Au terme des deux journées de leur session d'étude, les Premiers ministres communiquent aux Canadiens les premiers résultats apparemment positifs de leur série de six rencontres tout en se réservant le droit d'analyser « toutes les implications juridiques et autres » de ces ententes préliminaires.

Une formule de rapatriement avait fait l'objet d'un consensus.

Après approbation par les Assemblées législatives et les deux Chambres du Parlement fédéral, une proclamation du Gouverneur général affirmerait la formule d'amendement. Cette proclamation serait alors soumise au Parlement britannique. Ce dernier, par législation, reconnaîtrait « la validité en droit de la proclamation canadienne et de ses dispositions », prendrait l'engagement « qu'aucune loi britannique ne sera, à l'avenir, applicable au Canada, révoquerait ou modifierait en conséquence « les lois britanniques intéressant la Constitution du Canada ».

Une formule d'amendement de la Constitution « susceptible de conduire à un accord » avait été retenue par les Premiers ministres[115].

À l'avenir, toutes les modifications à la Constitution, sauf celles mentionnées plus bas aux paragraphes II et III, exigeraient l'assentiment au niveau fédéral, par le truchement d'une résolution, ainsi que le consentement des assemblées législatives d'une majorité des provinces du Canada, y compris :

a) l'Assemblée législative de toute province comptant actuellement au moins 25% de la population totale du Ca-

---

115. *Idem*, p. 376.
Le paragraphe II consacrait le pouvoir de modification du Parlement du Canada et des Assemblées législatives de leur Constitution respective. Le paragraphe III prévoyait les mécanismes pertinents aux modifications constitutionnelles intéressant le Canada et une ou plusieurs, mais non pas toutes les provinces.

nada, et de toute autre province comptant par la suite 25% de la population totale du Canada; et

b) les Assemblées législatives d'au moins deux provinces à l'ouest de l'Ontario, pourvu que les provinces consentantes comptent 50% de la population totale des provinces à l'ouest de l'Ontario, et les assemblées législatives d'au moins deux provinces à l'est du Québec.

Les Premiers ministres avaient de plus convenu d'incorporer dans la Constitution des dispositions relatives aux droits politiques fondamentaux[116] et aux droits linguistiques[117].

LES DROITS FONDAMENTAUX

On convient d'incorporer dans la Constitution les droits politiques fondamentaux suivants :

a) le suffrage universel et le droit à des élections libres et démocratiques au moins tous les cinq ans;

b) la liberté de pensée, de conscience et de religion;

c) la liberté d'opinion et d'expression;

d) la liberté de réunion et d'association pacifiques.

L'exercice de ces libertés ne peut être soumis qu'aux seules restrictions prévues par la loi et qui sont raisonnablement justifiables dans une société démocratique dans l'intérêt de la sécurité de la santé et de la moralité publique ou des libertés et droits fondamentaux d'autrui.

LES DROITS LINGUISTIQUES

On convient que l'anglais et le français devraient être déclarés langues officielles du Canada, les dispositions suivantes s'appliquent également dans toutes les parties du Canada et aux deux langues :

a) toute personne peut s'exprimer en anglais ou en français :

  i) dans les débats du Parlement et, avec certaines réserves formulées par quelques provinces, dans les Assemblées législatives;

  ii) dans tout plaidoyer ou toute procédure, devant les tribunaux fédéraux;

  iii) dans ses communications avec l'administration fédérale.

b) toutes les lois et autres documents officiels du gouvernement fédéral sont rédigés dans les deux langues.

---

116. Gouvernement du Canada, La Révision constitutionnelle 1968-1971, Rapport du Secrétaire, op. cit., p. 377.
117. Idem, pp. 378-379.

c) toute personne a le droit d'être éduquée en anglais ou en français, dans les écoles publiques, dans les régions où la langue d'enseignement de son choix est aussi la langue d'enseignement choisie par un nombre de personnes suffisant pour justifier l'établissement des institutions nécessaires. On reconnaît que les divers gouvernements devront étudier la question davantage afin de déterminer les arrangements administratifs appropriés pour l'application de la disposition, ce que signifie l'expression «un nombre suffisant» et quelle proportion de l'enseignement doit se faire dans la langue principale. Le Québec exprime sa réserve générale sur le contenu de cet alinéa, afin de pouvoir en examiner toutes les implications.

d) le Parlement ou une Assemblée législative peut reconnaître les deux langues de façon plus extensive.

Suivent un certain nombre de dispositions relatives à la définition des fonctions et de la composition de la Cour suprême[118], à l'affirmation que «les disparités régionales devraient faire l'objet d'une mention dans un nouveau préambule et dans le corps de la Constitution[119]», aux mécanismes des relations fédérales-provinciales[120] et à la modernisation de la Constitution[121].

LA COUR SUPRÊME

On convient que l'existence et l'indépendance de la Cour suprême du Canada devraient être garanties dans la Constitution, qui devrait aussi en définir la structure fondamentale. La Cour suprême garderait la juridiction d'une cour d'appel de dernière instance. On convient également que, même si le pouvoir de nommer les juges revient au gouvernement fédéral, la Constitution devrait reconnaître l'importance de la participation provinciale au processus de sélection de candidats compétents. On conclut aussi qu'il faudrait étudier les moyens de garantir que la Cour suprême comprend un nombre suffisant de juges de droit civil pouvant entendre les appels en matière de lois strictement provinciales.

LES DISPARITÉS RÉGIONALES

Rappelant la conclusion à laquelle ils en sont arrivés au sujet des disparités régionales à leur séance de travail de

118. *Ibid.*, p. 379.
119. *Ibid.*, pp. 379-380.
120. *Ibid.*, pp. 380-381.
121. *Ibid.*, p. 381.

septembre, les Premiers ministres conviennent que la Constitution devrait reconnaître l'importance d'accorder l'égalité des chances à tous les Canadiens. On en vient donc à la conclusion que la réduction des disparités régionales devrait faire l'objet d'une mention dans un nouveau préambule et dans le corps de la Constitution.

LES MÉCANISMES DES RELATIONS FÉDÉRALES-PROVINCIALES

Il est convenu que la Constitution révisée devrait renfermer probablement dans le préambule, une disposition reconnaissant l'importance de la coopération et des consultations intergouvernementales en vue du bon fonctionnement du fédéralisme canadien. De plus, afin d'établir les mécanismes de base des consultations fédérales-provinciales, une disposition précise devrait stipuler que le gouvernement du Canada consultera les gouvernements provinciaux, au moins une fois l'an, sur l'opportunité de tenir une Conférence des Premiers ministres.

LA MODERNISATION DE LA CONSTITUTION

Les Premiers ministres conviennent qu'on entreprendra des travaux d'ici la prochaine réunion de la Conférence constitutionnelle, en juin, en vue de proposer des modifications précises à apporter à la Constitution comme, par exemple, la rédaction d'un nouveau préambule et la suppression des dispositions périmées et sans objet.

Dans une seconde partie du communiqué les Premiers ministres abordent divers problèmes qui ont fait l'objet de leurs discussions sans qu'un accord soit intervenu à leur sujet. On y aborde tour à tour les problèmes de la politique sociale, de la commercialisation entre les provinces et de la gestion de l'environnement.

Le dossier de la politique sociale a permis de dégager une position commune des chefs de gouvernements canadiens. En effet ces derniers acceptent la position québécoise qui pose comme une nécessité l'intégration des programmes de soutien et d'assurance de revenu [122] à l'ensemble des services de bien-être et de santé.

Cet accord de principe est dissout quand on le soumet à la question des conditions de possibilité de sa réalisation. Pour

---

122. Les programmes de soutien et d'assurance de revenu recoupent l'assurance-chômage, les allocations familiales, l'assurance-retraite et le revenu garanti.

Ottawa, les provinces doivent avoir juridiction sur l'ensemble des services de bien-être et de santé[123] et le gouvernement fédéral, sur les politiques de soutien et d'assurance de revenu. Selon ses représentants, il est possible d'assurer une réelle coordination de ses politiques de soutien et d'assurance du revenu avec les politiques provinciales de bien-être et de santé.

Les représentants du gouvernement du Québec, pour leur part, s'opposent avec constance depuis près de dix ans au point de vue du gouvernement fédéral. Ils récusent la possibilité de cette coordination. Selon eux les deux secteurs d'intervention doivent être incorporés l'un dans l'autre. La possibilité de cette intégration présuppose que le Québec dispose d'une prépondérance législative dans ces deux grands secteurs. Les autres provinces sont laissées libres d'évaluer et de juger de ces questions selon leur situation particulière.

Outre les arguments repris avec constance depuis dix ans, lesquels sont basés et justifiés par la situation particulière du Québec comme seule société majoritairement francophone au Canada, les porte-parole du Québec à la session de travail de février 1971 puisent dans les travaux de la Commission Castonguay de nouveaux motifs pour s'objecter au point de vue fédéral. Ils invoquent en particulier la diminution des frais d'administration et l'efficacité d'une politique intégrée quant à l'élimination de la pauvreté.

Le texte du communiqué indiquait que des négociations bilatérales entre Québec et Ottawa seraient poursuivies pour tenter de résoudre la difficulté considérable qui opposait les deux capitales.

Robert Bourassa se disait confiant en quittant Ottawa qu'une entente interviendrait. Le lendemain même de la Conférence, le Premier ministre du Canada affirmait au Parlement que son gouvernement n'abandonnerait pas son droit de verser de l'argent directement aux citoyens par les canaux de l'assurance-chômage, des programmes d'allocations familiales et d'assurance-retraite.

Les rapports les plus divers circulaient au terme de cette Conférence de février '71. On disait que Robert Bourassa avait donné son accord à la formule d'amendement rendue publique par les Premiers ministres. Le chef du gouvernement québécois

---

123. Les services de bien-être recoupent les services aux malades et aux nécessiteux, les hôpitaux, les hospices, les cliniques et le service social à domicile.

répliquait qu'il n'avait jamais consenti à un accord de principe et renvoyait les sceptiques aux termes mêmes de son évaluation de la position du Québec. Le chef du gouvernement québécois avait accepté d'étudier une formule d'amendement « susceptible d'un accord ». Il avait de plus affirmé à maintes reprises que « le règlement de la question de la politique sociale faciliterait énormément l'obtention d'un accord sur les autres points à propos desquels on envisageait des réformes constitutionnelles ». La stratégie du Québec consistait à mettre en balance la formule d'amendement souhaitée depuis au moins trente-cinq ans et la question du partage des pouvoirs, en particulier dans le secteur de la politique sociale.

Les premiers ministres Thatcher de la Saskatchewan et Bennett de la Colombie-Britannique s'offusquèrent du « chantage » exercé par les représentants du Québec et les invitèrent même à séparer leur province du Canada s'ils maintenaient « leurs exigences insensées ». Ils acceptaient de mauvaise grâce la formule d'amendement qui, selon eux, ne reconnaissait pas l'égalité de toutes les provinces puisqu'elle consacrait « un droit de veto » à l'Ontario et au Québec. Pour sa part le nouveau Premier ministre du Nouveau-Brunswick voit dans le différend qui oppose le Québec et Ottawa une preuve que les discussions constitutionnelles ne mèneront nulle part.

Les premiers ministres Smallwood de Terre-Neuve, Reagan de la Nouvelle-Écosse, Schreyer du Manitoba, Campbell de l'île du Prince-Édouard, sans endosser la position québécoise, expriment leur sympathie pour la délégation du Québec et leur intérêt pour le rapport Castonguay-Nepveu. C'est le Premier ministre de la Nouvelle-Écosse qui défend avec le plus d'ardeur le principe même d'une réforme constitutionnelle poussée[124].

> ...bien peu des grands problèmes de l'heure peuvent être réglés autrement que par des expédients et des mesures temporaires tant que les questions constitutionnelles de base restent sans solution.
>
> Nous ne devons pas permettre qu'une majorité puisse méconnaître les aspirations légitimes d'une minorité de provinces ou de gens et nous devons en même temps empêcher qu'une minorité entrave le développement de notre pays.

Le premier ministre ontarien John Robarts, en quittant la session de travail des chefs de gouvernements, rentrait à Queens

---

124. *Le Devoir*, 9 février 1971.

Park pour faire ses adieux à ses collègues et collaborateurs. Aux journalistes qui l'interrogeaient avant son départ d'Ottawa, il ne fit que des réponses générales.

Les Premiers ministres s'étaient donné rendez-vous en juin à Victoria pour compléter la première phase de leurs travaux relatifs à la réforme constitutionnelle. Entre temps, ils étudieraient les implications du consensus qu'ils avaient défini et tenteraient d'aplanir les difficultés identifiées dans la seconde partie de leur communiqué.

Robert Bourassa avait indiqué à Ottawa qu'il souhaitait un débat public au Québec relatif aux accords par anticipation et sous réserve qu'il venait de consentir. Il fut servi à souhait.

Les partis d'opposition s'opposèrent unanimement à toute formule d'amendement de la Constitution qui ne soit pas précédé d'un nouveau partage des pouvoirs.

Jean-Jacques Bertrand rappelle que son gouvernement et celui de son prédécesseur Daniel Johnson ont toujours refusé [125]

...de s'engager dans l'étude d'une telle formule tant qu'on n'en serait pas arrivé à une entente sur la substance des changements à apporter à la Constitution canadienne.

Il note qu'il appert qu'on voudrait conditionner l'acceptation de cette formule au droit exclusif ou prioritaire du Québec de légiférer en matière de sécurité sociale. Il rappelle que les provinces possèdent déjà ce droit depuis 1867. Il ne saurait être question, pour le Québec, d'accepter une sorte de *package deal* en vertu duquel il devrait accepter une formule d'amendement constitutionnel pour obtenir en retour un droit qu'il possède déjà. Ce serait manifestement, conclut-il, un marché de dupes. De plus, note le chef de l'opposition officielle, cette formule tout comme «sa sœur aînée», la formule Fulton-Favreau, tend « à enfermer le Québec dans un statu quo rigide, rendant impossible toute forme de statut particulier, niant les responsabilités particulières du Québec. Elle faisait définitivement du Québec une province comme les autres. Le peuple québécois sera maître de son destin à la condition d'affronter victorieusement un barrage éventuel de six droits de veto». Il réclame que le Comité parlementaire de la Constitution soit convoqué pour effectuer une étude très approfondie du « consensus provisoire » de la session de travail des Premiers ministres. Ce comité devrait entendre des spécialistes sur cette

125. *Le Devoir*, 11 février 1971.

question et, selon son jugement, « recommander la tenue d'un référendum [126] ».

Pour René Lévesque, le Québec est tombé dans le piège que lui tendait Ottawa : d'une part progresser sur les sujets qui intéressent les autres, mais non le Québec (rapatriement, droits de l'homme, bilinguisme), et d'autre part, piétiner sur ce qui intéresse le Québec, mais non les autres (partage des pouvoirs et des ressources [127]). Le chef du Parti Québécois met le Premier ministre au défi de faire accepter par le Québec la partie du communiqué final de la Conférence fédérale-provinciale qui concerne l'usage de la langue anglaise dans les institutions publiques et scolaires du Québec.

« Jamais les Québécois n'accepteront de donner un statut constitutionnel au bill 63 et de renoncer à jamais à la possibilité de l'unilinguisme français au Québec. »

Selon lui, que M. Bourassa ait pu souscrire à un tel communiqué prouve qu'il est « coupé des désirs et des aspirations du Québec en matière constitutionnelle », tout occupé qu'il est à ne pas déplaire à ses maîtres d'Ottawa. Le Parti Québécois réclame que la formule d'amendement reconnaisse le droit du Québec à l'autodétermination. Ce qui importe ce n'est pas de sauvegarder les pouvoirs existants mais de s'assurer que le Québec obtiendra tous les nouveaux pouvoirs dont il a besoin.

Claude Ryan intitule son éditorial du mercredi 10 février : «La conférence d'Ottawa : déblocage réel ou apparent [128]»; le lendemain, il reprend son analyse sous le titre « Le communiqué d'Ottawa : deuxième lecture [129]». Enfin il publie un troisième éditorial consacré à la session de travail d'Ottawa, le vendredi 12 février : «La formule d'amendement, une démarche prématurée [130]». Le premier texte, de l'aveu même de son auteur, était interrogatif. Le second manifestait de l'inquiétude, le troisième, le rejet d'une démarche prématurée visant à définir une formule d'amendement de la Constitution «avant qu'un accord ne soit intervenu sur la réforme générale de la Constitution». La conclusion du premier éditorial résumait le sentiment d'un grand nombre d'observateurs :

La Conférence d'Ottawa a fait voir une fois de plus la différence profonde qui sépare le Québec des autres pro-

126. *Ibid.*
127. *Le Devoir*, 6 février 1971.
128. *Le Devoir*, 10 février 1971.
129. *Le Devoir*, 11 février 1971.
130. *Le Devoir*, 12 février 1971.

vinces du Canada et prouvé de nouveau que les divergences qui surgissent à la table de négociation tiennent beaucoup plus à la nature même du Québec qu'à la personnalité ou à la couleur politique de son Premier ministre. Devant l'esprit nouveau qui pousse ses collègues anglophones à chercher rapidement des résultats visibles, M. Bourassa a dû être fortement tenté de consentir à des décisions susceptibles d'engager irrémédiablement l'avenir du Québec, sans rien obtenir de solide en retour. Il a, selon toute apparence, évité de substituer son inclination au compromis, à la volonté de son gouvernement, de son Parlement et de son peuple.

Ryan fut l'un des seuls à faire observer, dans son second éditorial, qu'il ne saurait être question « d'envisager sérieusement l'adoption d'une formule d'amendement si l'on ne s'est pas entendu au préalable sur le mécanisme ultime d'arbitrage des litiges constitutionnels ». Or il suffit de lire le paragraphe six, consacré à la Cour suprême, pour constater qu'on est fort loin d'une entente à ce sujet. Le communiqué présume, très gratuitement, car il n'y a eu qu'un embryon de débat public à ce propos, que le pouvoir de nommer les juges de la Cour suprême continuerait de relever du gouvernement central ; outre cela, il révèle surtout que la grave question de la compétence de la Cour suprême en matière d'appels relevant du droit civil reste pendante. Ces réserves se rattachent aux « implications juridiques ». Comment ne pas considérer que parmi les « autres implications », il faudra tenir compte au plus haut point des implications proprement politiques ?

L'éditorialiste reprenait cette question le lendemain :

Le communiqué de mardi note que les Premiers ministres sont d'accord pour que l'indépendance de la Cour suprême du Canada soit garantie dans la Constitution; mais on ajoute plus loin que tous conviennent que le pouvoir de nommer les juges de ce tribunal revient au gouvernement fédéral, avec une participation des provinces dans la sélection des candidats compétents.

C'est assez invraisemblable que la délégation du Québec ait accepté une telle solution. La réforme de la Cour suprême est un point fondamental de la révision constitutionnelle. Ce tribunal doit servir d'arbitre dans les conflits entre les membres de la fédération, et notamment entre le gouvernement central et les provinces. Comment peut-il être un arbitre indépendant et impartial si ses membres sont nommés par l'une des parties ? Il ne suffit pas que les provinces soient consultées; le choix final ne doit pas être laissé au seul gouvernement d'Ottawa.

Enfin Ryan soumet la formule d'amendement proposée à des critères factuels et historiques qui font ressortir, selon lui, des faiblesses inacceptables. Il note, en premier lieu, que les circonstances historiques favorables pour l'instant ne le seront peut-être pas au moment où il faudra « réunir » l'acquiescement de sept gouvernements sur onze afin de pouvoir modifier la Constitution. De plus, s'il est vrai qu'on ne pourrait, aux termes de la formule proposée, imposer au Québec des changements contre sa volonté, le respect de cette situation repose, selon lui, sur des fondements fragiles.

Dans la formule d'amendement proposée, le Québec obtient un droit de veto qui lui assurerait une protection négative; on ne pourrait pas lui imposer de changements contre son gré. Notons toutefois que ce droit de veto n'est pas accordé au Québec comme tel, mais comme province « comptant actuellement au moins 25 % de la population totale du Canada ». Cela signifie que le droit de veto ne serait maintenu dans l'avenir que si notre province comptait 25% de la population du pays.

Ryan fait aussi remarquer que le Québec pourrait difficilement, dans l'avenir, obtenir des aménagements particuliers. La formule proposée lui reconnaît, sur le plan constitutionnel, un statut identique à celui de toutes les autres provinces canadiennes. Cette formule d'amendement, « même si c'était la meilleure possible dans le contexte canadien, ne serait acceptable, du moins pour le Québec, qu'après un accord sur la réforme générale de la Constitution ».

Sans le dire explicitement, Ryan soulignait par cette dernière observation le renversement accepté par Robert Bourassa de la position stratégique du Québec dans les négociations constitutionnelles.

Daniel Johnson avait posé, à la Conférence Robarts, comme une exigence préalable du Québec, la négociation d'un nouveau partage des pouvoirs avant toute recherche et toute acceptation d'une formule d'amendement.

Robert Bourassa venait d'accepter qu'on négocie une formule d'amendement avant que soit solutionné le partage des pouvoirs. Ce faisant, il risquait de consacrer le statu quo constitutionnel, c'est-à-dire de maintenir le pouvoir illimité de dépenser d'Ottawa et aussi « le pouvoir d'imposer ses vues aux provinces, même dans des domaines de compétence provinciale ». Il est vrai qu'il avait insisté pour qu'une entente soit définie dans le secteur de la politique sociale. Au strict plan constitutionnel, cette question avait son importance mais ne représentait qu'un aspect limité des transferts qu'avaient souhaités Jean Lesage, Daniel Johnson et Jean-Jacques Bertrand.

Robert Bourassa ne disposait que de quatre mois pour négocier avec Ottawa une entente dans le secteur des politiques sociales et imposer à son parti, à son caucus, à son cabinet et au Québec la formule d'amendement « susceptible de conduire à un accord » entre les onze gouvernements du Canada.

À la fin de la session de travail des Premiers ministres, le chef du gouvernement canadien avait déclaré[131] :

> Après une certaine grossesse, il était temps que l'accouchement vienne et il en est bien ainsi, car au train où se déroulait la Conférence depuis trois ans, on risquait de perdre des joueurs.

Nous verrons dans le prochain chapitre que cet accouchement n'était que psychologique et que la grossesse politique devait survivre à un grand nombre de « joueurs ».

---

131. *La Presse*, 10 février 1971.

Chapitre III

La Conférence constitutionnelle de Victoria
Juin 1971[132]

LES PRÉPARATIFS

Quelques centaines de personnes se sont assemblées dans les rues de Victoria pour voir l'étrange défilé qui conduit les chefs de gouvernements des provinces canadiennes et le Premier ministre du Canada depuis le vieil hôtel Empress jusqu'à la colline parlementaire où les accueillera le premier ministre Bennett accompagné de tous ses ministres.

La Colombie-Britannique fête cette année le centenaire de son entrée dans la Confédération. C'est pour marquer cet événement que la Conférence constitutionnelle a été convoquée dans cette ville-jardin.

Le premier ministre Bennett s'impatiente. Sur la colline parlementaire de Victoria, plus de cinq cents manifestants contre l'avortement brandissent leur petite forêt de pancartes et scandent des slogans appropriés. Ce signe annonciateur des événements des prochains jours gênait le vieux chef créditiste pour qui le progrès de sa province se mesurait à la croissance du nombre de « ses » millionnaires.

Seul le premier ministre Thatcher de la Saskatchewan manque à l'appel. Il a tenté en vain d'obtenir une modification de

---

132. La Conférence de Victoria constituait la septième rencontre des Premiers ministres consacrée à la révision constitutionnelle. Ils s'étaient réunis en février 1968, en février 1969, en juin 1969, en décembre 1969, en septembre 1970 et en février 1971.

calendrier de la Conférence qui coïncidait avec la fin d'une campagne électorale dans sa province.

L'Ontario est représentée par son nouveau premier ministre, William Davis, qui, à ce titre, assiste à sa première Conférence constitutionnelle.

Tous les autres chefs de gouvernements ont participé au moins à une séance de cette étrange Conférence qui a lancé ses travaux en février 1968. Seuls, de tous les chefs de gouvernements présents à Victoria, les premiers ministres W.A.C. Bennett de la Colombie-Britannique, Joe Smallwood de Terre-Neuve, A.B. Campbell de l'île du Prince-Édouard ont été présents aux six rencontres de cette Conférence constitutionnelle. Les trois plus importants interlocuteurs des débuts, Lester B. Pearson, John Robarts et Daniel Johnson sont maintenant remplacés par Pierre Elliott Trudeau, William Davis et Robert Bourassa.

L'enjeu de la Conférence de Victoria était fondamental.

Depuis un demi-siècle, le Canada est à la recherche d'une méthode, d'une formule pour modifier sa Constitution. Le texte initial de 1867 ne prévoyait aucun mécanisme à cette fin. Les Canadiens doivent, lorsqu'ils le jugent nécessaire, demander au Parlement de Londres d'apporter les changements au texte constitutionnel qui régit leurs institutions et leur vie politique. Notons que les voies d'accès à Londres ne sont même pas clairement définies et font l'objet de nombreuses interprétations selon qu'on les envisage d'Ottawa, de Queens Park ou de Québec.

Déjà en 1936, le premier ministre Mackenzie King avait recherché avec ses collègues provinciaux une formule d'amendement de la Constitution. En 1950, Louis Saint-Laurent fixait comme un objectif primordial de son gouvernement la définition d'une procédure d'amendement. Au début des années '60, les chefs de gouvernements fédéral et provinciaux ont tenu quatre Conférences constitutionnelles. Ils avaient défini, lors de ces rencontres, une méthode d'amendement connue sous le nom de formule Fulton-Favreau.

Jean Lesage avait présenté cette formule aux Québécois « comme une porte ouverte qui permettrait au Québec de suggérer tous les amendements constitutionnels que la province souhaiterait ». Mais un vaste mouvement d'opposition força le chef du gouvernement québécois à retraiter afin d'éviter que « le Québec ne soit enfermé dans une camisole de force ».

Le refus du Québec avait irrité de larges secteurs de l'opinion publique au Canada anglais et plusieurs politiciens des autres provinces. Approuvée par neuf Assemblées législatives, mais refusée par le gouvernement québécois, la formule Fulton-Favreau était devenue le signe de la crise qui affectait le Canada. À l'euphorie qui avait fait dire à John Robarts « Que Dieu protège celui qui a réussi à gagner l'accord de tous », succédait l'inquiétude et l'amertume. Que voulait donc le Québec ?

De quel droit empêchait-il le Canada de moderniser ses institutions ? Quel était le sens de ce refus succédant à l'accord ?

Quelles forces animaient la société québécoise au point de faire fléchir Jean Lesage et de le forcer à revenir sur la parole donnée ?

Valait-il encore la peine de négocier avec les représentants du Québec ?

Quelles garanties ces derniers pouvaient-ils donner qui puissent justifier le long travail qui conduirait à un nouveau consensus ?

Ces interrogations se transformaient quelquefois en longs réquisitoires contre le Québec et les Québécois eux-mêmes perçus comme les « entretenus du régime, les quémandeurs de profession ».

Cinq ans après l'échec de la formule Fulton-Favreau, les chefs des gouvernements du Canada se retrouvaient à Victoria autour d'une nouvelle formule d'amendement de la Constitution. Robert Bourassa a donné son accord de principe en février.

Le Canada aurait-il enfin trouvé la technique et le langage de sa réelle souveraineté ?

Daniel Johnson avait le premier, à la conférence Robarts, indiqué le prix à payer pour obtenir le consentement québécois. Tout accord du Québec est lié à un préalable irréductible, soit un nouveau partage des pouvoirs et des ressources. Jean-Jacques Bertrand a maintenu cette position. Robert Bourassa l'a réduite à un test précis. Le consentement québécois n'est plus lié à un nouveau partage de l'ensemble des pouvoirs et des ressources mais à la reconnaissance de la primauté législative du Québec dans le champ des politiques sociales.

La position québécoise garantissait sa liberté et respectait celle des partenaires provinciaux qui conservait la possibilité de participer à des programmes canadiens dans ces secteurs.

Un autre élément des discussions constitutionnelles de Victoria posait la question du statut de la langue française et de la culture française au Canada. Le gouvernement fédéral avait défini des politiques dans ce secteur en termes de personnes individuelles et non de provinces. Ces politiques ne visaient pas le Québec comme province mais les Canadiens français comme individus.

Au-delà de la transformation de ses propres institutions, le gouvernement canadien devait intéresser et convaincre les provinces de la justesse de ses choix dans ce secteur. La tâche était ardue. Même le Québec exprimait des réserves à propos de cette politique. Robert Bourassa refusait de trop s'engager en invoquant les travaux en cours de la Commission Gendron[133].

La charte des droits linguistiques que proposait à l'assentiment des provinces le gouvernement canadien compromettait toute velléité québécoise de faire du français la langue d'usage, de travail ou la langue prioritaire puisque la langue anglaise aurait, au Québec, le même statut que la langue française selon le projet fédéral. Ce qui deviendrait réalité pour la langue anglaise au Québec le deviendrait selon le projet fédéral, à l'inverse pour la langue française dans les autres provinces. Aux objections de principe de certains chefs de gouvernements de l'Ouest s'ajoutaient les difficultés d'application soulevées par l'Ontario et le Nouveau-Brunswick, en particulier dans le secteur de l'éducation et dans le secteur judiciaire où, selon l'avis du premier ministre Davis, « l'on manque nettement de personnel francophone ou bilingue ».

La révision constitutionnelle avait une autre signification. Si elle s'était orientée vers la définition d'une formule d'amendement, elle posait aussi la redoutable question du bon fonctionnement et du développement des activités gouvernementales au Canada. En effet, à la fois au niveau du gouvernement fédéral et à celui des gouvernements provinciaux, l'absence de précision de la Constitution rendait difficile et coûteuse la solution des nouveaux problèmes qui affectaient depuis la guerre la société canadienne. Le dossier des politiques de sécurité du revenu avait fait l'objet d'intenses négociations. D'autres dossiers, tout aussi fondamentaux, nécessitaient de nouvelles clarifications, on pense en particulier aux politiques dans le secteur des communications, des affaires urbaines, des affaires culturelles, du développement régional, des sports et des loisirs, des affaires internationales, etc.

---

133. *Commission d'enquête sur la situation de la langue française et les droits linguistiques au Québec, 1968.*

Une juridiction mixte rendait toute planification difficile, coûteuse et souvent inefficace. Les Canadiens, sans connaître le détail de ces questions, réalisaient qu'ils étaient surgouvernés et suradministrés.

Forcés de trouver leur voie dans une double structure politique et dans une double structure de services, des groupes de plus en plus nombreux se rendaient compte de l'inefficacité d'un grand nombre de structures parallèles fédérales et provinciales.

L'objectif du gouvernement fédéral pour cette réunion de la Conférence constitutionnelle de juin était d'obtenir l'assentiment définitif des provinces à l'ensemble des propositions constitutionelles qui ont fait l'objet d'un accord de principe à la session de février. À cette fin, il a soumis les provinces à un rythme accéléré de travail durant les quatre derniers mois [134].

En mars, un comité intergouvernemental a poursuivi l'examen de ces propositions.

En mars et avril, le ministre de la Justice John Turner a rencontré tous les chefs de gouvernements provinciaux pour discuter avec eux de la formulation des textes des modifications constitutionnelles proposées.

Le 18 mai, le ministre Turner adressait à tous les chefs de gouvernements provinciaux un texte d'ensemble remanié [135].

> ... Vous remarquerez que ce document prend la forme d'une « Charte constitutionnelle canadienne »; nous pensons qu'un titre de ce genre conviendrait, à la fois pour indiquer le caractère et l'importance du document, et aussi pour qu'il soit plus facile d'y faire référence si, comme nous l'espérons, il vient occuper sa place dans l'histoire de notre pays.

À la fin du mois de mai, des représentants des gouvernements fédéral et provinciaux se réunirent à Ottawa pour établir l'ordre du jour définitif de la Conférence de Victoria. Le Québec était représenté à cette réunion par le premier ministre Bourassa. Cette rencontre apparemment technique revêtait une grande importance.

---

134. Entre la session de travail de février 1971 et la Conférence de Victoria, le Comité permanent des fonctionnaires qui avait assuré depuis février 1968 la permanence des travaux de la révision constitutionnelle resta inactif. La perspective d'un accord amena le personnel politique à prendre le contrôle direct des négociations.
135. Cité dans : Gouvernement du Canada, *La Révision constitutionnelle 1968-1971*, Rapport du Secrétaire, *op. cit.*, p. 37.

Le travail de révision entrepris en 1968 avait donné lieu à un conflit d'orientation entre le Québec et Ottawa.

Pour le gouvernement fédéral, l'entreprise visait deux objectifs précis : définir les droits politiques et linguistiques des citoyens individuels; préciser les modes de fonctionnement des mécanismes requis pour assurer la bonne marche des institutions fédérales. Pour le Québec, l'entreprise perdait sa signification si on la limitait à ces objectifs. Elle était née des besoins et des demandes du Québec qui recherchait un nouveau partage des ressources et des compétences.

L'ordre du jour de la Conférence de Victoria allait traduire l'un ou l'autre de ces grands objectifs, d'où l'attitude de fermeté et de vigilance des autorités québécoises.

Cette rencontre du 31 mai visait aussi la révision définitive par les représentants des onze gouvernements des textes de modifications constitutionnelles. Il s'agissait, selon les termes du premier ministre Trudeau, de «résoudre le plus grand nombre possible des questions en suspens, afin de réduire au minimum les points que les Premiers ministres seront appelés à trancher à Victoria».

Les participants à la rencontre du 31 mai examinèrent «un projet de Charte constitutionnelle». Cette dernière, outre son préambule, comprenait cinquante-six articles regroupés sous dix titres et une annexe consacrée à la modernisation de la Constitution. Un accord général intervint à cette rencontre, sauf sur les questions des relations internationales, des droits linguistiques, de certains points touchant la Cour suprême et les cours fédérales. Enfin les délégués réservèrent aux Premiers ministres le soin de choisir l'un des trois projets différents de préambule à la Constitution qu'on leur avait soumis.

Le ministre Turner informa les participants qu'il s'était rendu à Londres pour soumettre aux autorités britanniques la formule d'amendement retenue à la session de travail de février. Il proposa de plus aux participants de la rencontre du 31 mai un texte de résolution susceptible d'être adopté par le Parlement canadien et les Parlements provinciaux pour rapatrier la Constitution.

Le Québec, représenté à cette rencontre par le premier ministre Bourassa en sa qualité de ministre des Affaires intergouvernementales, soumit aux participants un texte pour la révision de l'article 94A de l'Acte de l'Amérique du Nord Britannique. Ce texte était l'expression légale de la position québécoise relative au contrôle de la politique sociale. Aucun accord ne se fit autour des propositions québécoises.

Cette question du contrôle des politiques sociales fit l'objet d'un nouvel examen les 7 et 8 juin par les ministres du Bien-être sans qu'on réussisse à trouver une formule réglant le différend entre Ottawa et Québec.

Au début de juin, les premiers ministres Bourassa et Trudeau se rencontraient au 24 Sussex Drive pour confronter leurs thèses sur l'esprit, la perspective générale et les priorités de la révision constitutionnelle. Ils se retrouvaient le 6 juin à la résidence du premier ministre Bourassa à Outremont à la recherche d'un compromis qui permettrait à Pierre Trudeau d'obtenir l'accord unanime des provinces à une formule d'amendement de la Constitution. Pour Robert Bourassa il s'agissait de consacrer, au niveau des principes tout au moins, le contrôle par Québec du domaine des politiques sociales.

Cet ensemble d'événements se déroulaient au milieu des rumeurs les plus diverses qu'entretenait une désagréable politique du secret. En effet les documents de la Conférence, auxquels les politiciens se référaient dans des déclarations ambiguës, voire contradictoires, n'avaient pas été communiqués au public canadien. L'ordre du jour de la Conférence n'était rendu public que par bribes, elles aussi contradictoires. Bien sûr, nul ne connaissait le contenu des conversations des premiers ministres Trudeau et Bourassa dans le confort de leurs résidences respectives.

Pendant ce temps, les éléments clefs de la position fédérale étaient réaffirmés avec force par les leaders du gouvernement central. À la veille même de la Conférence, soit le 7 juin, le premier ministre Trudeau déclarait à la Chambre des Communes[136] :

> La position du gouvernement fédéral est restée la même quant au partage des pouvoirs. Dans l'intérêt national, et particulièrement dans l'intérêt des Canadiens les moins favorisés, le fédéral doit maintenir sa juridiction dans le secteur de la sécurité sociale. Si le contraire se produisait, les provinces ne seraient pas en mesure d'appliquer des standards nationaux et nous verrions les provinces riches aider leurs administrés dans une plus grande mesure que ne pourraient le faire les provinces pauvres.

À Québec le premier ministre Bourassa était coincé entre, d'une part, le refus opposé, selon toute apparence, par le gouvernement fédéral aux exigences constitutionnelles du Québec

---

136. *Débats de la Chambre des Communes,* Compte rendu officiel, 3ᵉ session, 28ᵉ législature, vol. VI, 1971, 7 juin, pp. 6407-6408.

en matière sociale et, d'autre part, la fermeté de certains de ses ministres et députés, l'unanimité des trois partis d'opposition, l'intervention dans le débat de certains leaders de l'opinion publique et les prises de position fermes d'un nombre croissant de groupes nationaux et sociaux.

Ces faits soulignent la position unique du Premier ministre québécois au sein de la Confédération. Aucun de ses collègues en provenance des neuf autres capitales n'est soumis comme lui aux pressions de l'opinion publique et des partis d'opposition. Aucun de ses collègues n'est l'objet de pression aussi soutenues aux Conférences constitutionnelles elles-mêmes. Un journaliste du journal *The Gazette* résumait en un titre significatif le dilemme de Robert Bourassa à la veille de la Conférence de juin 1971 : « Peu importe la direction qu'il choisira, Bourassa sera condamné[137] ».

À la recherche d'une stratégie, le Premier ministre québécois convoque le Comité parlementaire de la Constitution.

Jean-Jacques Bertrand qui a provoqué la création de ce comité en 1963 et qui, avec le Premier ministre, est le seul membre de ce comité à avoir participé à la négociation constitutionnelle, met ce dernier en garde contre les pressions qui s'exerceront sur lui à Victoria.

Le chef du gouvernement, affirme l'ancien premier ministre Bertrand, malgré les pressions incessantes dont il sera l'objet, malgré les sentiments de frustration et de solitude qui pèseront lourdement sur lui à certains moments, devra se garder de promettre, et à plus forte raison de donner son consentement à la formule d'amendement pour de multiples raisons qu'il résume dans les propositions suivantes[138] :

> Le meilleur moyen de canadianiser la Constitution et obtenir la souveraineté du Canada est de laisser mourir à Londres l'actuelle Constitution et d'en rédiger une nouvelle, basée non pas sur les anciens usages mais sur les besoins et aspirations des Canadiens d'aujourd'hui.
>
> Il sera illogique de parler de formule d'amendement tant qu'on ne se sera pas entendu sur la substance d'une nouvelle Constitution : partage des pouvoirs et des sources de taxation, création d'un tribunal constitutionnel; la formule Tru-

---

137. « No matter how he moves, Bourassa will be wrong », *The Gazette*, 22 mai 1971.
138. Jean-Jacques Bertrand, « Dix raisons de dire non à la formule Turner-Trudeau », *Le Devoir*, 20 mai 1971.

deau-Turner donnera le même résultat que la défunte formule Fulton-Favreau : elle arrêtera l'examen en profondeur de la plus grave crise de notre histoire, celle qui met en cause la volonté de deux peuples de vivre ensemble et bloquera le processus de révision constitutionnelle; toute nouvelle Constitution et toute formule d'amendement devra tenir compte de la « dimension politique de la réalité culturelle »; le droit d'un peuple à l'autodétermination ne se négocie pas.

Pour Camille Laurin qui parle au nom du Parti Québécois, le gouvernement du Québec doit rejeter la formule d'amendement constitutionnel proposée par Ottawa. En plus de constituer une fin de non-recevoir aux demandes traditionnelles du Québec en consacrant le statu quo en matière de partage des pouvoirs et de dépenser, elle limite le droit du Québec à modifier sa constitution interne, lui enlève le droit de légiférer dans le secteur des «droits scolaires», et gèle le statut de la Cour suprême.

Une sorte d'unanimité se dégage des interventions au Comité parlementaire de la Constitution. Le gouvernement du Québec ne doit pas accepter la formule d'amendement si cette acceptation ne s'accompagne pas d'un transfert de pouvoir et d'argent.

Cette position exprimée par l'opposition est consolidée par les interventions publiques des ministres Claude Castonguay, Jean-Paul L'Allier, Jean Cournoyer et Guy Saint-Pierre. Bien que minoritaires au Conseil des ministres on les dit de plus en plus influents, voire intransigeants sur cette question.

Claude Ryan qui a suivi le dossier depuis la première réunion de février 1968 signe dans *Le Devoir* du 31 mai un éditorial qui constitue une sévère mise en garde à l'endroit du premier ministre Bourassa :

On voudrait que les divers gouvernements approuvent à Victoria des documents qui engagent l'avenir du pays et des citoyens, sans même que les textes aient été rendus publics. Le premier ministre du Québec qui consentirait à se lier ainsi signerait son propre suicide politique. Non seulement M. Bourassa doit-il insister pour que son Parlement soit associé à un titre plus responsable que celui de « rubber stamp » à l'étude des documents dont il a été saisi. Il doit également informer tout de suite ses interlocuteurs qu'une Constitution nouvelle ne saurait engager le Québec tant qu'elle n'aura pas été approuvée formellement et explicitement par le peuple lui-même.

Avec la Conférence de Victoria, la révision constitutionnelle entre dans une phase qui pourrait se révéler funeste pour le Québec en même temps qu'elle donnerait au reste du pays l'impression trompeuse qu'un progrès considérable a été accompli.

M. Bourassa aura profit à se souvenir, à Ottawa et à Victoria, des avis très judicieux que lui ont prodigués dans un esprit dépouillé de partisanerie les porte-parole des groupes d'opposition à l'Assemblée nationale. S'il est un domaine où la décision politique doit reposer sur un consensus débordant largement les frontières partisanes, c'est bien celui de la Constitution. Or, ce consensus sera impossible au Québec si la révision continue de se faire suivant l'esprit et l'ordre de priorités qui semblent devoir dominer les travaux de Victoria.

Tel était à la veille de la réunion le climat politique canadien et québécois. Au strict niveau de la négociation entre les onze gouvernements, un accord général de principe était intervenu sauf sur deux points : l'ensemble des dispositions portant sur la modernisation de la Constitution et la question du contrôle des politiques sociales. Sur le premier point, on ne prévoyait aucun problème sérieux.

Le second point allait-il être solutionné par les Premiers ministres à Victoria? Neuf d'entre eux acceptaient le texte proposé par le gouvernement fédéral. Le Québec seul s'y opposait. Il avait proposé une solution claire. Si on ne l'acceptait pas, le travail entrepris depuis février 1968 perdait toute sa signification; l'ensemble de la négociation constitutionnelle serait à reprendre un jour...

LA CONFÉRENCE

Première journée

À 10 heures le lundi 14 juin, le Premier ministre du Canada frappe trois coups sur la grande table autour de laquelle ont pris place les chefs de gouvernements des provinces canadiennes, à l'exception du premier ministre Thatcher qui s'est fait représenter par son Procureur général. La Conférence constitutionnelle de Victoria était officiellement ouverte. Jamais dans l'histoire canadienne une conférence politique n'avait suscité un tel intérêt.

Pour Pierre Elliott Trudeau, le moment est unique. Il est à quelques heures peut-être d'un véritable succès politique. Ses

Photo 41.   Les chefs des délégations à la Conférence de Victoria, 1971.

prédécesseurs Mackenzie King, Louis S. Saint-Laurent, John G. Diefenbaker et Lester B. Pearson ont échoué dans leurs tentatives de rapatrier la Constitution du pays et d'y inclure une formule d'amendement. Quatre années de négociations suivies avec les provinces, en particulier le Québec, ont permis de dégager un consensus et d'espérer qu'à la présente Conférence un accord interviendra au sujet de ces questions fondamentales. Aux collègues qui l'entourent et à la population canadienne qui assiste par l'intermédiaire de la télévision à la première séance de cette Conférence, l'ancien professeur de droit constitutionnel rappelle la signification historique de cette assemblée[139] :

> Nous nous rencontrons ici à Victoria, cent quatre ans après la naissance de la Fédération canadienne. Nous ne pouvons ignorer l'importance historique de ce que nous pouvons réussir à faire ou de l'échec que nous pourrions subir.

139. « Extraits de l'allocution d'ouverture de la Conférence de Victoria par le Premier ministre du Canada », *Le Devoir*, 15 juin 1971. Gouvernement du Canada, Conférence constitutionnelle, *Délibérations*, Ottawa, juin 1971.

J'ai parlé du travail inachevé de Charlottetown et de Québec : l'absence d'un moyen d'amender au Canada exclusivement notre Constitution, la rendant ainsi totalement canadienne.

Déjà en 1927, il y a 44 ans, à l'occasion d'une Conférence fédérale-provinciale, nous avons voulu amorcer un processus d'amendement. Nos efforts avaient échoué. Nous sommes revenus à la charge à l'occasion d'une autre Conférence en 1935. Nouvel échec. Après la guerre, nous nous sommes remis à la tâche, toujours sans succès, aux conférences de 1950, de 1960-1961 et de 1964. Bref, après environ un demi-siècle d'efforts et d'échecs, le Canada est dans une situation unique, le seul pays indépendant au monde qui ne puisse modifier sa propre Constitution. Je crois que nous nous devons à nous-mêmes de ne plus échouer. Advenant un échec, le pays ne cessera pas d'exister.

Il pourrait toutefois s'écouler beaucoup de temps avant que ne se présente une autre occasion où nous-mêmes, où les Premiers ministres qui nous succéderont, pourront réussir. Le problème n'est pas insoluble et la solution n'est pas loin. Une formule d'amendement, équitablement conçue ne mettra pas fin aux changements constitutionnels et n'empêchera pas des améliorations futures. Elle facilitera plutôt le changement et garantira le progrès pour l'avenir. Elle permettra aussi de faire disparaître, une fois pour toutes, les reliquats d'une condition qui n'est pas digne d'un pays libre et indépendant.

Ce rappel historique répondait en partie tout au moins aux craintes exprimées par de nombreux représentants des milieux politiques québécois. « Une formule d'amendement, équitablement conçue ne mettra pas fin aux changements constitutionnels et n'empêchera pas des améliorations futures. » L'affirmation du Premier ministre canadien aurait sans doute eu plus de poids s'il ne l'avait pas fait précéder de réserves sévères au sujet de la position du Québec en matière de politique sociale. Tout accord à ce sujet semblait exclu pour l'immédiat et pour l'avenir. Les changements constitutionnels qu'évoquait Pierre Elliott Trudeau excluaient apparemment et irrémédiablement le secteur témoin des politiques sociales qu'avaient choisi de privilégier les représentants québécois.

Robert Bourassa prend la parole[140]. L'homme est encore assez énigmatique. On le dit prêt à l'accommodement au

---

140. Gouvernement du Québec, *Allocution d'ouverture de M. Robert Bourassa*, premier ministre du Québec, Conférence de Victoria, Victoria, juin 1971.

nom du réalisme et de l'efficacité. Il s'est fait le défenseur du « fédéralisme rentable ». Au-delà des apparences, il n'a devant lui à Québec qu'une seule opposition. Il a subi dans les dernières semaines des pressions considérables de ses amis fédéralistes et celles non moins efficaces des partis d'opposition, des leaders de l'opinion publique, des membres de son cabinet et de son parti. À sa droite siège Claude Castonguay qui a en quelque sorte lié sa crédibilité qui est grande au transfert d'Ottawa à Québec de l'ensemble des juridictions dans le secteur des politiques sociales. Un peu en retrait et sans doute un peu inquiet Claude Morin, sous-ministre aux Affaires intergouvernementales, représente la continuité de la position québécoise. Il a participé à toutes les négociations, tous les comités et toutes les Conférences. Comme un grand nombre de Canadiens et de Québécois, il devait s'interroger à ce moment précis sur la véracité de la prophétie de Daniel Johnson qui déclarait en février 1968 en proposant le point de vue du Québec relatif à la réforme constitutionnelle : « Même si je disparaissais demain matin, mon successeur

Photo 42. Claude Morin représente à Victoria la continuité de la position québécoise.

à la table de négociations, s'il était le Premier ministre du Québec, parlerait ainsi. »

Le geste est nerveux et l'expression sévère. Robert Bourassa s'adresse à ses collègues et aux Canadiens « comme le porte-parole d'une société distincte qui tient par-dessus tout à la préservation et l'affirmation de son identité propre ». Il plaide avec assurance la responsabilité du gouvernement québécois quant à l'avenir de la culture de son peuple et aux pouvoirs essentiels d'aménager, selon ses priorités, l'ensemble des politiques sociales en étroite liaison avec les contraintes et les ressources de ses particularités culturelles.

Rappelant les propositions soumises à la Conférence par son gouvernement, Robert Bourassa en résume les fondements essentiels. Le Québec désire contrôler l'ensemble des politiques sociales parce que ces secteurs du développement sont très directement liés à la qualité de vie de notre population et à la définition même de la société québécoise. Il laisse clairement entendre que le Québec ne cédera pas, au risque même de voir la Conférence se terminer sur un échec.

> Pour répondre à ces deux préoccupations fondamentales, la réforme constitutionnelle doit absolument rejoindre des questions de substance, c'est-à-dire essentiellement celles qui ont trait à la répartition des pouvoirs législatifs et fiscaux entre le gouvernement fédéral et les gouvernements provinciaux. Une mise au point d'un ensemble de dispositions de formes ou de techniques constitutionnelles comme la formule d'amendement n'apporterait évidemment pas de solution satisfaisante aux problèmes constitutionnels du Canada[141].

Les Premiers ministres des Provinces Maritimes ont surtout insisté dans leurs discours d'ouverture sur la question des disparités régionales et sur le problème du contrôle des droits miniers sous-marins qui, selon eux, devraient être du ressort des provinces. Les chefs du gouvernement de la Nouvelle-Écosse et du Nouveau-Brunswick ont explicitement ou implicitement rejeté la position québécoise et ont souscrit aux arguments du Premier ministre canadien. Joe Smallwood évite de commenter les propositions québécoises. Dans son style inépuisable il fait un long détour pour affirmer que le Canada survivra à l'échec éventuel de la Conférence de Victoria. Pour sa part le premier ministre Campbell de l'île du Prince-Édouard, dans une allocu-

---

141. *Ibid.*

tion de vingt-quatre secondes, a déclaré qu'il était venu à cette Conférence pour que l'on procède à des changements à la Constitution.

Le nouveau chef du gouvernement de l'Ontario, William Davis, fait une intervention décevante. Il se contente de souhaiter que dans une seconde phase de la révision constitutionnelle, l'on aborde la question de la décentralisation, « afin que le pouvoir de décision soit confié à des ordres de gouvernement plus près du peuple[142] ».

> Je crois qu'il est juste de dire qu'un nouveau préambule et les dix titres du projet de document que nous avons devant nous comportent en grande partie des sujets symboliques. Encore que ces questions aient indéniablement leur importance, il faut aussi considérer les questions de fond. Par conséquent, si nous nous entendons maintenant sur cette série de propositions, ce ne sera, à notre avis, que la fin de la première étape de la révision. Nous estimons qu'il faut passer immédiatement à la seconde étape, qui est une étape plus substantielle et une révision complète de la répartition des pouvoirs dans un délai raisonnable.

Les Premiers ministres des provinces de l'Ouest, à l'exception du premier ministre Schreyer, s'opposent aux demandes québécoises. Le Procureur général de la Saskatchewan, chef de la délégation de sa province, déclare même que la Confédération ne pourrait survivre si la proposition québécoise était acceptée. Les demandes du Québec contredisent selon lui son statut de province canadienne. Pour sa part, l'hôte de la Conférence, le premier ministre Bennett, s'objecte au plan québécois et réclame même l'abolition des paiements de péréquation. Il propose de remplacer ces paiements par des versements personnels « aux économiquement faibles ». Ces versements seraient assurés par le gouvernement fédéral. Le premier ministre Schreyer laisse entendre qu'il est « sympathique » aux aspirations et aux besoins du Québec mais du même souffle reconnaît au gouvernement fédéral le pouvoir de dépenser dans le secteur de la politique sociale.

Bref, aucun sentiment d'urgence n'anime les collègues de Robert Bourassa. Ils ont profité du temps qui leur était alloué sur les chaînes nationales de télévision pour exposer les sentiments et les problèmes de leur région.

---

142. *Déclaration de l'Honorable William G. Davis*, premier ministre de l'Ontario, lors de la première séance de la Conférence constitutionnelle, Victoria, 19 juin 1971, Document n° 336, p. 2.

Le premier ministre Bourassa se trouvait isolé comme ses prédécesseurs lors de rencontres similaires. Le Canada à deux, dont parlait Daniel Johnson en 1967, n'avait jamais eu une telle réalité. Ottawa recevait l'appui réel des provinces anglophones. Le Québec marquait sa dissidence. Sa logique et sa nécessité échappaient aux représentants des sociétés voisines et aux interlocuteurs fédéraux. Cette situation n'était pas totalement nouvelle mais elle acquérait, à la fin de la première séance de la Conférence de Victoria, un relief singulier.

À l'ajournement de la première session, le premier ministre Trudeau déclarait à des journalistes qu'il était d'accord avec certains principes énoncés par son collègue québécois : la concurrence des pouvoirs, la consultation fédérale-provinciale, la primauté provinciale. Pour cette raison, il se disait optimiste quant aux résultats de la Conférence. Cette affirmation apparemment conciliante ne changeait rien au débat de fond qui allait reprendre le lendemain.

La seconde session de la première journée de la Conférence se tint à huis clos comme toutes les séances subséquentes. En quelques heures les Premiers ministres approuvèrent les textes de la Charte concernant les droits politiques, les provinces et les territoires, la consultation fédérale-provinciale, les responsabilités « nationales » vis-à-vis du problème des inégalités régionales et la formule de rapatriement de la Constitution [143].

Les Premiers ministres firent de plus une première analyse des textes de la Charte relatifs à la formule d'amendement et aux droits linguistiques. Un comité de fonctionnaires étudiait pour sa part la question du préambule et celle de la modernisation de la Constitution.

La première journée de la Conférence de Victoria avait réservé peu de surprises. Robert Bourassa avait maintenu avec une fermeté qui surprit bien des observateurs la position du Québec. Pour sa part le Premier ministre du Canada, catégorique dans ses remarques d'ouverture, avait semé la confusion en se montrant beaucoup plus souple dans ses propos, suite aux déclarations du chef du gouvernement québécois. Ce dernier ajouta à la confusion en distinguant, selon les domaines, les demandes du Québec, utilisant tour à tour les expressions concurrence, exclusivité et primauté législative. Les rumeurs les plus

---

143. Le texte intégral de la Charte de Victoria est reproduit dans l'annexe 2 du présent volume.

contradictoires circulaient à Victoria. Tard dans la nuit, le vieil hôtel Empress où logeaient toutes les délégations fut le témoin d'un grand nombre de rencontres privées où se jouait peut-être l'avenir du Québec et du Canada.

Deuxième journée

La deuxième journée de la Conférence débute par une initiative spectaculaire de la délégation québécoise. Jouant le tout pour le tout et désireuse d'expliquer elle-même, en dehors du cadre conflictuel de la Conférence, ses positions constitutionnelles dans le secteur de la politique sociale, la délégation du Québec invite les membres des autres délégations à une Conférence d'information présidée par le ministre Castonguay. Le premier ministre Bourassa explique les motifs de cette invitation[144].

> Cette décision a été prise devant l'incompréhension avec laquelle on semble avoir accueilli la proposition québécoise dans le secteur social.

> L'initiative du Québec permettra au ministre Castonguay de consacrer le temps nécessaire aux explications circonstanciées de la position du Québec et partant d'engager sur une base plus constructive les discussions officielles qui devraient suivre à dix heures.

L'intention était sans doute bonne mais les résultats furent plutôt minces. En effet, les délégations boudèrent l'invitation du Québec. Le ministre Castonguay dut se contenter d'un nombre très restreint d'interlocuteurs.

Dans la presse anglophone, en ce matin du 14 juin, Robert Bourassa occupait l'espace de toutes les caricatures. On le représentait comme un adolescent boudeur ou un jeune collégien projetant une ombre démesurée. La légende était peu subtile : « la mauvaise ombre ». La manchette était la propriété de Pierre Elliott Trudeau. On reprenait une phrase faite sur mesure pour la presse : « Le Québec exige trop. »

La Conférence reprit ses travaux à 10 heures. La séance du matin fut consacrée à la Cour suprême du Canada. La question de la nomination des juges, soulevée avec insistance par le premier ministre Bennett, a forcé les Premiers ministres à référer ce dossier au Comité permanent des Procureurs généraux des provinces.

---

144. *Le Soleil*, 15 juin 1971.

La séance de l'après-midi fut consacrée entièrement à la question litigieuse par excellence, soit celle du partage des juridictions dans le secteur des politiques sociales.

Le débat s'alimentait à deux conceptions du fédéralisme. Il s'incarnait dans deux textes, l'un en provenance d'Ottawa, l'autre de Québec, portant sur la révision de l'article 94A de l'Acte de l'Amérique Britannique du Nord.

Pour le gouvernement fédéral le développement des politiques sociales au Canada doit respecter les données suivantes [145].

> Le Parlement du Canada peut légiférer sur les pensions de vieillesse et prestations additionnelles, y compris des prestations aux survivants et aux invalides sans égard à leur âge, ainsi que sur les allocations familiales et les allocations de jeunesse, mais aucune loi ainsi édictée ne doit porter atteinte à l'application de quelque loi présente ou future d'une législature provinciale en ces matières.

> Il n'est pas loisible au gouvernement du Canada de proposer à la Chambre des Communes de projet de loi relatif à l'une des matières mentionnées dans l'article 1, à moins qu'il n'ait, au moins quatre-vingt-dix jours avant de faire une telle proposition, informé le gouvernement de chaque province du contenu de la législation proposée et demandé son avis.

Le texte de la proposition du Québec concernant la révision de l'article 94A s'inspirait d'une autre conception du fédéralisme en général et du Canada en particulier [146].

> Le Parlement du Canada peut légiférer relativement aux catégories de matières suivantes :
>
> a) les allocations familiales ;
> b) les allocations pour la formation de la main-d'œuvre ;
> c) le supplément de revenu garanti en raison de l'âge ;
> d) les allocations aux jeunes et les allocations sociales ;
> e) l'assurance-chômage ;
> f) les pensions de vieillesse et des prestations additionnelles aux survivants et aux invalides sans égard à leur âge.
>
> Aucun projet de loi relatif à ces catégories de matières ne peut cependant être présenté à la Chambre des Com-

---

145. Gouvernement du Canada, *La Révision constitutionnelle 1968-1971*, Rapport du Secrétaire, Secrétariat des Conférences intergouvernementales canadiennes, Information Canada, Ottawa, 1974, p. 207.
146. *Ibid.*, pp. 199-200.

munes s'il n'a, au préalable, été soumis pour avis à chacun des gouvernements des provinces sur le territoire desquelles il doit être applicable.

Dès qu'une loi relative à l'une des catégories de matières visées aux sous-paragraphes *a*, *b* et *c* du premier paragraphe est adoptée par la législature d'une province, toute loi du Parlement du Canada relative à la même catégorie de matière n'a d'effet sur le territoire de la province que dans la mesure où la loi de la législature y pourvoit.

Nulle loi adoptée par le Parlement du Canada relativement aux catégories de matières visées aux sous-paragraphes *d*, *e* et *f* du premier paragraphe ne doit porter atteinte à l'application de quelque loi présente ou future d'une législature.

Le Parlement du Canada peut adopter des lois portant affectation de deniers publics à des fins de soutien de revenu relativement à des catégories de matières autres que celles visées au premier paragraphe. Toutefois, de telles lois, si elles sont adoptées par le Parlement du Canada après l'entrée en vigueur du présent article, n'ont d'application sur le territoire d'une province que dans la mesure prévue conformément au paragraphe 3.

Dans tous les cas où une loi du Parlement du Canada relative à l'une des catégories de matières visées au premier paragraphe est rendue en totalité ou en partie inapplicable par l'effet d'une loi adoptée par une législature en vertu du paragraphe 3, le gouvernement de cette province reçoit une compensation déterminée d'après le montant qui aurait été dépensé sur le territoire de la province par le gouvernement du Canada si les dispositions de la loi du Parlement du Canada avaient reçu application sur son territoire.

Ces deux textes, comme nous l'avons déjà noté, proposaient deux conceptions du fédéralisme en général et deux conceptions du Canada en particulier. Ils comportaient certaines similitudes que nous dégagerons en premier lieu.

Ils reconnaissaient tous deux le pouvoir du Parlement du Canada de légiférer dans les matières suivantes : les allocations familiales, les allocations aux jeunes, les pensions de vieillesse et les prestations additionnelles, les prestations aux survivants et aux invalides, sans égard à leur âge. Le texte québécois ajoutait à ces secteurs les allocations pour la formation de la main-d'œuvre et l'assurance-chômage.

Ils affirmaient tous deux les pouvoirs concurrents des provinces dans les mêmes secteurs.

Ils reconnaissaient l'obligation du gouvernement fédéral « d'informer le gouvernement de chaque province du contenu de toute législation dans ces secteurs, au moins quatre-vingt-dix jours avant de faire une telle proposition », selon l'expression du document fédéral. Cette obligation était aussi affirmée dans le document québécois en des termes moins précis. On y invoquait le devoir du gouvernement fédéral de soumettre « pour avis » tout projet de loi dans ces secteurs « à chacun des gouvernements des provinces sur le territoire desquelles il doit être applicable ».

Au niveau de ces trois principes les thèses fédérales et provinciales concordaient.

Un désaccord profond divisait les deux capitales sur l'interprétation à donner à la notion de pouvoirs concurrents.

Selon la thèse fédérale les deux niveaux de gouvernements pourraient élaborer des législations et des programmes et les appliquer en concurrence comme c'était le cas, par exemple, dans le secteur des allocations familiales. Il fallait simplement éviter que la législation fédérale ne « porte atteinte à quelque loi présente ou future d'une législature provinciale en ces matières ». Le Québec partageait cette position mais la limitait à trois secteurs précis, les allocations aux jeunes, l'assurance-chômage et les pensions de vieillesse.

Selon la thèse québécoise, dès qu'une loi relative aux allocations familiales, aux allocations pour la formation de la main-d'œuvre et au supplément garanti en raison de l'âge, est adoptée par la législature d'une province, toute loi du Parlement du Canada relative à la même catégorie de matières n'a d'effet sur le territoire de la province que dans la mesure où la loi de la législature y pourvoit.

Cette position signifiait qu'un gouvernement provincial pouvait exclure le gouvernement canadien des trois secteurs d'intervention déjà mentionnés et exercer seul la juridiction dans ces domaines. Le principe de la concurrence législative était remplacé par celui de la primauté législative des États provinciaux.

Au-delà des formules légales, le Québec visait à reprendre le contrôle exclusif des allocations familiales, des allocations pour la formation de la main-d'œuvre et de la politique du supplément de revenu garanti en raison de l'âge.

Cette récupération devait s'accompagner, selon la thèse québécoise, d'une compensation financière versée par Ottawa au gouvernement québécois.

Les deux thèses étaient irréconciliables.

Les représentants fédéraux ne peuvent souscrire à la thèse québécoise. Ils évoquent leur responsabilité, « comme gouvernement national », de redistribuer la richesse, d'assister les régions et les citoyens moins favorisés. Selon le premier ministre Trudeau, « si le projet québécois était retenu, les provinces riches s'empresseraient de se retirer des programmes fédéraux et le gouvernement canadien serait dans l'impossibilité de les financer [147] ».

> Si, comme le propose le gouvernement du Québec, des lois provinciales pouvaient faire échec à l'application dans une province des lois sur la sécurité du revenu, et détourner, par l'entremise du Trésor provincial, des revenus fédéraux qui seraient dépensés au gré du gouvernement provincial, les provinces seraient fortement tentées d'adopter des lois en ce sens.
>
> Cependant, dans ces conditions, le Parlement serait moins porté à imposer les Canadiens pour faire des paiements aux gouvernements provinciaux qu'à verser directement de l'argent aux vieillards nécessiteux et aux familles ayant des enfants. Car les contribuables seraient eux-mêmes moins disposés à payer des impôts au gouvernement fédéral pour subventionner les programmes d'autres provinces que pour financer les programmes d'un gouvernement fédéral qu'ils ont élu eux-mêmes.

De plus les représentants fédéraux invoquent leur responsabilité dans le secteur de l'économie. Ils affirment que l'acceptation du projet québécois diminuerait considérablement leur capacité d'influer sur l'économie du pays, en particulier de contrôler l'inflation et le taux de chômage.

Selon eux, la thèse québécoise comporte une anomalie démocratique. Il ne saurait être question que le gouvernement fédéral taxe les citoyens et verse le produit de ces taxes aux gouvernements provinciaux qui pourraient le dépenser à leur guise. Le Premier ministre canadien résume cet argument en une formule simplifiée : « Un gouvernement s'il veut dépenser, n'a qu'à taxer. »

Enfin les représentants fédéraux, le Premier ministre en tête, affirment qu'ils ne renonceront jamais « à leur droit d'effectuer des paiements directs aux individus ». La dimension politique de cette position est évidente, la politique sociale étant l'une des

---

147. *Le Devoir*, 15 juin 1971.

formes de présence sensible et tangible du gouvernement fédéral auprès des contribuables canadiens.

Les représentants québécois tentent de contrecarrer l'argumentation d'Ottawa. À diverses reprises au cours de la Conférence, le premier ministre Bourassa a affirmé « que la proposition québécoise tient compte à la fois du désir légitime d'Ottawa de faire respecter des normes nationales et de celui du Québec de mettre en œuvre une politique sociale qui lui soit propre ». Loin de nier le besoin de redistribution de la richesse au pays, le chef du gouvernement québécois suggère qu'on se mette à l'œuvre « pour trouver une formule de compensation fiscale équitable » et qu'on l'étende dans les versements fédéraux aux provinces dans le domaine social. Selon lui, ce que recherche le Québec n'est aucunement de restreindre le rôle de répartiteur des ressources, de réducteur des inégalités économiques du gouvernement canadien. Ce que recherche le Québec, c'est le « raffinement » du pouvoir fédéral de redistribution des revenus en accroissant l'efficacité des politiques sociales.

Enfin, le chef du gouvernement québécois a contredit l'interprétation fédérale de la thèse du Québec qui voulait que le gouvernement canadien ne puisse plus à l'avenir verser directement des allocations aux citoyens. Ce pouvoir n'est pas nié, affirme Robert Bourassa. Il demeure entier dans toutes les provinces qui laisseront Ottawa occuper les divers champs de la politique sociale. Même dans les provinces qui choisiront de définir leur propre politique, le gouvernement fédéral pourra verser directement des allocations aux citoyens « à condition que ces provinces aient jugé ces allocations compatibles avec l'orientation générale de leur politique sociale ».

Aux représentants des provinces, Robert Bourassa et Claude Castonguay rappellent que l'acceptation de la thèse québécoise agrandit leur possibilité de coordonner la politique sociale de leur gouvernement mais ne les force aucunement à s'aligner sur les choix québécois. Ils pourront continuer de participer aux programmes fédéraux existants et maintenir en quelque sorte le statu quo.

À l'exception de l'Ontario, aucun chef de gouvernement provincial ne soumit une réaction détaillée et publique au conflit qui opposait Ottawa et Québec. Cependant, à la séance du mardi après-midi, certains d'entre eux firent des commentaires sur les deux propositions. Les Premiers ministres de l'Ouest, à l'exception du chef du gouvernement manitobain, réprouvèrent le « troc » que le Québec proposait en conditionnant son appui à la Charte constitutionnelle à l'obtention d'une primauté législative dans le secteur de la politique sociale. Seul le premier ministre Schreyer manifestait une réelle sympathie pour la thèse québécoise.

Pour leur part les chefs de gouvernements des Provinces Maritimes refusaient d'appuyer la position québécoise.

En fin d'après-midi la délégation de l'Ontario rendait publique une déclaration ambiguë. Si la position québécoise était analysée avec sympathie, on en soulignait le caractère incomplet. On réclamait des clarifications quant aux équivalences fiscales proposées par Québec. On réprouvait à mots couverts le marchandage en cours qui risquait de compromettre l'ensemble des acquis lentement dégagés depuis 1967. De plus la délégation de l'Ontario réprouvait à l'avance toute entente particulière entre le fédéral et le Québec sur le partage des pouvoirs dans le domaine de la sécurité sociale. Pour les représentants de l'Ontario, devant l'impasse sur la question de la politique sociale, il fallait référer le dossier à une prochaine Conférence fédérale-provinciale sur la fiscalité. Si les représentants des provinces rejettent la thèse du Québec, ils formulent de sévères critiques à l'endroit de la thèse fédérale. L'absence de mécanismes de compensation fiscale dans le cas où une province se prévaudrait de la primauté que lui reconnaît la proposition fédérale est unanimement condamnée.

Le journal *The Gazette* dans sa page éditoriale du 16 juin 1976 condamnait l'attitude négative des chefs politiques du Canada anglais.

> La plupart des Premiers ministres déclarent à Victoria qu'ils comprennent la situation particulière du Québec... Ils disent qu'ils comprennent et s'empressent d'ajouter que, dans les faits, ils ne toléreront pas de réels changements à la nature même de la Confédération[148].

Au terme de la seconde journée de la Conférence de Victoria, le gouvernement fédéral et les gouvernements provinciaux n'avaient pas réussi à s'entendre sur les principales questions à l'ordre du jour, notamment la politique sociale et les droits linguistiques. Sur ce dernier point, plusieurs provinces s'oppo-

---

148. « Most of the other premiers are saying in Victoria that they understand Québec's special situation. They say they understand and then they say, in effect, that they will not tolerate any meaningful change in the nature of Confederation. »

saient à ce que les deux langues officielles soient reconnues également à travers le pays, notamment dans les législatures et les Cours provinciales.

Le projet de réforme de la Cour suprême du Canada qui semblait acquis au début de la Conférence a donné lieu à bien des difficultés imprévues. Les Premiers ministres l'avaient référé au Comité des Procureurs généraux afin qu'ils étudient les modes possibles de participation directe des provinces dans le choix des membres du plus haut tribunal du pays.

Les propositions du gouvernement fédéral traitant de compétence en matière de politique étrangère et de relations internationales ont suscité de vives réactions des représentants du Québec, de l'Ontario, de la Nouvelle-Écosse, du Manitoba, de l'Alberta et de la Colombie-Britannique. Le texte soumis par Ottawa établissait la compétence exclusive du fédéral dans tout le domaine de la politique étrangère et des relations internationales. Le Québec a tenté de faire accepter par les représentants fédéraux la distinction entre la politique étrangère et le secteur beaucoup plus vaste des relations internationales. Plusieurs représentants des provinces ont réservé leur jugement sur la question débattue, désireux d'en analyser la signification et les implications concrètes pour leurs relations économiques et financières avec l'étranger. De plus le Québec et l'Ontario déclarèrent leur intérêt à participer directement aux activités d'organismes internationaux, en particulier dans les secteurs de l'éducation et de la culture. Incapables de s'entendre en matière de partage des pouvoirs dans le champ de la politique étrangère et des relations internationales, les Premiers ministres reportèrent cette discussion au lendemain.

Le soir tous les délégués à la Conférence étaient les invités du gouvernement de la Colombie-Britannique pour un dîner à bord du vaisseau amiral de la B.C. Ferries. Robert Bourassa déclina poliment cette invitation.

Troisième journée

À la première séance de la troisième journée de la Conférence de Victoria, les Premiers ministres reprirent leurs discussions sur les droits linguistiques et les relations internationales. Aucun accord ne put être dégagé sur ces deux questions litigieuses.

À midi, les chefs de gouvernements furent informés par le ministre fédéral de la Justice, John Turner, de l'état des négociations entre ce dernier et les Procureurs généraux des provinces. Malgré de longues heures de négociations ces derniers n'avaient pu réussir à se mettre d'accord sur un texte de préambule à la Constitution et n'avaient accompli que des progrès modestes quant à la solution des problèmes que soulevait la réforme de la Cour suprême. Le ministre fédéral et les Procureurs généraux se proposaient, si telle était la volonté des Premiers ministres, de continuer leur travail.

Ils recommandaient à ces derniers d'approuver « en principe » les articles de la Charte portant sur la modernisation de la Constitution ainsi que l'annexe où figuraient les lois et articles de lois qui devraient être abrogés. Les gouvernements respectifs devraient faire rapport à Ottawa avant le 24 juin s'ils souhaitaient modifier ces articles et cette annexe. Cependant « aucune proposition touchant le fond de l'annexe ne serait permise ».

Les Premiers ministres se retirèrent alors pour un déjeuner privé. La situation objective était plutôt désolante. Après deux jours et demi de discussions, quatre mois de négociations intenses, trois années et demie de travail et de recherches, sept Conférences constitutionnelles, le bilan qu'ils pouvaient dresser, à quelques heures de la fin de la Conférence de Victoria, était décevant.

Un accord était intervenu sur les textes de la Charte concernant les droits politiques, les provinces et les territoires, la consultation fédérale-provinciale, les responsabilités nationales vis-à-vis du problème des inégalités régionales et la formule de rapatriement de la Constitution. De plus, les Premiers ministres le matin même avaient accepté « en principe » les textes relatifs à la modernisation de la Constitution et l'annexe où figuraient les lois et articles de lois qui devaient être abrogés.

Aucun accord n'était intervenu sur un préambule à la Constitution, les droits linguistiques, la Cour suprême du Canada, les cours fédérales, la politique sociale et la formule de modification de la Constitution.

Tôt dans l'après-midi on annonçait que la séance publique et télévisée prévue pour 15 heures était annulée. En fait les Premiers ministres étaient engagés dans la plus longue séance de travail de leur carrière. Ils siégèrent sans interruption pendant treize heures à la recherche de solutions aux problèmes complexes qui les réunissaient.

Ils réglèrent tour à tour les questions de la procédure de nomination des juges de la Cour suprême, des droits linguistiques et du préambule de la Constitution.

Ils rediscutèrent des questions de la politique sociale et des relations internationales.

Ils convinrent entre eux que la Charte constitutionnelle devait être acceptée intégralement par les onze gouvernements, bloquant ainsi toute possibilité pour une ou des provinces d'accepter la Charte en partie seulement.

Ils fixèrent une date limite, soit le 28 juin, pour l'acceptation de la Charte. Chaque gouvernement provincial devait faire connaître sa décision au Secrétariat des Conférences intergouvernementales à l'intérieur de ce délai de douze jours.

La Conférence mit fin à ses travaux à 1 heure 30 du matin et le texte officiel de la « Charte constitutionnelle canadienne, 1971 » fut rendu public quelques heures plus tard. La technique du huis clos, la théorie des avantages du groupe restreint, chères aux représentants fédéraux avaient porté leurs fruits.

Il est deux heures du matin quand Pierre Elliott Trudeau commence une longue conférence de presse. Il est de toute évidence, provisoirement, le grand vainqueur du match politique qui vient de se terminer. Il a rallié l'adhésion officielle d'au moins neuf Premiers ministres provinciaux autour d'un ensemble de propositions qui étaient loin de faire l'unanimité il y a quelques heures à peine.

Les interlocuteurs ont été fascinés par la puissance de ses interventions tout au long de la journée. Maître de la situation, il flattait les uns, corrigeait les autres, forçait l'argumentation des récalcitrants puis fonçait à l'essentiel. L'assemblée passait d'un consensus à un autre grâce à ses retraits stratégiques et à sa bonne connaissance des dossiers.

Le chef du gouvernement québécois avait perdu l'offensive dès les premières heures de la Conférence. Il a bataillé ferme. Il a eu cependant beaucoup de mal à se dégager de la dialectique serrée de son interlocuteur fédéral. Des membres de sa propre délégation s'inquiétaient de le savoir seul à la table constitutionnelle.

Pour Pierre Trudeau, « la Charte constitutionnelle canadienne de 1971 renferme les éléments d'un progrès considérable dans l'évolution constitutionnelle du pays ». Les gouvernements provinciaux ont maintenant l'obligation de choisir. « C'est à prendre ou à laisser. » Le temps des négociations est révolu. Claude Ryan qualifiera cette phrase du Premier ministre canadien « d'ultimatum à caractère intransigeant ».

À trois heures du matin, Robert Bourassa s'adresse à son tour aux journalistes. Il refuse de porter un jugement global sur la Charte de Victoria et qualifie de « contre-proposition fédérale » les articles de la Charte relatifs à la sécurité sociale. Cette contre-proposition « est loin d'être ce que nous avons demandé ». Un observateur attentif qui assistait à cette conférence de presse affirmait dans une dépêche en provenance de Victoria que « les journalistes n'ont pas été capables de tirer de lui le moindre indice de ses sentiments intimes sur le dilemme qui venait de se présenter à lui ».

De toute évidence Robert Bourassa vient de subir un échec cuisant. Que reste-t-il de son plaidoyer électoral pour un fédéralisme rentable ? Le jeune économiste propulsé trop rapidement au poste de Premier ministre du Québec vient de se confronter aux politiciens les plus rusés et les plus habiles du pays. Il a été emporté par leur solidarité fondamentale. Il n'a qu'une seule consolation au terme de cette épuisante Conférence : ses prédécesseurs ont aussi échoué dans des entreprises semblables. Il y a plus que sa personnalité, que son inexpérience. La différence a déjà pris la forme d'une expression célèbre : « Le Canada à deux ». Il est le porte-parole de l'autre Canada.

Chapitre IV

Le projet de Charte constitutionnelle canadienne 1971 [149]

La Charte constitutionnelle canadienne 1971 fut le résultat d'une série de compromis qui furent consentis par les Premiers ministres lors de leur célèbre réunion de treize heures au dernier jour de la Conférence de Victoria.

Elle marquait la dernière étape de la négociation constitutionnelle demandée avec insistance par Québec, amorcée par John Robarts en 1967 et engagée par Lester B. Pearson en février 1968. Elle était l'aboutissement de quatre années de discussions et de recherches rythmées par sept Conférences des Premiers ministres et un très grand nombre de réunions au niveau ministériel et à celui des fonctionnaires.

Pour en bien comprendre la portée et la signification, il importe, en premier lieu, de souligner son caractère limité. Tout au long de ces quatre années de négociations, un grand nombre de sujets d'ordres constitutionnel et autres avaient été exclus en raison de leur caractère trop litigieux ou pour divers autres motifs. La liste de ces «sujets exclus» et remis à plus tard est impressionnante.

La répartition des compétences et le pouvoir de dépenser du gouvernement fédéral qui avaient été au cœur même des quatre premières réunions des Premiers ministres avaient été définitivement écartés à la Conférence de décembre 1969. Le

---

149. Le texte intégral de cette Charte mieux connue sous le nom de Charte de Victoria est reproduit dans l'Annexe 1 du présent volume.

gouvernement fédéral proposait alors d'étudier en particulier la question des droits fondamentaux et celle des institutions liées au fonctionnement du fédéralisme canadien. Le Québec, qui, jusque-là, avait soutenu que la révision constitutionnelle impliquait essentiellement l'étude d'une nouvelle répartition des pouvoirs y compris le pouvoir de dépenser, modifia son attitude et consentit à discuter des questions plus limitées.

La politique extérieure et les relations internationales firent l'objet d'interventions et de discussions suivies aux Conférences de février 1968, de février 1969 et de février 1971. Dans son projet initial de Charte, le gouvernement fédéral avait inclus cinq articles relatifs à ces domaines. Devant la fermeté et la constance des positions du fédéral, les Premiers ministres décidèrent de retrancher du texte final de la Charte les articles relatifs à cette question qui s'y trouvaient initialement.

Divers autres problèmes étudiés par les Premiers ministres lors de leurs rencontres précédentes ne figurent pas dans le texte final de la Charte de Victoria. On pense en particulier aux questions suivantes : la marche des capitaux, le contrôle des institutions financières, la question du milieu, la commercialisation entre les provinces canadiennes, la réforme du Sénat, la transformation de la capitale nationale et le préambule à la Constitution.

Cette énumération trop rapide indique clairement le caractère limité de la Charte de Victoria. On avait balancé en cours de route les bagages les plus lourds pour ne retenir, selon l'expression du premier ministre Trudeau, que «les questions susceptibles d'un accord». Le gouvernement fédéral en réussissant cette performance avait réorienté la négociation constitutionnelle dans une direction dite plus réaliste mais infiniment plus limitée. Les perspectives de départ étaient plus généreuses. Les attentes du Québec plus larges.

La Charte de Victoria est composée de soixante et un articles constitutionnels regroupés sous dix titres[150]. Dans l'éventualité de son acceptation par les onze gouvernements, elle aurait été incorporée à la Constitution du pays.

Un premier groupe de quatre sujets (titres) avait reçu rapidement l'approbation des chefs de gouvernements.

---

150. Les droits politiques, les droits linguistiques, les provinces et les territoires, la Cour suprême du Canada, les cours fédérales, l'article 94A révisé, les inégalités régionales, la consultation fédérale-provinciale, la modification de la Constitution, la modernisation de la Constitution.

Les articles 20 et 21 consacraient l'existence des dix provinces et des deux territoires ainsi que leur régime parlementaire. Ces dispositions ne donnèrent lieu à aucun débat.

Les articles 46 et 47 consacrés aux inégalités régionales avaient fait l'objet d'un accord dès la Conférence de juin 1969. Ce sujet avait été mis à l'ordre du jour dès la première réunion de la Conférence constitutionnelle en février 1968 à la demande de la Nouvelle-Écosse. Ces deux articles reconnaissaient aux gouvernements fédéral et provinciaux l'obligation de promouvoir l'égalité des chances pour tous les Canadiens et de leur assurer des services publics essentiels. Ces affirmations de principe n'avaient aucunement pour effet de modifier la répartition des pouvoirs ou d'obliger les Parlements à exercer leurs pouvoirs législatifs.

L'article 48 stipulait que le Premier ministre du Canada devait convoquer au moins une fois par an une Conférence le réunissant avec les Premiers ministres des provinces. C'est à la demande de l'Ontario que cette question avait été portée à l'ordre du jour lors de la Conférence de septembre 1970. Notons que le contenu de l'article ne recoupait qu'un élément d'une discussion et de propositions beaucoup plus vastes. En effet les Premiers ministres avaient tour à tour abordé la question des mécanismes de consultation et la création d'un secrétariat permanent des affaires fédérales-provinciales.

Les articles 58 à 61 inclusivement contenaient des propositions visant à moderniser la Constitution actuelle, à supprimer les articles désuets de l'Acte de l'Amérique du Nord Britannique et à révoquer des articles qui n'étaient plus pertinents, en particulier le droit de réserve et de désaveu du gouvernement fédéral. Les discussions autour de ces questions avaient été sommaires. C'est pourquoi les Premiers ministres décidèrent à Victoria d'accepter « en principe » les articles 58 à 61 de la Charte et se réservèrent le pouvoir de les étudier plus à fond. Les commentaires que certains gouvernements provinciaux firent parvenir au gouvernement fédéral dans la troisième semaine de juin 1971 comprenaient des questions fondamentales. De toute évidence, la recherche sur les questions soulevées par ce chapitre de la Charte était incomplète. L'accord rapide de Victoria ressemblait à une improvisation.

Un second groupe de six sujets (titres) avait suscité un grand intérêt, des discussions et des négociations serrées. Par leur contenu politique, voire historique, ces sujets plongeaient au cœur même de la crise canadienne. L'accord de principe auquel ils avaient donné lieu constituait, comme nous l'avons déjà signalé, une série de compromis.

Les neuf premiers articles de la Charte définissaient les droits politiques des Canadiens. L'intention initiale du gouvernement fédéral telle qu'exprimée par Lester B. Pearson à la Conférence constitutionnelle de février 1968 était d'obtenir un accord de principe sur une déclaration des droits fondamentaux dans les secteurs politique, juridique et linguistique.

Cette intention initiale fut étendue à d'autres sujets mais elle demeura présente tout au long de la révision constitutionnelle. Elle fit l'objet de discussions aux Conférences de février 1968 et de février 1969 et d'un accord à la session de travail de février 1971.

Diverses objections à une déclaration des droits dans les quatre secteurs précédemment identifiés furent soulevées par les représentants des gouvernements provinciaux.

Plusieurs provinces réclamèrent des représentants fédéraux des garanties quant aux effets qu'auraient des droits garantis sur la répartition des pouvoirs. Ils exprimaient la crainte que le gouvernement fédéral utilise dans l'avenir ces dispositions constitutionnelles pour leur ravir une partie de leur autorité.

Les gouvernements provinciaux s'objectèrent presque unanimement à l'inclusion sous un même titre de propositions relatives aux quatre catégories de droits proposés. En conséquence il fut décidé de traiter séparément chacune des catégories.

Enfin certains représentants des gouvernements provinciaux soulignèrent le caractère théorique d'une énumération des droits fondamentaux. Ils jugeaient indispensable de définir ces droits et d'assortir leur déni de sanctions efficaces.

Le gouvernement du Québec insista au cours des trois premières Conférences constitutionnelles sur la nécessité d'étudier ces questions dans le cadre plus large d'une révision globale de la Constitution, affirmant qu'elles ne pouvaient être isolées de l'étude de la répartition des pouvoirs. Il modifia apparemment cette position lors de la Conférence de février 1969 en acceptant de collaborer aux travaux d'un comité ministériel sur les droits fondamentaux.

L'accord de principe de Victoria était le résultat d'un cheminement complexe. Il ne correspondait que partiellement aux intentions initiales d'Ottawa. Il ne levait pas toutes les objections soulevées par les provinces. L'affirmation des droits était solidement encadrée par « les restrictions raisonnablement justifiées, dans une société démocratique, par la sûreté, l'ordre, la santé publique, les bonnes mœurs et la sécurité de l'État». Elle avait cependant le mérite d'identifier les droits politiques et de garantir constitutionnellement le fonctionnement des institutions politiques.

Les articles 10 à 19 inclusivement de la Charte de Victoria se rapportaient aux droits linguistiques des Canadiens. La remise au gouvernement fédéral en octobre 1967 du volume I, *Les Langues officielles*, du Rapport de la Commission royale d'enquête sur le bilinguisme et le biculturalisme et les prises de position fermes du premier ministre Johnson au sujet du statut de la langue française au Canada amenèrent Lester B. Pearson à proposer à ses collègues provinciaux l'élargissement de l'ordre du jour de la première Conférence constitutionnelle. Il leur proposa d'y inclure les recommandations de la Commission Laurendeau-Dunton comme premier sujet de discussion.

À la surprise générale les Premiers ministres firent d'abondantes références au statut de la langue française dans leur province respective, et approuvèrent un «Accord unanime sur les droits linguistiques[151]». De plus ils créèrent un comité spécial chargé d'analyser « les méthodes d'application des principes énoncés dans l'accord, la nature de l'aide fédérale et la forme que prendront les modifications apportées à la Constitution».

La question des droits linguistiques sera reprise à chaque rencontre de la Conférence constitutionnelle à l'exception de la session de travail de juin 1969.

Malgré des réserves sur la possibilité d'application d'une politique du bilinguisme dans leurs provinces respectives, les chefs de gouvernements de l'île du Prince-Édouard, de Terre-Neuve, de la Nouvelle-Écosse, du Nouveau-Brunswick, de l'Ontario et du Manitoba se déclarèrent favorables aux propositions fédérales mais insistèrent sur une implantation et une expansion graduelles des politiques proposées. Pour leur part les Premiers ministres de l'Alberta, de la Saskatchewan et de la Colombie-Britannique s'opposèrent à ces mêmes propositions.

Le chef du gouvernement de l'Alberta affirma à maintes reprises que la question linguistique était secondaire, que l'approche constitutionnelle à cette question n'était ni la plus

---

151. Nous avons précédemment analysé cet accord unanime dont le texte intégral est reproduit à la page 170, note 49.

utile ni la meilleure. Pour lui, l'intégration dans la Constitution de propositions relatives aux droits linguistiques ne changerait rien à la pratique quotidienne et concrète. Au contraire, selon le Premier ministre albertain, cette intégration provoquerait le ressentiment de larges secteurs de la population canadienne. Pour leur part les Premiers ministres successifs du Québec formulèrent des réserves quant aux intentions explicites du fédéral de garantir constitutionnellement le libre choix de l'école française ou anglaise à travers le pays et quant au principe des districts bilingues.

Malgré ces diverses attitudes, la Conférence constitutionnelle de février 1971 examina des propositions précises que lui avait soumises le comité ministériel qu'elle avait créé en février 1969. Les diverses tendances qui s'étaient manifestées lors des Conférences précédentes demeuraient bien marquées après trois années de discussion. Cependant, au terme de leur rencontre, les Premiers ministres acceptèrent d'incorporer à la Constitution des énoncés de principes proclamant le statut officiel des langues française et anglaise, reconnaissant le droit de tout citoyen canadien de s'exprimer en anglais ou en français «dans diverses circonstances comme les débats du Parlement, le plaidoyer ou toute procédure devant les tribunaux fédéraux, les communications avec l'administration fédérale et l'accès à tous les documents fédéraux dans les deux langues officielles[152]».

Aucun accord n'intervint quant à l'usage des deux langues dans les Assemblées législatives provinciales et dans le secteur scolaire.

Le gouvernement fédéral fut chargé de préparer des textes concernant ces questions. Il s'engage à les remettre aux provinces pour fin de discussion dans des rencontres bilatérales et de les revoir lors d'une rencontre des Procureurs généraux prévue pour la fin de mai.

Cet ensemble de discussions et de négociations produisirent les dix articles de la Charte de Victoria sur les droits linguistiques. Le texte final de ces articles avait été revu et remanié par les Premiers ministres. Ces dossiers avaient supprimé du texte final l'article sur la langue d'enseignement en raison du refus du Premier ministre québécois de s'engager sur cette question et des réserves formulées par les chefs de nombreux gou-

---

152. Gouvernement du Canada, *La Révision constitutionnelle 1968-1971*, Rapport du Secrétaire, *op. cit.*, pp. 394-395.

vernements provinciaux. La Colombie-Britannique, l'Alberta et la Saskatchewan choisirent de ne pas garantir constitutionnellement le droit d'utiliser la langue française ou la langue anglaise dans les débats de leurs Assemblées législatives.

De toute évidence le gouvernement fédéral avait échoué dans sa tentative de faire reconnaître constitutionnellement l'égalité des langues française et anglaise au Canada. Sous la pression de diverses provinces dont le Québec, il avait exclu de la Charte constitutionnelle tout le domaine de l'éducation et la proposition relative aux districts bilingues.

Il n'avait pu étendre à l'ensemble des provinces le droit d'utiliser l'une ou l'autre des langues officielles dans les débats des Assemblées législatives et dans les communications du citoyen avec les ministères et organismes gouvernementaux provinciaux.

Ces exclusions permettaient d'évaluer plus justement les dispositions constitutionnelles relatives aux droits linguistiques contenues dans la Charte de Victoria et d'en signaler le caractère limité. Elles marquaient cependant un progrès sur la situation existante.

La langue française et la langue anglaise étaient consacrées langues officielles du Canada. Elles pouvaient, à ce titre, être utilisées au Parlement fédéral ainsi que dans les Assemblées législatives ou nationales du Québec, de l'Ontario, du Manitoba, du Nouveau-Brunswick, de la Nouvelle-Écosse, de l'île du Prince-Édouard et de Terre-Neuve. Toutes les lois adoptées par les onze Parlements du pays devront désormais être imprimées et publiées dans les deux langues officielles[153]. La Charte prévoyait de plus que les textes français et anglais des lois du Canada, du Québec, du Nouveau-Brunswick et de Terre-Neuve feraient autorité.

L'usage des deux langues était autorisé « dans la procédure de la Cour suprême du Canada, de toutes les cours fédérales et de toutes les cours des provinces de Québec, du Nouveau-Brunswick et de Terre-Neuve ainsi que dans les témoignages et plaidoyers présentés devant aucune de ces cours ».

Enfin tout citoyen canadien « a le droit de choisir l'une ou l'autre des deux langues officielles comme langue de communi-

---

153. La Charte prévoyait que le gouvernement fédéral imprimerait et publierait les lois des provinces dans l'autre langue si elles ne le faisaient pas elles-mêmes.

cation lorsqu'il traite avec le siège principal ou central des ministères et des organismes du gouvernement du Canada ainsi que des gouvernements de l'Ontario, du Québec, du Nouveau-Brunswick, de l'île du Prince-Édouard et de Terre-Neuve ». Le même principe est affirmé quant aux communications des citoyens canadiens avec les bureaux des ministères et des organismes du gouvernement du Canada « dans une région où la langue officielle de son choix est la langue maternelle d'une partie importante de la population ».

Telles sont, pour l'essentiel, les dispositions constitutionnelles de la Charte de Victoria relatives aux droits linguistiques. Nous avons déjà signalé le caractère restreint de ces dispositions. Seuls les gouvernements fédéral et québécois avaient accepté de les appliquer intégralement. Les gouvernements des trois provinces à l'Ouest du Manitoba avaient refusé l'ensemble des dispositions pertinentes à leur champ de juridiction. Le Manitoba en avait accepté une seule.

Bref, au point de vue des droits linguistiques, malgré les progrès enregistrés, la Charte ne garantissait pas à tous les citoyens canadiens un statut d'égalité. Le Canada était, en cette matière, fragmenté et divisé en lui-même.

Les articles 44 et 45 visaient la révision de l'article 94A de l'Acte de l'Amérique Britannique du Nord. Nous avons déjà analysé en détail les positions respectives des gouvernements canadiens et québécois relatives au partage des pouvoirs dans le domaine de la politique sociale[154]. Les demandes québécoises, dans ce secteur, avaient été formulées bien avant que le processus de révision constitutionnelle ne soit engagé. Malgré l'importance que le Québec attachait à cette question, les Premiers ministres n'en furent saisis qu'à la Conférence de décembre 1969 suite au dépôt par le gouvernement fédéral d'un document de travail sur cette question. Reprise à toutes les Conférences qui suivirent, discutée par le Comité permanent des fonctionnaires, analysée par les ministres du Bien-être, cette question fut au cœur du débat limité sur une nouvelle répartition des pouvoirs. Aucune entente n'étant intervenue, c'est le texte en provenance d'Ottawa qui fut retenu et inséré dans la Charte de Victoria.

Les articles 22 à 43 de la Charte définissaient le statut de la Cour suprême du Canada et le mode de nomination des juges à

---

154. Gouvernement du Canada, *La Révision constitutionnelle 1968-1971*, Rapport du Secrétaire, *op. cit.*, pp. 119-125.

cette cour de dernière instance. L'article 43 définissait le statut des cours fédérales. Notons qu'à la Conférence de février 1968, l'étude de la Cour suprême faisait partie d'un projet de révision plus vaste «des institutions liées au fédéralisme».

N'ayant pu s'entendre sur la révision du statut des autres «institutions liées au fédéralisme», les Premiers ministres concentrèrent leur attention sur la Cour suprême. Cette question fut discutée par eux à quatre reprises. Elle fut étudiée par le Comité des fonctionnaires et par les Procureurs généraux.

Le gouvernement du Québec proposa à la Conférence de février 1969 qu'une Cour constitutionnelle soit créée et que la Cour suprême soit divisée en chambre distincte. Cette proposition a sans doute été discutée au niveau des Comités de fonctionnaires ou des Procureurs généraux mais elle ne fut pas reprise aux Conférences des Premiers ministres.

À la Conférence de février 1971, le gouvernement fédéral proposa l'inclusion d'articles sur la Cour suprême dans l'ensemble des dispositions constitutionnelles envisagées. La réaction des provinces à ces propositions fut d'exiger que soit reconnue l'importance de la consultation fédérale-provinciale pour la nomination des juges au plus haut tribunal du pays. On proposa la création d'un comité intergouvernemental de nomination, et l'accord d'une majorité des provinces comme préalable à la sélection définitive des juges de la Cour suprême.

C'est avec beaucoup de réticence que les Premiers ministres des provinces de l'Ouest acceptèrent à Victoria l'ensemble des dispositions proposées par Ottawa, relatives à la Cour suprême. La Colombie-Britannique souhaitait que soit incluse dans la Charte une disposition assurant la représentation des cinq régions du Canada à la Cour suprême. Les Premiers ministres de l'Alberta et du Manitoba estimaient, pour leur part, que le nombre des juges de la Cour suprême était trop limité. Les Premiers ministres du Québec et de l'Ontario firent des suggestions pour assurer une meilleure participation des provinces au choix des juges.

Malgré toutes ces réserves, les Premiers ministres provinciaux acceptèrent, «en principe», les nombreuses dispositions constitutionnelles soumises par Ottawa dans ce domaine. Ces dispositions confirmaient l'ensemble des pratiques existantes. Elles prévoyaient de plus que lorsque survient une vacance à la Cour suprême du Canada et que le Procureur général du Canada considère le nom d'une personne à nommer pour remplir cette vacance, il en informe le Procureur général de la province intéressée et s'efforce de s'entendre avec lui. L'accord des deux Procureurs généraux est un préalable à toute nomination à la Cour suprême. Si cet accord n'est pas intervenu trois mois après une vacance à la Cour, on doit créer un « collège » qui choisit sur une liste de trois noms fournie par le gouvernement fédéral un candidat dont il recommande la nomination. Cette procédure est automatiquement abolie en cas de désintérêt d'un Procureur général provincial.

L'article 35 consacrait la juridiction de la Cour suprême sur toute question constitutionnelle « dont il a été disposé dans tout jugement rendu par quelque cour que ce soit au Canada ».

L'ensemble des dispositions constitutionnelles relatives à la Cour suprême contenues dans la Charte de Victoria n'apportait aucune réforme véritable. La prépondérance du gouvernement fédéral était constitutionnellement garantie et cela malgré les formules ambiguës de consultation mises au point. En consacrant le statut de Tribunal constitutionnel de la Cour suprême et en reconnaissant à Ottawa le droit exclusif d'initiative dans la sélection des candidats, on lui concède une situation où une seule des parties aux conflits d'ordre constitutionnel dispose du pouvoir d'initiative pour le recrutement et la nomination des juges du tribunal qui arbitre ces litiges.

Les articles 49 à 57 inclusivement déterminaient une méthode de rapatriement et de modification de la Constitution.

Dès la Conférence constitutionnelle de février 1968, les Premiers ministres avaient inclus dans la liste des questions à être étudiées « les dispositifs de rapatriement et de modifications de la Constitution ».

Pour les chefs de gouvernements des neuf provinces anglophones, ces deux questions étaient prioritaires et devaient être analysées en tout premier lieu.

Le Québec, par la voie des premiers ministres Johnson et Bertrand, avait, à maintes reprises, affirmé son intérêt pour ces questions. Cependant les deux Premiers ministres québécois proposaient qu'on analyse la possibilité d'un accord sur des dispositions de rapatriement et de modification à la fin du processus de révision constitutionnelle. Pour eux une nouvelle répartition des pouvoirs constituait l'objectif prioritaire des discussions constitutionnelles.

Le gouvernement fédéral hésitait à amorcer de nouvelles discussions sur ces questions, en raison des expériences négatives qu'on avait connues au début de la décennie et de l'attitude ferme du Québec qui refusait d'aborder ces questions avant que des discussions suivies soient complétées au sujet de la répartition des pouvoirs.

L'élection d'un nouveau gouvernement au Québec en avril 1970 modifia la position fédérale. Les perspectives d'une entente sur une formule de rapatriement et d'amendement paraissaient plus réelles compte tenu de la position fédéraliste de la nouvelle équipe gouvernementale à Québec.

Pour Pierre Elliott Trudeau ces nouvelles possibilités constituaient une chance historique de réussir là où ses prédécesseurs avaient échoué. La perception du Premier ministre n'était pas dénuée de fondement.

Dès la Conférence de septembre 1970, il fut à même de vérifier les exigences du nouveau chef du gouvernement québécois, lesquelles n'avaient plus l'ampleur des conditions posées par ses prédécesseurs. Robert Bourassa exigeait « des concessions majeures dans un secteur clé soit le secteur social», là où ses prédécesseurs posaient comme préalable une redistribution de l'ensemble des pouvoirs. Il affirmait « qu'il n'était pas tellement réaliste d'exiger que tout soit réglé à l'occasion du rapatriement » alors que ses prédécesseurs étaient convaincus qu'il n'était pas réaliste de souscrire au rapatriement et à une formule de modification avant que le Québec n'ait obtenu les pouvoirs qu'il jugeait essentiels pour exercer son rôle de gouvernement national du Canada français. Cette dernière proposition impliquait la rédaction d'une nouvelle Constitution alors que l'attitude de Robert Bourassa suggérait le changement de certaines dispositions de la Constitution actuelle.

Entre la Conférence constitutionnelle de septembre 1970 et celle de février 1971, des consultations bilatérales indiquèrent que des chances raisonnables de succès permettaient de pousser plus à fond l'analyse d'une formule de rapatriement et de modification de la Constitution. Dans ce nouveau contexte, le Comité permanent des fonctionnaires accéléra ses travaux sur ces questions.

À la surprise générale, le Premier ministre canadien, dans ses remarques d'ouverture à la Conférence constitutionnelle de février 1971, communiqua aux délégués les termes d'une formule d'amendement auxquels s'étaient ralliés huit Premiers ministres provinciaux lors d'un dîner privé le soir précédent. Durant la Conférence, les deux chefs de gouvernements qui étaient absents lors du dîner précédant la Conférence, les premiers ministres Bennett de la Colombie-Britannique et Strom de l'Alberta, donnèrent leur consentement à la formule d'amendement retenue par leurs collègues.

Suite à l'accord de principe consenti en février 1971, le gouvernement fédéral traduisit le contenu de cet accord en projet de dispositions constitutionnelles. Ces dernières furent analysées par un comité de fonctionnaires en mars et discutées par la Conférence des Procureurs généraux en mai. Elles furent approuvées par les Premiers ministres lors de la Conférence de Victoria.

Pour la troisième fois en une décennie, les onze gouvernements du Canada avaient réussi à définir les conditions de la souveraineté complète du pays. La première expérience avait buté sur le refus québécois d'entériner l'accord de principe consenti par Jean Lesage à la formule d'amendement Fulton-Favreau.

La nouvelle formule connaîtra-t-elle le même sort ? Peu d'observateurs en doutaient à la fin de la Conférence de Victoria. L'essentiel de la nouvelle formule d'amendement était contenu dans les articles 49 et 50 de la Charte de Victoria.

> ART. 49 — La Constitution du Canada peut être modifiée en tout temps par une proclamation du Gouverneur général, portant le grand sceau du Canada, pourvu que le Sénat, la Chambre des Communes, et les Assemblées législatives d'une majorité des provinces aient, par résolution, autorisé cette proclamation. Cette majorité doit comprendre :
>
> 1) chaque Province dont la population comptait, à quelque moment avant l'adoption de cette proclamation suivant tout reconsement général antérieur, au moins vingt-cinq pour cent de la population du Canada ;
>
> 2) au moins deux des Provinces de l'Atlantique ;
>
> 3) au moins deux des Provinces de l'Ouest pourvu que les Provinces consentantes comptent ensemble, suivant le dernier recensement général précédant l'adoption de cette proclamation, au moins cinquante pour cent de la population de toutes les Provinces de l'Ouest.
>
> ART. 50 — La Constitution du Canada peut être modifiée en tout temps, dans les mêmes formes, quant à celles de ses dispositions qui s'appliquent à une ou à plusieurs Provinces mais non à toutes, avec l'approbation du Sénat, de la Chambre des Communes, et de l'Assemblée législative de chaque Province à laquelle cette modification s'applique.

Le Québec souscrivait à ce mécanisme d'amendement. Il avait clairement laissé entendre qu'un accord sur ce projet dépendait du degré d'entente obtenu dans le domaine de la politique sociale.

La Charte constitutionnelle 1971 abordait six des sept questions que les Premiers ministres avaient retenues comme mandat de la Conférence constitutionnelle en février 1968.

Elle ignorait presque complètement ce qui constituait à l'origine l'essentiel de la demande québécoise, soit une nouvelle répartition des compétences, voire la proposition minimale défendue par le gouvernement Bourassa dans le secteur de la politique sociale. Elle n'abordait pas l'importante question du pouvoir de dépenser.

Elle ne traitait que partiellement de la réforme « des institutions reliées au fédéralisme ». On n'y trouvait aucune disposition définissant le statut, les fonctions et la composition du Sénat.

Elle restait silencieuse sur un ensemble de questions d'ordre constitutionnel : la politique extérieure et les relations internationales, la gestion du milieu, les institutions financières, la capitale nationale et le préambule à la Constitution.

Elle réduisait à sa limite minimale le problème des mécanismes de consultation entre le gouvernement fédéral et les gouvernements provinciaux.

Au sujet des droits linguistiques, la Charte de Victoria consacrait l'existence d'une multitude de situations. Par rapport aux droits des citoyens cette définition était sans précédent. Si acceptées, les dispositions constitutionnelles à ce sujet consacraient l'inégalité de fait des Canadiens selon qu'ils vivent dans telle province plutôt que dans telle autre. Elles fixaient dans la Constitution même du pays un statut d'infériorité pour les minorités francophones et un statut privilégié pour la minorité anglophone du Québec.

Les articles de la Charte relatifs à la Cour suprême n'apportaient aucune réforme véritable.

La Charte constitutionnelle canadienne 1971, dans la perspective du fédéralisme canadien et dans l'optique du Canada anglophone et du gouvernement fédéral, constituait un progrès important. Elle avait le mérite, selon les porte-parole de ces milieux, d'identifier les droits politiques et linguistiques des Canadiens, de garantir constitutionnellement un mécanisme des relations fédérales-provinciales et une formule de consultation entre les deux niveaux de gouvernements au sujet de la nomination des juges de la Cour suprême.

La Charte constitutionnelle canadienne 1971 permettait enfin de rapatrier la Constitution et définissait une méthode pour la modifier. Si acceptées, les dispositions constitutionnelles à ce sujet mettraient fin à une situation historique devenue gênante et politiquement indéfendable, soit le recours au Parlement britannique pour obtenir son consentement à tout modification de la Constitution canadienne.

L'étude détaillée de la Charte de Victoria nous autorise à conclure que ce document consolidait la prépondérance du gouvernement canadien et, selon l'expression de Claude Ryan, « ramenait le Québec au rang de province comme les autres, sans égard à ses problèmes et à ses urgences propres ».

Le dernier acte de la Conférence constitutionnelle allait se jouer dans les dix capitales provinciales. En effet les gouvernements provinciaux disposaient de douze jours pour faire savoir au gouvernement fédéral s'ils acceptaient la Charte constitutionnelle canadienne 1971.

Victoria redevint en quelques heures la capitale paisible d'une province parmi d'autres. Le pouvoir s'était déplacé vers l'est, à Québec, dont le statut de capitale depuis trois siècles et demi prenait à nouveau toute sa signification.

Chapitre V

Le «NON» du Québec

Entre le 16 et le 28 juin 1971, huit gouvernements provinciaux informaient Ottawa qu'ils acceptaient la Charte de Victoria[155]. Cet accord était toujours assorti de déclarations publiques soulignant la valeur et l'importance de la Charte constitutionnelle. Ainsi, par exemple, le premier ministre Davis déclarait au Parlement de sa province[156]:

> Cette proposition de Charte constituerait de loin la meilleure occasion offerte aux Canadiens pour réaliser quelques-unes des principales réformes constitutionnelles.
>
> Je peux affirmer que la Charte est une réalisation typiquement canadienne, représentant des années de patience et de délibérations dont le dénouement a eu lieu à Victoria; elle représente en outre le génie canadien du compromis et le talent des Canadiens à fonder l'unanimité à partir d'opinions diverses.
>
> Le temps des doutes et des réflexions de dernière heure passé, un délai prolongé « ne ferait qu'affaiblir la volonté de ceux qui tendent à approuver la Charte et renforcer le désir des quelques rares individus qui ne veulent rien d'autre que l'échec d'une tentative visant à donner au Canada une Constitution qui lui convienne véritablement.

---

155. Des élections avaient porté au pouvoir le 23 juin 1971 l'équipe du premier ministre Blakeney. Ce dernier avait demandé à Ottawa de reporter la date limite pour l'acceptation de la Charte par sa province, afin de permettre au nouveau gouvernement d'en analyser le contenu.

156. *Le Devoir*, 22 juin 1971.

Ces interventions visaient manifestement l'opinion publique et le gouvernement québécois.

Jamais les différences sociologiques et politiques du Québec et du Canada anglais ne s'étaient manifestées avec une telle évidence depuis la seconde guerre mondiale.

Les Premiers ministres des provinces anglophones soumettaient à l'approbation de leur cabinet le contenu de la Charte dans un contexte de totale apathie de leur population.

La situation au Québec était diamétralement opposée.

Robert Bourassa avait déclaré à la fin de la Conférence de Victoria qu'il s'en tiendrait « à une position capable de rallier une majorité incontestée de Québécois de toutes tendances politiques ». Sa marge de manœuvre était réduite à l'extrême. En termes de calendrier l'échéance était serrée. Il disposait d'à peine dix jours. En termes politiques, il ne pouvait se dérober à l'obligation du « oui » ou du « non ». Aucune négociation n'était possible avec Ottawa. La Charte devait être acceptée ou rejetée en son entier. Il était impossible d'en rejeter un chapitre et d'accepter les autres. Il devait effectuer un choix sans pouvoir recourir aux réserves et aux nuances qu'affectionnent les politiciens indécis ou qui sont justifiées par les circonstances.

Les partis d'opposition à Québec firent rapidement entre eux l'unanimité contre l'acceptation de la Charte de Victoria.

Camille Laurin, au nom du Parti Québécois, constate l'échec de l'ensemble de la négociation constitutionnelle et invite les Québécois à s'engager dans l'autre option [157].

> Dix ans d'efforts désespérés, à certains moments, indéfiniment poursuivis dans une même direction, se sont heurtés à un mur qui paraît maintenant infranchissable.
>
> L'entente et la solidarité de tous les Québécois dans le sens de la négociation — se heurtent toujours lorsque nous sortons des frontières du Québec, à une autre volonté non moins farouche, non moins irréductible qui aboutit à l'impasse que nous avons connue.
>
> Le temps est venu de prendre un nouveau départ, dans une nouvelle direction, avec de nouvelles vues, avec de nouveaux dossiers, en d'autres termes, d'engager le Québec sur la voie de l'indépendance.

Le nouveau chef de l'Union Nationale, Gabriel Loubier, jugea méprisants la démarche et le contenu qui étaient proposés à l'approbation des Québécois.

---

157. *Journal des débats*, 2ᵉ session, 29ᵉ législature, 18 juin 1971, p. 2635.

La Fédération des Sociétés Saint-Jean-Baptiste, présidée par Jacques-Yvan Morin, convoqua pour le 19 juin ses membres à une réunion d'étude pour décider des moyens à prendre afin d'empêcher l'adoption de la Charte proposée.

Le 21 juin, la Corporation des Enseignants du Québec, la Confédération des Syndicats Nationaux, la Fédération des Sociétés Saint-Jean-Baptiste et la section québécoise du Nouveau Parti Démocratique forment un front commun et annoncent que des manifestations publiques seront organisées si le Québec accepte les propositions humiliantes que contient la Charte de Victoria[158].

Une vigoureuse campagne publicitaire est lancée le 21 juin par la Fédération des Sociétés Saint-Jean-Baptiste. Sous le titre évocateur *Proclamation au peuple du Québec, les jours de la conscription sont revenus*, un appel est lancé aux Québécois pour qu'ils manifestent massivement au chef du gouvernement leur opposition à la Charte de Victoria.

Marcel Faribault, reconnu comme l'un des meilleurs experts en droit constitutionnel, publie dans les journaux francophones et anglophones un long et violent réquisitoire contre « la fumisterie, le charlatanisme, le chantage, la fraude intellectuelle » qu'est, à son avis, la Charte de Victoria[159].

Le journal *Le Devoir* sous la signature successive de ses trois éditorialistes mène une vigoureuse campagne contre le « oui ». Claude Ryan signe le 18 juin un éditorial qu'il intitule « L'inacceptable échéance du 28 juin[160] ». La page éditoriale de l'édition du 22 juin est entièrement consacrée à l'analyse de la Charte[161]. Paul Sauriol y affirme que « la réforme de la Cour suprême proposée à Victoria est inacceptable ». Ryan dans un long commentaire évoque la « manière insultante » dont on s'y prend pour imposer la Charte et avertit le premier ministre Bourassa qu'une réponse favorable de son gouvernement équivaudrait à son isolement du peuple québécois et à une lutte gigantesque... « Au *Devoir*, nous le combattrions sans hésiter. » Le lendemain Jean-Claude Leclerc signait un vigoureux éditorial intitulé « L'inégalité des droits linguistiques dans la Charte de Victoria[162] ».

---

158. *L'Action-Québec*, 22 juin 1971.
159. *Le Soleil*, 22 juin 1971.
160. *Le Devoir*, 18 juin 1971.
161. *Le Devoir*, 22 juin 1971.
162. *Le Devoir*, 23 juin 1971.

PROCLAMATION

Au peuple du Québec

Les jours de la conscription sont revenus

Le gouvernement d'Ottawa et les premiers ministres des provinces anglophones du Canada viennent de poser, à la Conférence de Victoria, un véritable ultimatum au gouvernement du Québec.

Ils ont donné au Québec jusqu'au 28 juin pour dire oui ou non en bloc, sans conditions et sans discussions, à soixante-un articles constitutionnels qui mettent en jeu l'avenir du Québec et contredisent carrément la volonté du peuple du Québec telle qu'elle s'est exprimée, sans discontinuité, sans relâche, par tous les gouvernements élus depuis 1948 sous la direction successive des premiers ministres Duplessis, Sauvé, Barrette, Lesage, Johnson, Bertrand et Bourassa. Et telle qu'elle s'exprime aussi bien dans les partis d'opposition actuels sous les directions de MM. René Lévesque, Camille Samson, Jean-Jacques Bertrand, Gabriel Loubier et Raymond Laliberté.

A L'HEURE ACTUELLE, IL FAUT LA MOBILISATION GENERALE DU PEUPLE DU QUEBEC POUR APPORTER A MONSIEUR BOURASSA L'APPUI DONT IL A BESOIN. LA TACTIQUE FEDERALE DU COUP DE FORCE DOIT ETRE RECUSEE PAR TOUS LES QUEBECOIS.

COMME AU TEMPS DU PLÉBISCITE SUR LA CONSCRIPTION, IL FAUT RÉPONDRE **NON** À L'ULTIMATUM D'OTTAWA

Que chaque Québécois soit donc à son poste et que sans le moindre délai,

et selon ses moyens, il fasse parvenir un télégramme ou une lettre

à Monsieur Robert Bourassa, premier ministre du Québec,

Hôtel du Gouvernement Québec

LUI CONFIRMANT QUE "IL FAUT DIRE NON À L'ULTIMATUM DE LA CONFÉRENCE DE VICTORIA"

La Société Saint-Jean-Baptiste de Montréal
et la Fédération des Sociétés Saint-Jean-Baptiste du Québec

Photo 43. «Proclamation au peuple du Québec, les jours de la conscription sont revenus.»

Le Centre des dirigeants d'entreprises et le Conseil d'administration de la Chambre de Commerce du district de Montréal condamnent la méthode de l'ultimatum et ne peuvent accepter que l'on décide de principes aussi importants dans un si court laps de temps sans pouvoir effectuer les consultations ordonnées que requiert l'importance de la Charte.

Le Québec francophone semblait unanime. Le gouvernement Bourassa devait refuser son consentement à la Charte de Victoria.

Le Québec anglophone semblait pour sa part divisé. À l'accueil généralement favorable qu'avaient réservé les anglophones québécois au projet de Victoria, le journal *The Gazette* en se prononçant contre l'acceptation de la Charte apportait de nouveaux motifs de réflexion. Dans un éditorial de son édition du 19 juin, le journal *The Gazette* prenait position [163] :

> Une réponse affirmative signifie l'acceptation en principe d'une Constitution révisée qui ne tient pas compte du fait que le Canada est un pays composé de deux sociétés distinctes.
>
> La question n'est pas de savoir si le français peut être utilisé dans les débats parlementaires à Régina ou à Saint-Jean, la question est de savoir si le gouvernement québécois sera un jour dans une position telle qu'il puisse intervenir efficacement pour empêcher que les intérêts de la majorité anglophone du Canada prévalent automatiquement quand il y a divergence significative de position entre les deux sociétés qui composent le Canada...

Le premier ministre Trudeau multiplie ses interventions et ses apparitions au Québec. Il se dit confiant que la Charte sera acceptée en citant un proverbe portugais : « Le pire n'est pas toujours sûr. » Mais ces appels directs aux citoyens et aux groupes ne suscitent aucune réaction favorable.

Robert Bourassa soumet la Charte à un cabinet divisé. Il préside deux longues séances du cabinet. La première se termine tard dans la nuit du lundi 21 juin. La seconde suit une

---

163. An affirmative answer, on the other hand, would signify the acceptance in principle of a revised Constitution that still fails to take account of the fact that Canada is, after all, a country composed of two distinct societies.
The point is not whether French can be used in legislative debate in Regina and St. John's. The point is whether the Quebec government can ever be in a position, legally as well as morally, to prevent the interests of the English-speaking majority in Canada from automatically prevailing when there is a significant divergence. *The Gazette*, 19 juin 1971.

réunion du caucus des députés libéraux et se termine à deux heures mercredi matin.

Certains de ses collègues croient qu'il ne faut pas céder au chantage de l'opposition extra-parlementaire et saisir l'occasion de relancer, sur la base des acquis de Victoria, la révision constitutionnelle. Pour eux il faut éviter de créer un cul-de-sac qui permettrait aux indépendantistes de reprendre les affirmations de Camille Laurin formulées à l'Assemblée nationale. Refuser la Charte c'est fournir de nouveaux motifs, de nouveaux arguments aux indépendantistes, c'est choisir le risque. Au nom du réalisme et de l'avenir des relations du Québec avec les sociétés voisines réunies au sein du Canada, au nom du fédéralisme canadien, certains ministres plaident en faveur de l'acceptation de la Charte de Victoria.

Un groupe de ministres parmi les plus influents s'opposent à la Charte de Victoria. Ils condamnent à la fois le contenu qui, selon eux, nie la volonté du Québec d'obtenir un nouveau partage des pouvoirs et la méthode utilisée qui ressemble à un ultimatum. Ils rappellent au Premier ministre qu'il n'a même pas obtenu satisfaction au sujet du secteur témoin de la politique sociale. Dans ce contexte, ils mettent en doute la possibilité de relancer la négociation constitutionnelle une fois la Charte adoptée. Ils soulignent de plus l'ampleur du mouvement d'opposition qui grandit de jour en jour, le potentiel de violence qui s'accumule six mois après la crise d'octobre, l'isolement du gouvernement qui se produira si ce dernier donne son consentement à la Charte de Victoria.

Une semaine exactement après la Conférence de Victoria, soit le 23 juin, le premier ministre Bourassa rendait publique une déclaration reprise à la une de tous les journaux canadiens sous le titre « La réponse du Québec, c'est non [164] ».

> Le fédéralisme constitue pour les Québécois le meilleur moyen d'atteindre leurs objectifs économiques, sociaux et culturels.
> Les Québécois ont appuyé cette option du gouvernement du Québec lors des dernières élections générales.
> Soucieux de respecter cette volonté clairement exprimée par la population du Québec, le gouvernement s'applique à renforcer le fédéralisme canadien. Dans cet esprit, il estime que ce fédéralisme doit être décentralisé pour refléter la diversité des régions de notre pays. Ce

---

164. *Le Devoir*, 23 juin 1971.

fédéralisme doit aussi garantir aux provinces la liberté d'action nécessaire pour qu'elles assument pleinement leurs responsabilités à l'égard de leurs citoyens, ce fédéralisme doit aussi permettre au gouvernement du Québec d'assurer l'avenir culturel de la majorité de sa population.

La révision constitutionnelle est précisément la voie qui doit nous donner ce type de fédéralisme. Les travaux des trois dernières années ont permis aux Canadiens de progresser dans cette voie. La récente Conférence des Premiers ministres du Canada a constitué un pas en avant dans cette direction. Des progrès importants ont pu être réalisés en ce qui concerne le mécanisme de rapatriement et de modification de la Constitution, les droits politiques et linguistiques, le statut de la Cour suprême, etc.

Dans l'état actuel du dossier de la réforme constitutionnelle, le gouvernement du Québec ne peut toutefois pas faire une recommandation positive à l'Assemblée nationale en ce qui a trait à l'acceptation du présent projet de Charte constitutionnelle.

Cette décision relève de la nécessité qu'il y a de convenir dans toute la mesure du possible de textes constitutionnels clairs et précis, évitant ainsi de transporter au pouvoir judiciaire une responsabilité qui appartient avant tout au pouvoir politique, c'est-à-dire aux élus du peuple. Ainsi, les textes traitant de la sécurité du revenu laissent subsister une incertitude qui cadre mal avec les objectifs inhérents à toute idée de révision constitutionnelle. Si cette incertitude était éliminée, notre conclusion pourrait être différente.

Ainsi, le gouvernement du Québec entend-il signifier au secrétaire de la Conférence constitutionnelle qu'il ne peut accepter ce projet de Charte constitutionnelle.

Cette décision du gouvernement du Québec fait appel à la capacité d'innovation et à la détermination de tous les Canadiens et les incite à poursuivre la tâche qu'ils ont entreprise pour donner au Canada une Constitution vraiment moderne.

Robert Bourassa, qui n'aimait guère l'atmosphère de l'Assemblée nationale et la fréquentait le moins possible, lit à l'ouverture de la séance du mercredi 23 juin le texte de cette déclaration[165]. En guise d'approbation pour la décision difficile qu'il vient de prendre, tous les membres de l'Assemblée nationale lui accordent une longue ovation.

Jean-Jacques Bertrand se lève. Il est l'un des plus anciens parlementaires de l'Assemblée. Il a observé et dans certains cas

---

165. *Journal des débats*, 2e séance, 29e Législature, 23 juin 1971, p. 2738.

assisté six Premiers ministres québécois. Il a négocié, à titre de Premier ministre, avec le Canada anglais et le gouvernement fédéral la première phase de la révision constitutionnelle. Il choisit d'adresser ses remarques à ses anciens collègues, les chefs des gouvernements au Canada[166]:

> J'invite les Premiers ministres anglophones des autres provinces à se poser la question suivante : « Qu'auraient-ils fait à la place du Premier ministre du Québec si le Québec eût été anglophone et le reste du pays francophone ? Qu'ils se posent la question, qu'ils se mettent dans nos bottes ! Ils auraient dit non à un projet de Constitution comme celui qui nous a été présenté à Victoria...
>
> Connaissant le Premier ministre du Canada, avec son esprit cartésien, de logique et de méthode, il aurait refusé une telle offre de la part des autorités centrales et des autres provinces canadiennes.

Camille Laurin, chef parlementaire du Parti Québécois, parle à son tour. Il se dit soulagé par la décision du gouvernement. Pour lui l'échec constitutionnel du gouvernement Bourassa constitue la plus éloquente expression de l'échec du fédéralisme canadien[167].

> Où sont en effet ces appels à un fédéralisme rentable dont on a tellement entendu parler depuis un an ? Où sont ces moyens ingénieux et inédits qu'on devait utiliser pour faire progresser cette cause du fédéralisme rentable ?
>
> Le Québec doit maintenant se donner les pouvoirs et les ressources que le Canada anglophone vient de lui refuser, soit en se hâtant d'occuper les champs qui sont les siens, soit en mettant le fédéral lui-même devant le fait accompli, mais surtout en se mettant au travail lui-même pour écrire sa nouvelle Constitution et se donner cette liberté que le Canada anglophone ne veut plus lui donner.

À l'extérieur du Parlement les groupes nationalistes et les syndicats qui s'étaient regroupés dans un front commun font connaître rapidement leur appui au gouvernement québécois dans une lettre qu'ils font parvenir au premier ministre Bourassa[168]:

> Après le non, il faut passer à l'offensive contre l'arrogance du pouvoir fédéral et réaffirmer bien clairement que le gou-

---

166. *Ibid.*, p. 2540.
167. *Ibid.*, p. 2741.
168. *Le Devoir*, 25 juin 1971.

vernement du Québec a la volonté ferme de donner au peuple québécois sa propre politique sociale. Non, c'est habituellement le premier mot de l'être humain. Par la suite naît le langage.

Claude Ryan intitule son éditorial du 25 juin « Le non d'un gouvernement et d'un peuple[169] » :

> Indépendamment des erreurs qu'il a pu commettre à des stades antérieurs de cette histoire, M. Bourassa a su, au moment décisif, entendre la voix de son peuple et l'exprimer. Son geste de mercredi s'inscrit dans la ligne des grandes décisions prises par ses prédécesseurs. Le Québec a célébré hier dans la sérénité sa fête nationale : la décision de mercredi y fut pour beaucoup. On redécouvre, dans ces grands moments, combien est intense la réalité d'une conscience nationale distincte au Québec : aucun pouvoir extérieur n'y pourra jamais rien.

L'ensemble des réactions québécoises qui suivirent le « non » du gouvernement Bourassa indiquait qu'il était largement partagé par les groupes sociaux les plus importants, les leaders de l'opinion publique, certains milieux d'affaires, les éditorialistes des journaux les plus influents et tous les membres de l'Assemblée nationale.

Le Canada anglais avait espéré contre toute probabilité une réponse favorable du gouvernement du Québec. Il avait cru que les pressions des provinces anglophones et du gouvernement fédéral, les déclarations répétées du premier ministre Trudeau inciteraient le chef du gouvernement québécois et ses collègues à prendre « la difficile décision », selon les termes mêmes du premier ministre Davis, de recommander à l'Assemblée nationale l'acceptation de la Charte de Victoria. Le « non » québécois suscita une véritable marée de réactions de Terre-Neuve à la Colombie-Britannique.

Les chefs des gouvernements provinciaux exprimèrent unanimement leur profonde déception. Si les Premiers ministres de l'Ontario, du Nouveau-Brunswick et de l'île du Prince-Édouard manifestèrent une certaine compréhension face au refus du Québec, les Premiers ministres de l'Ouest, de la Nouvelle-Écosse et de Terre-Neuve se montrèrent sévères à l'endroit de la décision québécoise. Selon eux les perspectives de futures négociations constitutionnelles étaient désormais très sombres sinon inexistantes. Certains d'entre eux précisant même qu'ils refuseraient

---

169. *Le Devoir*, 25 juin 1971.

de participer à de nouvelles négociations à moins d'avoir d'abord la certitude que le Québec négocierait de bonne foi.

Les chefs du Nouveau Parti Démocratique du Canada et de l'Ontario évitèrent de condamner le Québec et s'en prirent à l'« intransigeance » du Premier ministre canadien.

La presse anglophone tomba à bras raccourcis sur le Québec. Le *Globe and Mail*, dans son édition du 24 juin, exigeait qu'Ottawa mette le gouvernement du Québec en quarantaine et en appelle directement au peuple québécois, par-dessus la tête des dirigeants provinciaux. Le *Telegram* du même jour écrivait que le « non » de Robert Bourassa était un acte de faiblesse et qu'il s'était fait manipuler par les séparatistes.

Pierre Elliott Trudeau était à Toronto quand on l'informa du « non » québécois. Sa première réaction fut violente. Il imputa à des « groupes de pression minables » et à « quelques intellectuels réactionnaires » la décision du gouvernement du Québec[170]. Cette dernière avait pourtant été appuyée unanimement par l'Assemblée nationale et un large éventail de groupes actifs dans des secteurs d'activités très variés.

Le vendredi 25 juin il fit, à la Chambre des Communes, une déclaration officielle plus substantielle, plus acceptable que les propos diffamants qu'il avait tenus à Toronto la veille.

Après avoir déclaré que son gouvernement acceptait la Charte, il exprima sa déception devant la décision du gouvernement du Québec. Citant une phrase du communiqué québécois, il formulait l'espoir que des négociations de dernière heure réussiraient peut-être à modifier la position québécoise[171].

Il nous est peut-être permis de fonder quelque espoir sur le fait que la déclaration du Premier ministre du Québec laisse entendre que le refus de la province tient à un seul aspect de la Charte, à savoir l'« incertitude » qui, à ses yeux, entourerait le sens et les effets des articles 44 et 45, ces articles constituant la version revisée de l'article 94A de l'Acte de l'Amérique du Nord Britannique. Lors de ma conférence de presse, à Toronto, mercredi, j'ai bien dit que, si le gouvernement du Québec veut formuler des propositions précises de nature à dissiper toute incertitude à cet égard, le gouvernement fédéral les accueillera volontiers. Le cas échéant, nous communiquerions alors avec les Premiers ministres des provinces pour voir s'il n'y aurait pas moyen de

170. *Le Devoir*, 28 juin 1971.
171. *Débats de la Chambre des Communes*, 3ᵉ session, 28ᵉ Législature, vol. VII, 25 juin 1971, pp. 7317-7318.

résoudre ce problème d'une façon acceptable à tous les intéressés. Je dois évidemment souligner aussi le fait qu'on ne saurait retarder indéfiniment l'acceptation de la Charte. Les parties qui en arrivent à un compromis ne peuvent être tenues liées par lui, entièrement ou partiellement, à moins que l'accord qui devait en résulter ne se produise dans un délai raisonnable.

L'espèce d'ouverture à laquelle référait le Premier ministre canadien ne constituait, de toute évidence, qu'une politesse de forme de la part du gouvernement québécois. Ceux qui attendaient « les nouvelles propositions du Québec » furent déçus. Elles ne vinrent pas.

Les événements rapides des trois premières semaines du mois de juin 1971 ont cristallisé des expressions et des jugements fort injustes. On a retenu le fameux « non » du Québec, le « veto » du Québec comme l'événement majeur de cette période passionnante et troublante. En toute justice, il importe de dire que ce « non » québécois était une réalité seconde. Il était consécutif au « non » initial formulé à l'endroit des demandes québécoises par le gouvernement fédéral et les gouvernements des provinces anglophones.

Trois années et demie de recherches, de négociations, de Conférences à tous les niveaux n'avaient-elles produit que cet échec évident ? Quelles leçons pouvaient-on tirer de cet ensemble d'événements qui avaient mobilisé tous les gouvernements fédéral et provinciaux, les fonctionnaires supérieurs, les experts, la presse et l'opinion publique depuis 1967 ?

Claude Ryan tira dès le 25 juin 1971 la leçon peut-être la plus fondamentale de cet échec [172] :

> Tout cela prouve combien est fragile l'amitié entre les deux peuples et combien réelle et fondamentale est l'existence au Canada non pas d'une seule, mais de deux nations. Le Canada anglais refuse de reconnaître cette réalité. Là est la source profonde du malentendu de Victoria et du « non » que M. Bourassa vient de signifier à ses collègues des autres gouvernements. Lorsque le Canada anglais voudra admettre qu'il ne saurait exister d'homme-miracle capable de lui livrer le Québec sur un plateau d'argent, les vraies conversations commenceront. Elles seront alors plus fructueuses.

Depuis le début de la négociation constitutionnelle, cette réalité des deux nations avait donné lieu à une ambiguïté fon-

---

172. *Le Devoir*, 25 juin 1971.

damentale. Le Québec est-il une province comme les autres au sein de la fédération canadienne ou constitue-t-il le territoire et l'État d'une collectivité nationale distincte? Renforcés par les opinions du Premier ministre canadien à ce sujet, les porte-parole du Canada anglais, les chefs des gouvernements provinciaux refusèrent dans chacun des dossiers étudiés du début jusqu'à Victoria d'envisager les conséquences politiques de l'existence au sein du Canada de deux entités nationales distinctes.

Ils eurent comme interlocuteurs québécois deux Premiers ministres qui étaient en même temps chef de l'Union Nationale, Daniel Johnson et Jean-Jacques Bertrand, un Premier ministre qui était chef du Parti Libéral du Québec, Robert Bourassa. De toute évidence la thèse du fédéralisme rentable proposée par ce dernier avait suscité à Ottawa et dans l'ensemble du Canada anglais l'espoir de voir déboucher la négociation constitutionnelle sur une série d'accords qui à la fois répondraient aux attentes des Québécois et ne taxeraient pas trop la structure politique du pays. « Le cauchemar » du « Canada à deux » proposé par Daniel Johnson et repris par Jean-Jacques Bertrand impliquait une redistribution de l'ensemble des pouvoirs et des ressources. Le fédéralisme rentable ramenait cette demande à un nouveau partage des pouvoirs dans un nombre restreint de secteurs. Cette demande minimale était inacceptable pour le gouvernement fédéral et le Canada anglais. Ce dossier divisait le Canada. D'un côté le Québec, de l'autre la totalité des gouvernements du Canada anglais. Les événements forçaient le rappel de la notion du Canada à deux comme l'expression la plus fidèle des faits et des situations.

La seconde observation qu'impose l'échec de Victoria nous ramène à une autre des remarques de Daniel Johnson. Forcé de réagir aux insinuations du Premier ministre canadien, l'ancien Premier ministre du Québec avait déclaré fièrement :

> Même si je disparaissais demain matin, mon successeur à la table de négociations, s'il était le Premier ministre du Québec, parlerait ainsi.

Les porte-parole du gouvernement canadien et des gouvernements des provinces anglophones ont pu croire à un moment ou l'autre que le Québec reviendrait un jour à des positions de négociations plus souples, plus « réalistes ». L'échec de Victoria et les événements politiques québécois des années '70 indiquent que cette perception était erronée. La continuité historique de la position québécoise a été maintenue depuis près de vingt ans par les chefs de gouvernements représentant les trois partis politiques les plus importants du Québec. Loin de régresser, son contenu s'est agrandi et a pris pour le Parti Québécois la forme de la souveraineté politique.

L'échec de Victoria suivait, à n'en pas douter, la perspective générale adoptée par ce parti. Depuis quatre ans ses porteparole répétaient leurs convictions que la négociation constitutionnelle était vouée à l'échec et que l'avenir était ailleurs.

Le contenu même de la Charte de Victoria posait de redoutables questions à ceux qui, en 1971 et encore aujourd'hui, croient que les institutions fédérales, en particulier la Cour suprême et le Sénat, devraient représenter la diversité des intérêts et des situations des régions canadiennes et la dualité nationale du pays. Il pose de plus des interrogations précises à ceux qui croient à la nécessaire réciprocité des aménagements réels et des conditions d'exercice des droits pour les minorités francophones et la minorité anglophone du Québec. Il laisse sans réponse ceux qui croyaient et croient encore qu'une nouvelle répartition du pouvoir est un préalable au développement harmonieux des deux communautés nationales du Canada.

La troisième observation que suggère l'échec de Victoria constitue un élément essentiel de la réalité du Canada. Après trois années et demie de recherches, d'explications et de négociations le gouvernement québécois se trouvait tout aussi isolé à la Conférence de Victoria en juin 1971 qu'il l'était lors de la première Conférence constitutionnelle de février 1968. Malgré de nombreuses expressions de compréhension et de sympathie, les interlocuteurs fédéral et provinciaux anglophones se retrouvaient solidaires quand l'heure de la décision concrète approchait... et le Québec seul.

TROISIÈME PARTIE

LE CHOIX D'UN PAYS, 1971-1976

La fragmentation du Canada n'avait jamais été aussi évidente qu'au lendemain de la Conférence de Victoria. Amorcée dans un climat de relatif optimisme sous la présidence de Lester B. Pearson, la révision constitutionnelle semblait désormais bloquée, figée dans une impasse dont nul ne pouvait prévoir l'issue.

> Tout cela prouve combien est fragile l'amitié entre les deux peuples et combien réelle et fondamentale est l'existence au Canada non pas d'une seule mais de deux nations.

Claude Ryan, dans ce commentaire écrit au lendemain de la Conférence de Victoria, indique bien le sens de l'impasse, de l'échec de la première tentative suivie pour renouveler le fédéralisme canadien[1].

Le Québec, au cours des trois années et demie qu'avait duré la Conférence constitutionnelle, avait exposé la conception du fédéralisme auquel il souhaitait adhérer. À l'été de 1968, il avait même déposé sur la table des négociations un plan complet du réaménagement des pouvoirs[2]. Il avait, à travers des gouvernements de diverses allégeances, maintenu des positions qu'il tenait pour inaliénables.

Le gouvernement fédéral et ceux des provinces à majorité anglophone avaient, pour leur part, refusé de consentir à une diminution réelle des pouvoirs constitutionnels et « historiques » du gouvernement fédéral. Ils avaient de plus marqué leur choix pour une Constitution si souple qu'elle excluait un partage clair des juridictions de chaque niveau de gouvernements. Ils avaient de plus, malgré des déclarations de sympathie et de compréhension, refusé de consentir à une extension particulière des juridictions du Québec.

Si le travail de révision constitutionnelle apparaissait à plusieurs comme une entreprise flouée à l'avance, le débat politique concernant le statut constitutionnel du Québec connut dans les cinq années et demie qui suivirent l'échec de Victoria une formidable vitalité. Il déboucha sur deux voies opposées. L'une laissait entrevoir une nouvelle et récente solidarité interprovinciale face aux volontés d'Ottawa dans le domaine constitutionnel. L'autre trouva son aboutissement le 15 novembre 1976 avec l'élection du Parti Québécois.

---

1. *Le Devoir*, 25 juin 1971.
2. Gouvernement du Québec, *Documents de travail*, Propositions pour la révision constitutionnelle, juillet 1968.

Chapitre I

Les initiatives fédérales

Pendant ces cinq années et demie, soit du mois de juin 1971 au mois de novembre 1976, le gouvernement fédéral canadien fut forcé de retraiter après avoir pris des positions désaccordées par rapport à la situation objective du pays. Une analyse minutieuse de la stratégie fédérale durant cette période force l'observateur à conclure qu'à ce niveau, les gestes posés face à la crise canadienne ne contribuèrent qu'à l'aggraver.

Trois séries d'événements marquèrent l'action du gouvernement fédéral durant cette période : le dépôt en 1972 du Rapport final du Comité spécial mixte du Sénat et de la Chambre des Communes sur la Constitution[3], la relance par le premier ministre Trudeau en avril 1975 du projet du rapatriement de la Constitution et de la formule d'amendement adoptés à Victoria, l'abandon par le gouvernement fédéral de plusieurs programmes qu'il avait jusque-là jugés essentiels à l'accomplissement de ses responsabilités dites « nationales »[4].

---

3. Gouvernement du Canada, Le Comité spécial mixte du Sénat et de la Chambre des Communes sur la Constitution du Canada, Rapport final, Ottawa, Imprimeur de la Reine, 1972.
4. Ce dernier aspect de l'évolution récente du fédéralisme canadien devint manifeste tout au long de la négociation fédérale-provinciale pour le renouvellement des accords fiscaux en 1977. Le gouvernement fédéral proposa une décentralisation plus poussée quant à l'administration des programmes de santé qu'il contrôlait d'assez près jusque-là.

LE COMITÉ SPÉCIAL MIXTE DU SÉNAT ET DE LA CHAMBRE DES COMMUNES SUR LA CONSTITUTION

Le 28 mai 1963, l'Assemblée législative, par un vote unanime, créait un Comité parlementaire de la Constitution[5]. L'instigateur de la motion qui fut à l'origine de la création de ce comité, Jean-Jacques Bertrand, émit à plusieurs reprises le souhait qu'«à l'heure du dialogue» le Canada anglais dispose de son côté d'un instrument d'analyse équivalant au Comité parlementaire québécois[6].

> Le Comité est un moyen démocratique et pacifique de recherche. Il est un foyer de réflexion sur ce que sont les objectifs du Canada français et sur les moyens constitutionnels à prendre pour les atteindre. À cause du travail qu'il a accompli jusqu'à maintenant, par les conclusions de la Commission Laurendeau-Dunton, par celles des États généraux du Canada français auxquels ont voulu participer à peu près tous les organismes intéressés au problème constitutionnel, nous saurons clairement dans quelques années ce que sont nos objectifs. Nous les aurons définis. À ce moment-là, nous serons prêts pour le dialogue. Mais avec qui?

La suggestion pressante du député de Missisquoi fut relevée et appuyée en novembre 1964 par le député Andrew Brewin du Nouveau Parti Démocratique[7]. Selon lui, un comité parlementaire fédéral sur les affaires constitutionnelles, en collaboration avec des comités provinciaux similaires, constitue un préalable à la tenue d'une Conférence constitutionnelle fructueuse. Dans les semaines et les mois qui suivirent, plusieurs parlementaires fédéraux, en particulier des députés du Parti Conservateur, se déclarèrent favorables à la création d'un tel comité. La position gouvernementale fut connue en juin 1966.

Parlant au nom du premier ministre Pearson dont il était le secrétaire parlementaire, le député de Mont-Royal Pierre Elliott Trudeau déclara à la Chambre des Communes[8] :

> Je comprends mal la fascination qu'exerce sur l'esprit des membres de l'opposition et d'un député indépendant cette

---

5. Les travaux du Comité parlementaire de la Constitution ont fait l'objet d'une analyse détaillée dans le troisième chapitre de la première partie de la présente étude, pp. 95-110.
6. *Le Devoir*, 18 novembre 1964.
7. *Le Devoir*, 19 novembre 1964.
8. *Débats de la Chambre des Communes*, 1ère session, 27e Législature, vol. VII, 1966, 21 juin, pp. 6742-6743.

notion d'un comité parlementaire mixte pour discuter ici des problèmes constitutionnels. Je vois mal en quoi le gouvernement de Québec viendrait chercher des lumières ici, dans un comité que nous formerions ici, pour s'éclairer là-bas sur la pensée constitutionnelle qu'il doit avoir. Il est vrai qu'on a formé dans la province, il y a trois ans, un comité de l'Assemblée législative sur les problèmes constitutionnels et ceci s'expliquait parce qu'il n'y avait à peu près pas un homme politique québécois qui avait une pensée constitutionnelle qui s'accordait avec celles des autres. Et chacun parlait d'une façon particulière, soit de l'indépendance, des États associés, de statut particulier et de toutes sortes de confédérations de dix États indépendants. Ils avaient besoin, eux, d'un comité parlementaire probablement pour s'aider eux-mêmes à formuler une pensée.

Quant à nous, nous pensons que le rôle d'un gouvernement de parti, qui prétend exercer le pouvoir au niveau de la nation, doit avoir une pensée constitutionnelle et doit gouverner en conséquence.

Un comité, tel que le propose le député de Sherbrooke, me semble parfaitement inutile dans cette direction. Ou bien l'opposition et les indépendants n'ont pas de pensée constitutionnelle et ce comité ne peut servir qu'à leur en fournir une et donc ce comité ne donne rien de plus; ou bien, ils ont une pensée constitutionnelle et elle s'accorde avec celle du gouvernement et alors ce comité ne donne rien non plus; ou bien ils ont une pensée constitutionnelle qui est en contradiction avec celle du gouvernement et ce comité ne peut servir que de forum pour mettre les problèmes constitutionnels au niveau de la chicanerie politique et des dissensions partisanes.

Ceci ne peut nullement, à mon avis, avancer le débat constitutionnel et je pense que ces idées sont surtout nées de personnes qui se sont fait à l'idée que le Canada avait besoin de transformer, de fond en comble, sa Constitution. À mon avis, cette idée est essentiellement l'idée d'une bourgeoisie montante qui veut changer les règles du jeu sans tenir compte des besoins fondamentaux.

Nous avons une Constitution, elle a sans doute besoin d'être appliquée dans certains secteurs — et surtout à l'article 133 — avec plus de rigueur, et il y a certainement aussi un domaine où l'amélioration est possible, mais c'est le rôle d'un parti, et non celui d'un gouvernement, d'avoir cette pensée-là. Et cette sorte de comité qu'on nous propose, ne peut être, à mon avis, qu'un lieu ou bien de dissension ou bien de stérilisation mutuelle.

Derrière cette position rigide, il faut voir la volonté de l'exécutif de bien garder le contrôle du débat constitutionnel et la volonté de Pierre Trudeau d'éviter qu'au sein même d'un comité créé par le gouvernement fédéral, soit discutée voire retenue l'option du statut particulier pour le Québec qui, à l'époque, semblait une panacée à la crise constitutionnelle canadienne.

Ces pressions conjuguées des partis d'opposition, les événements qui marquèrent la première phase de la révision constitutionnelle, l'énoncé de positions constitutionnelles très diverses par des groupes de plus en plus nombreux à travers le pays amenèrent le gouvernement fédéral à modifier sa position initiale et à recommander au Parlement la création d'un Comité spécial mixte du Sénat et de la Chambre des Communes sur la Constitution du Canada. Le mandat du Comité prévoyait que ce dernier devait rédiger un rapport à l'intention des deux Chambres du Parlement sur les modifications à apporter à la Constitution après avoir sollicité et entendu les opinions de la population canadienne. Composé de vingt députés et de dix sénateurs, le Comité mixte a tenu cent quarante-cinq réunions publiques, dont soixante-douze séances dans quarante-sept villes. Plus de quatorze cents personnes ont pris la parole devant ce Comité qui déposa son rapport au Parlement le 16 mars 1972[9].

Malgré la bonne volonté manifeste d'une majorité de ses membres et l'intérêt que ses travaux soulevèrent, le Comité mixte fut sérieusement handicapé par un calendrier qui le força à être en retard sur les événements eux-mêmes qui marquaient la révision constitutionnelle. Le rapport qu'il a produit en 1972 aurait sans doute été d'une réelle utilité s'il avait été complété à la date même de sa création, soit en 1970. Les membres du Comité n'étaient, de toute évidence, aucunement responsables du refus depuis 1964 des autorités fédérales de créer un Comité constitutionnel.

Les difficultés politiques qui lui enlevèrent une partie importante de son impact et de sa pertinence furent nombreuses. Le gouvernement canadien qui poursuivait avec les représentants provinciaux la révision constitutionnelle ne consulta pas le Comité mixte avant d'élaborer, lors des sessions de la Conférence constitutionnelle de février et de juin 1971, sa posi-

___
9. Gouvernement du Canada, Le Comité spécial mixte du Sénat et de la Chambre des Communes sur la Constitution du Canada, *Rapport final, op. cit.*

tion définitive sur la réforme de la Constitution. Des désaccords entre des membres du Comité mixte empêchèrent ce dernier de préparer et de présenter un rapport préliminaire avant la Conférence de Victoria. Or au lendemain de cette Conférence, le contenu de la crise canadienne prenait une ampleur sans précédent et forçait les hommes politiques canadiens, fédéraux et provinciaux, à revoir en profondeur leur stratégie et le contenu même de la négociation constitutionnelle. Le Comité semblait coincé entre une analyse qui ne pouvait tenir compte de l'échec de Victoria et son incapacité de dégager un consensus de tous ses membres. De plus, au lendemain de la Conférence de Victoria, le gouvernement fédéral refusait d'appuyer formellement le Comité mixte, se contentant par la voix du premier ministre suppléant Mitchell Sharp d'affirmer que le Comité mixte « tenait son destin dans ses propres mains [10] ».

Le dépôt à la Chambre du rapport final du Comité mixte donna lieu à l'une des scènes les plus disgracieuses qu'on ait pu observer au Parlement canadien. Suite à un débat qui dura plus d'une heure, la Chambre refusa de consentir au dépôt du rapport minoritaire que les députés Pierre de Bané, député libéral de Matane, et Martial Asselin, député conservateur de Charlevoix, avaient rédigé en leur qualité de membres du Comité mixte.

Le désaccord fondamental que les deux députés voulaient faire connaître au Parlement et qui les séparait de leurs collègues du Comité mixte peut être ramené pour l'essentiel aux trois propositions suivantes : la reconnaissance de l'existence au sein du Canada du Québec comme société distincte, la reconnaissance du droit à l'autodétermination de cette société, la limitation précise des juridictions fédérales aux seuls domaines qui lui seraient expressément réservés dans la Constitution.

Le dépôt au Parlement canadien du rapport final du Comité mixte ne fut suivi d'aucune discussion élaborée. Ce fait démontre bien le peu d'impact que ce rapport eut sur la vie politique canadienne et cela malgré un contenu qui méritait mieux et du Parlement et de l'opinion publique.

Un an après l'échec de Victoria, le dépôt du rapport du Comité spécial mixte du Sénat et de la Chambre des Communes avait quelque chose d'irréel. L'impasse constitutionnelle, élément le plus visible de la crise canadienne, continuait à alimenter la chronique politique, les interventions publiques et les discussions privées des hommes politiques.

---

10. *Le Devoir*, 26 juin 1971.

LE RAPATRIEMENT DE LA CONSTITUTION : LA TENTATIVE DE 1975-1976

Malgré ce contexte difficile, le Premier ministre canadien continuait à nourrir l'espoir d'un accord avec les provinces, le Québec en particulier, pour le rapatriement et une formule d'amendement de la Constitution. Selon son analyse, il fallait utiliser, dans les meilleurs délais, le consensus de principes atteint à Victoria par les onze gouvernements du Canada sur ces deux importantes questions.

L'ampleur de la majorité parlementaire du gouvernement libéral à Québec, après l'élection de 1973, lui semblait une preuve du sentiment québécois quant à l'option fédérale, une situation nouvelle et une occasion historique de faire débloquer ce projet canadien demi-centenaire. Les ententes administratives conclues entre son gouvernement et celui du Québec dans le domaine de la politique sociale, en particulier dans le secteur des allocations familiales, levaient, selon son analyse, les objections du Québec à l'acceptation des formules de rapatriement et d'amendement.

Les difficultés politiques qu'avait expérimentées le Parti Libéral lors des élections fédérales de 1972[11] et qui, selon tous les sondages, allaient croissantes, amenaient les stratèges libéraux à rechercher des secteurs d'intervention où ils pourraient poser des gestes spectaculaires à forte rentabilité électorale. De toute évidence le rapatriement de la Constitution et l'inclusion dans le texte constitutionnel d'une formule pour l'amender auraient constitué une exceptionnelle réussite pour le gouvernement de Pierre Elliott Trudeau. En fait ces objectifs furent poursuivis par tous les gouvernements fédéraux du Canada depuis 1927.

L'offensive fédérale prit une dimension plus concrète en avril 1975. Hôte des Premiers ministres provinciaux en sa résidence officielle, le chef du gouvernement canadien conclut avec ses collègues provinciaux « un accord de principe sur l'opportunité du rapatriement de la Constitution et, par la même occasion, de l'adoption comme loi de la formule d'amendement arrêtée à la

---

11. Gouvernement du Canada, 29e élection générale de 1972, *Rapport du directeur général des élections*. À titre de rappel, on se souviendra qu'à l'élection générale canadienne de 1972, le Parti Libéral fit élire 109 députés, soit 46 de moins qu'à l'élection de 1968.

Conférence constitutionnelle de Victoria en 1971[12] ». Cet accord de principe excluait toute modification fondamentale de la Constitution car, selon le Premier ministre canadien, cette voie aurait empêché toute action immédiate.

Pour la dixième fois en cinquante ans, le Canada était officiellement engagé dans la difficile entreprise du rapatriement de sa Constitution et d'une formule pour l'amender. Suite aux discussions du 9 avril, un représentant du chef du gouvernement canadien, M. Gordon Robertson, consultait dans leur capitale respective les Premiers ministres provinciaux à l'exception du premier ministre Barrett de la Colombie-Britannique qui poursuivait une campagne électorale. Les résultats de ces consultations indiquaient clairement aux autorités fédérales que leur intention initiale de s'en tenir à la question du rapatriement et de la formule d'amendement était largement dépassée par les attentes et les propositions de certaines provinces.

Le chef du gouvernement québécois avait, dès la première rencontre du 9 avril, fait savoir que le gouvernement du Québec « trouverait difficile d'accepter le rapatriement de la Constitution » si on n'incluait pas dans la loi fondamentale des garanties constitutionnelles concernant la langue et la culture françaises.

Pour leur part, les quatre Premiers ministres des provinces de l'Ouest contestèrent les conditions démographiques qu'on avait incluses dans la formule d'amendement de Victoria quant à leur consentement à toute modification de la Constitution. La formule d'amendement prévoyait qu'il serait possible dans l'avenir de modifier la Constitution si le Parlement canadien et les Assemblées législatives d'une majorité de provinces approuvaient ces modifications. Dans ce cas, on devrait obligatoirement obtenir le consentement de toute province représentant 25% de la population canadienne, soit l'Ontario et le Québec, et d'au moins deux provinces atlantiques et d'au moins deux provinces de l'Ouest. Dans le cas des provinces de l'Ouest, il était prévu que les deux provinces consentantes devraient compter au moins 50% de la population de l'Ouest.

Enfin, au cours de leurs pourparlers avec le représentant du chef du gouvernement canadien, plusieurs Premiers ministres provinciaux insistèrent pour qu'on adopte, en plus des formules

---

12. *Lettre du premier ministre du Canada Pierre Elliott Trudeau* aux Premiers ministres des provinces au sujet du rapatriement de l'AANB, 31 mars 1976, p. 2.

de rapatriement et d'amendement, certaines des modifications qui avaient fait l'objet d'un consensus à Victoria, en particulier quant à la réforme de la Cour suprême et à la lutte aux inégalités régionales. La demande des Premiers ministres de l'Ouest fut rapidement acceptée. En conséquence on fit disparaître de la formule d'amendement les dispositions particulières qui visaient exclusivement cette région du pays.

Le gouvernement fédéral fit bon accueil aux propositions visant à élargir ses propositions initiales.

La difficulté, voire l'obstacle à vaincre pour mener à bonne fin l'opération rapatriement, venait une fois encore du Québec. D'une part le Québec devait préciser le contenu des « garanties constitutionnelles concernant la langue et la culture françaises». D'autre part, il fallait amener les autres provinces à accepter cette nouvelle demande du Québec. Après de difficiles négociations le gouvernement canadien communiquait au gouvernement québécois le texte suivant qui tentait de formuler en termes légaux les éléments de protection constitutionnelle exigés par le Québec dans les domaines de la langue et de la culture françaises[13].

Titre IV —

Protection de la langue et de la culture françaises

Art. 38 Le Parlement du Canada, dans l'exercice des pouvoirs que lui confère la Constitution du Canada, et le gouvernement du Canada, dans l'exercice des pouvoirs que lui attribuent la Constitution et les lois adoptées par le Parlement du Canada, sont tenus de prendre en considération, outre, notamment, le bien-être et l'intérêt du peuple canadien, le fait que l'un des buts essentiels de la fédération canadienne est de garantir la sauvegarde et l'épanouissement de la langue française et de la culture dont elle constitue l'assise.

Les ententes fédérales-provinciales

Art. 40 (1) Dans le but d'assurer une plus grande harmonisation de l'action des gouvernements et plus particulièrement d'éviter toute action qui pourrait compromettre au Canada la sauvegarde et l'épanouissement de la langue

---

13. *Modèle de proclamation du Gouverneur général.* Texte annexé à la lettre du premier ministre du Canada, Pierre Elliott Trudeau, aux Premiers ministres des provinces le 31 mars 1976.

française et de la culture dont elle constitue l'assise, le gouvernement du Canada et les gouvernements des provinces, ou de l'une ou de plusieurs d'entre elles, peuvent, dans le cadre des pouvoirs que chacun d'eux possède par ailleurs en vertu de la loi, conclure entre eux des ententes relatives à la manière d'exercer ces pouvoirs, notamment dans les domaines de l'immigration, des communications et de la politique sociale.

(2) Rien dans cet article ne doit être considéré comme limitant ou restreignant toute capacité conférée avant ou après l'entrée en vigueur de cette proclamation au gouvernement du Canada, ou au gouvernement d'une province, de conclure des ententes dans le cadre des pouvoirs qu'il possède par ailleurs en vertu de la loi.

Le gouvernement fédéral, en communiquant ces textes aux provinces, prenait la précaution de se dégager de toute responsabilité quant à leur contenu jugé par plusieurs observateurs comme « vague » et de portée incitative. Dans sa lettre du 31 mars 1976, le premier ministre Trudeau écrivait[14] :

Comme je l'ai mentionné, c'est M. Bourassa qui a posé le principe de la 'garantie constitutionnelle', condition pour lui essentielle. Les Articles 38 et 40 veulent répondre aux questions soulevées par ses représentants. M. Bourassa sait que ces articles nous inspirent quelque inquiétude, à mes collègues et à moi, et il se rend bien compte qu'il lui appartient de les justifier devant ses homologues, à la lumière de la situation de la langue et de la culture françaises au Canada.

Le 5 mars 1976, le chef du gouvernement canadien rencontrait le Premier ministre du Québec « afin de connaître sa position avant d'entreprendre une autre étape ». Pierre Elliott Trudeau a résumé comme suit sa conversation avec Robert Bourassa[15] :

M. Bourassa m'a dit lors de notre conversation du 5 mars que ce qu'il considère, lui, nécessaire pourrait aller bien plus loin que ce que nous considérions, nous, comme nos objectifs pour cette année. À mon avis, cela pourrait concerner en partie le partage des pouvoirs. Je l'ai informé que le gouvernement du Canada, pour sa part, estime qu'il ne peut pas aller pour le moment au-delà des garanties constitutionnelles mentionnées dans le document et qu'il pourrait au demeurant déjà trouver difficiles à accepter. Aller plus loin

---

14. *Lettre du premier ministre du Canada, Pierre Elliott Trudeau*, aux Premiers ministres des provinces au sujet du rapatriement de l'AANB, 31 mars 1976, p. 4.
15. *Ibid.*

signifierait toucher à la question du partage des pouvoirs, avec toutes les conséquences que j'ai évoquées.

Robert Bourassa, pour sa part, a résumé comme suit cette fameuse rencontre[16] :

> Le midi, il m'avait paru un peu plus tendu que d'habitude. Mais c'est normal chez les hommes publics. Il y a des journées qui ne sont pas toujours faciles : question de stress politique, ou personnel. J'ai constaté qu'il n'était pas tellement heureux que nous ne discutions pas plus de la Constitution que nous n'en avions discuté à l'occasion du déjeuner. Il a constaté que ce n'était pas pour moi une priorité. Et il n'en était pas content. J'ai l'impression qu'il se sentait un peu mal à l'aise : ce furent d'ailleurs ses premiers mots en entrant dans mon bureau. Nous avons échangé quelques blagues. Puis nous avons discuté de la question des Jeux Olympiques, de la visite de la Reine, tous des problèmes délicats... Puis nous avons parlé d'autres questions, celle du financement olympique, celle des relations fédérales-provinciales. Très peu finalement, de la Constitution et c'est là où j'ai perçu un malaise chez lui. Depuis six ans nous discutions entre nous : nos discussions étaient franches et très directes. Il n'y avait pas de détours. Nous nous tutoyions. J'ai demandé : « Tu vas faire un discours ce soir. Est-ce un discours improvisé, as-tu des notes ? » Il me répondit : « Ce sera avec des notes, pendant une bonne heure.» J'ai eu l'impression, lorsqu'il m'a quitté, que le discours serait peut-être un petit peu hostile au gouvernement.

Les suites de cette rencontre sont bien connues. Pierre Elliott Trudeau s'adressa le soir même à mille cinq cents partisans réunis pour le cinquième congrès du Parti Libéral du Canada (Québec). Le style, le ton, les mots et les thèmes choisis par le Premier ministre canadien constituaient une véritable démolition des politiques du gouvernement québécois, en particulier son attitude sur les Jeux Olympiques, la loi 22 et la question constitutionnelle. À ce sujet le chef du gouvernement canadien affirma qu'il pourrait bien prendre d'ici un mois la décision de rapatrier unilatéralement la Constitution[17].

> C'est non seulement possible mais peut-être souhaitable d'agir unilatéralement. Après cent dix ans d'attente, si les Canadiens n'ont pas encore une Constitution à eux, il faudra

---

16. Raymond Saint-Pierre, *Les Années Bourassa*, Montréal, Éditions Héritage, 1977, pp. 208-209.
17. *Le Devoir*, 6 mars 1976.

Photo 44. Rencontre des premiers ministres Trudeau et Bourassa au bureau de ce dernier à l'Assemblée nationale du Québec le 5 mars 1976.

bien que quelqu'un prenne son courage à deux mains et aille la chercher.

Se comportant comme un chef de l'opposition provinciale à la fin d'une campagne électorale, le chef du gouvernement canadien se libérait de toutes ses frustrations et attaquait sans retenue le Premier ministre québécois lui-même, laissant entendre qu'il était plutôt lent à comprendre... Michel Roy résuma comme suit son évaluation du discours du Premier ministre canadien [18]:

> Il n'était pas arrogant, comme le prétendent souvent ses adversaires. Il était simplement méprisant et démagogique. Au point que ses arguments, même fondés dans certains cas ressemblaient davantage à des charges, bouffonnes ou grossières. Ce ne sont pas les paroles et les outrances qui dépassaient la pensée. Ce sont plutôt les sentiments, les impulsions et une profonde exaspération qui submergeaient

---

18. *Le Devoir*, 8 mars 1976.

l'esprit, éclatant comme des bombes lancées au hasard, éclaboussant cette engeance qui gouverne le Québec.

Retenons l'essentiel : Pierre Trudeau est venu, devant les libéraux rassemblés à l'ombre de l'Assemblée nationale, déclarer la guerre à Robert Bourassa, lui qui gagne toujours si facilement ses élections mais perd régulièrement l'estime de ses cousins fédéraux. Le Premier ministre du Canada est aussi venu se tailler un « joual » de bataille électorale dans les vieux tissus de la Constitution qui est à Londres à portée de la main des Anglais.

Le réquisitoire passionné du Premier ministre canadien, qualifié par un journaliste de « boucherie terrible », a fait l'objet de nombreux commentaires. Pour certains, le discours du 5 mars 1976 visait un objectif essentiellement électoral et était dirigé vers l'électorat du Canada anglais en apparente rupture de ban avec le Parti Libéral canadien. Pour d'autres, le discours du 5 mars s'adressait aux citoyens du Québec par-dessus la tête de leur gouvernement provincial. Il cherchait à exploiter les sentiments profonds d'insécurité et de mécontentement des Québécois vis-à-vis du premier ministre Bourassa et de son équipe et à les canaliser en un mouvement d'appui à la thèse « logique » et « claire » du gouvernement fédéral.

Que l'on retienne l'une ou l'autre des interprétations qui précèdent, le discours du 5 mars exprimait de toute évidence l'immense frustration du Premier ministre canadien devant les positions constitutionnelles du gouvernement québécois. Le projet canadien de rapatriement de la Constitution était-il en 1976 voué à l'échec comme en 1965 et en 1971 en raison cette fois des « thèses nébuleuses de la souveraineté culturelle » de Robert Bourassa ?

Déjà, à quelques reprises depuis 1974, le Premier ministre canadien avait invoqué la possibilité pour le gouvernement fédéral de rapatrier unilatéralement la Constitution. Suite aux événements du 5 mars 1976, cette solution semblait la seule option disponible pour Ottawa à moins qu'il renonce à son projet de rapatriement de la Constitution.

Le 31 mars, le chef du gouvernement canadien faisait connaître ses intentions à ses collègues provinciaux. Cette lettre fut déposée à la Chambre des Communes le 9 avril ainsi que le projet de proclamation qui l'accompagnait.

Après avoir longuement invoqué les événements des derniers douze mois et insisté sur l'ampleur des demandes du

Québec, le premier ministre Trudeau décrivait les trois options unilatérales « qui s'offrent à nous en l'occurrence ».

La première option était présentée par le chef du gouvernement canadien dans les termes suivants[19] :

> Par une adresse commune des deux chambres du Parlement canadien à la Reine, nous pourrions solliciter du Parlement britannique qu'il mette fin, en vertu d'une loi appropriée, à son pouvoir de légiférer de quelque façon que ce soit pour le Canada. Bien que l'unanimité du gouvernement fédéral et des provinces serait souhaitable même pour une mesure aussi restreinte, nous avons tout lieu de croire qu'un tel geste de la part du Parlement canadien n'exige pas le consentement des provinces et serait tout à fait justifié, étant donné qu'il ne toucherait aucunement le partage des pouvoirs.

Cette première dimension de l'adresse à la reine pourrait être complétée par « une disposition par laquelle la modification des parties de la Constitution présentement non amendable au Canada pourrait se faire sur le consentement unanime du Parlement et des Assemblées législatives ». En d'autres mots, le rapatriement serait accompagné d'une formule d'amendement extrêmement rigide, puisqu'elle exigerait « le consentement unanime » des onze gouvernements canadiens pour effectuer toute modification à la Constitution dans les domaines intéressant les deux ordres de gouvernements.

La seconde option prévoyait l'inclusion dans l'adresse à la reine de la formule d'amendement arrêtée à la Conférence de Victoria. Elle serait incorporée « comme une disposition constitutionnelle qui entrerait en vigueur uniquement lorsqu'elle aurait reçu l'approbation de tous les Parlements provinciaux[20] ». Dans l'intervalle, la règle de l'unanimité serait retenue.

La troisième option, beaucoup plus ambitieuse, visait à incorporer dans l'adresse à la reine l'ensemble des dispositions contenues dans le projet de proclamation. Ces dispositions s'inspiraient largement du contenu de la Charte de Victoria. Elles incluaient deux nouveaux titres concernant la protection de la langue et de la culture françaises et les ententes fédérales-provinciales. Elles limitaient la force des dispositions visant les droits linguistiques au niveau provincial, en remettant à

19. *Lettre du premier ministre du Canada, Pierre Elliott Trudeau*, aux Premiers ministres des provinces au sujet du rapatriement de l'AANB, 31 mars 1976, p. 7.
20. *Ibid.*, p. 9.

chaque province le droit de décider de ses politiques dans ce secteur. Elles auraient force de loi uniquement après avoir reçu la reconnaissance de toutes les Assemblées législatives des provinces.

La possibilité d'une action unilatérale du gouvernement fédéral en vue du rapatriement de la Constitution prenait une dimension officielle. Elle avait désormais un contenu réel. Elle débordait les « menaces » fougueuses fulminées depuis près d'un an par le Premier ministre canadien. Ce dernier concluait sa lettre du 31 mars en invitant les chefs des gouvernements provinciaux à s'associer au projet constitutionnel du gouvernement canadien. Dans l'éventualité d'un refus de leur part, l'action unilatérale pourrait être la seule issue possible pour le gouvernement canadien[21].

> Comme vous le voyez, les choix ne manquent pas en ce qui concerne les moyens d'action. Mais le gouvernement fédéral, pour autant qu'il est concerné, estime de beaucoup préférable d'en adopter un qui ferait l'unanimité des provinces. En effet, le rapatriement de la Constitution est un événement d'une telle portée historique que l'idéal serait que tous les Premiers ministres provinciaux y apportent leur caution.
>
> Si l'unanimité ne semble pouvoir se faire, force sera au gouvernement fédéral de décider s'il doit ou non recommander au Parlement le rapatriement de l'A.A.N.B. Nous devrons alors arrêter ce qu'il faudra ajouter à ce geste.

Pour le gouvernement fédéral, l'action unilatérale trouvait son fondement dans une série de précédents qu'il exposa dans un document déposé aux Communes au lendemain de la lettre du 31 mars[22].

Le contenu de ce document constitue un rappel détaillé des pratiques constitutionnelles. Il y est affirmé « qu'aucune consultation n'a précédé huit des quatorze grandes modifications apportées à la Constitution et qu'il n'est pas rare que le gouvernement fédéral demande et obtienne du Parlement de Westminster l'adoption d'une modification à la Constitution malgré l'opposition d'une partie des provinces ». Il y est rappelé « que le gouvernement fédéral, *et lui seul*, peut solliciter du Parlement britannique qu'il modifie la Constitution « puisqu'il est le seul

---

21. *Ibid.*, p. 11.
22. Notes de référence sur le rapatriement de l'Acte de l'Amérique du Nord Britannique. Section VI : *de la constitutionnalité de l'action unilatérale.*

porte-parole de l'ensemble du pays». Il y est souligné «que légalement, les provinces n'ont nullement le droit d'être consultées au sujet des propositions de modifications de la Constitution adressées au Parlement de Westminster» mais que le gouvernement fédéral a reconnu dans le passé l'utilité de cette consultation «dans certains cas». Enfin le gouvernement fédéral affirme qu'un rapatriement unilatéral ne modifierait en rien la répartition des pouvoirs législatifs et que «le fait pour une province de s'affirmer concernée ou intéressée, d'exiger d'être consultée ou de prétendre que son consentement est nécessaire ne détermine nullement si ses droits sont effectivement touchés».

L'offensive fédérale était d'envergure. Elle souleva une vague de protestations en provenance de presque toutes les capitales provinciales. Elle donna lieu à une intense activité de consultations interprovinciales dans lesquelles le Québec joua un rôle de premier plan. Le premier ministre Bourassa communiqua avec tous ses collègues des autres provinces. Il délégua de plus un représentant québécois dans toutes les capitales provinciales afin de poser les bases d'une contre-offensive d'envergure et contrer ainsi le projet avoué du chef du gouvernement fédéral.

L'enjeu était de taille. En rapatriant unilatéralement la Constitution, le gouvernement fédéral violerait une coutume qui veut que dans toutes les matières qui intéressent les rapports entre les deux niveaux de gouvernements au Canada, le Parlement et le gouvernement fédéral obtiennent au préalable l'assentiment des provinces avant de soumettre à Londres une demande de modification de la Constitution. Or, le rapatriement unilatéral créerait un précédent d'envergure. Cette procédure unilatérale reconnaîtrait au Parlement fédéral une fonction d'arbitrage de la Constitution et laisserait, dans un climat détérioré, le problème de la méthode d'amendement sans solution aucune.

En août et en octobre 1976, les chefs des gouvernements provinciaux se rencontraient à Toronto et à Edmonton pour finaliser leur réponse au projet fédéral de rapatriement unilatéral de la Constitution.

Le 12 octobre 1976 le gouvernement fédéral précisait ses intentions en incluant dans le discours du Trône une déclaration au sujet «de la réalisation de l'indépendance constitutionnelle formelle du pays[23]».

---

23. *Débats de la Chambre des Communes*, 2e session, 30e législature, vol. I, 12 octobre 1976, « Discours du Trône », p. 1.

Afin d'entretenir parmi les Canadiens le degré d'unité sans lequel nous ne saurions véritablement être libres, sans lequel nous ne pouvons former une nation véritable, ni espérer atteindre nos objectifs communs, le gouvernement accordera une très haute priorité à l'instauration d'un meilleur climat de compréhension entre Canadiens de langue française et Canadiens de langue anglaise, ainsi qu'à la réalisation de l'indépendance constitutionnelle formelle du pays.

La réplique des provinces fut connue deux jours plus tard.

Dans une lettre dont le contenu allait avoir un grand retentissement, le premier ministre Peter Lougheed de l'Alberta communiqua le 14 octobre au chef du gouvernement fédéral la position unanime des gouvernements provinciaux [24].

Le contenu de cette lettre témoignait d'une vigoureuse volonté des provinces d'associer à toute démarche visant au rapatriement de la Constitution une redistribution des pouvoirs entre le gouvernement fédéral et les gouvernements provinciaux. En effet, selon le porte-parole des provinces, ces dernières ne favorisaient pas une démarche en vue du rapatriement sans qu'elles obtiennent une expansion de leur juridiction dans les domaines de la culture, des communications, sans qu'elles participent à la nomination des juges de la Cour suprême du Canada et sans que soit contrôlé le pouvoir de dépenser du gouvernement fédéral.

Dans le domaine des affaires culturelles, les provinces réclament la primauté législative dans les secteurs des arts, de la littérature et du patrimoine.

Dans le domaine des communications, les provinces réclament un pouvoir de réglementation, en particulier dans le secteur de la télévision par câble.

Les provinces réclament de plus un pouvoir plus grand que celui prévu dans la Charte de Victoria quant à la nomination des juges de la Cour suprême du Canada. Elles affirment que, dans l'avenir, le gouvernement fédéral devra obtenir le consentement des provinces avant d'utiliser son pouvoir de dépenser dans des secteurs de juridiction provinciale. Elles soulignent les faiblesses des dispositions de la Charte de Victoria quant à la lutte aux disparités régionales et affirment qu'il faut inclure dans ces dispositions l'objectif de la péréquation.

---

24. *Lettre du premier ministre Peter Lougheed* au premier ministre du Canada, Pierre Elliott Trudeau, 14 octobre 1976.

Outre ces demandes substantielles des provinces, la lettre du premier ministre Lougheed soulignait leur volonté de participer à un plus haut degré aux politiques d'immigration, de voir renforcer leur juridiction dans le secteur de la taxation sur les ressources naturelles et d'avoir partie liée à toute entreprise de création de nouvelles provinces.

La conjoncture politique canadienne prenait, selon toutes les apparences, une orientation nouvelle en cette semaine du 11 octobre 1976. D'une part, le gouvernement fédéral confirmait dans le discours du Trône son intention d'accorder « une très haute priorité à la réalisation de l'indépendance constitutionnelle formelle du pays ». D'autre part la récente solidarité interprovinciale dont témoignait la lettre du premier ministre Lougheed marquait la détermination des provinces de faire échec à l'intention des autorités canadiennes de rapatrier unilatéralement la Constitution.

Dans une brève lettre datée du 18 octobre, adressée au premier ministre Lougheed, le chef du gouvernement canadien portait un jugement sur l'attitude unanime des provinces [25]. Il notait que ces dernières, lors de leurs récentes rencontres, avaient bouleversé le débat de la révision constitutionnelle en insistant sur l'accroissement des pouvoirs provinciaux. Le Premier ministre canadien concluait sa lettre en soulignant que toute rencontre fédérale-provinciale future serait de peu d'utilité si les provinces recherchent un accroissement de leurs pouvoirs plutôt que de travailler à la réalisation des objectifs du rapatriement et de la formule d'amendement.

---

25. *Lettre du premier ministre du Canada Pierre Elliott Trudeau* au premier ministre Peter Lougheed, 18 octobre 1976. Une seconde lettre du chef du gouvernement canadien en date du 19 janvier 1977 et adressée à tous les Premiers ministres provinciaux confirmait la position initiale d'Ottawa face à l'initiative des provinces.

Chapitre II

L'élection du Parti Québécois

On ne saura jamais les dimensions qu'auraient pu prendre l'affrontement appréhendé entre Ottawa et les provinces puisque le jour même où le chef du gouvernement canadien faisait connaître sa réponse à la lettre de Peter Lougheed, le Premier ministre du Québec déclenchait des élections générales au Québec pour le 15 novembre.

Le débat sur l'avenir du Canada, sur la place du Québec au sein de la fédération, dépassait largement la guérilla à laquelle donnait lieu la révision constitutionnelle. La question centrale et l'initiative du choix d'un pays étaient ramenées d'un seul coup à leur lieu d'origine, à Québec. Dans les prochaines semaines le Parti Libéral du Québec, défenseur du lien fédéral, et le Parti Québécois dont l'existence même reposait sur l'option de la souveraineté du Québec assortie d'une association économique avec le Canada vont s'affronter. Le verdict du peuple, sans avoir le poids d'un vote référendaire, permettrait d'évaluer le sentiment des citoyens sur l'ensemble des choix et méthodes administratives et politiques du gouvernement Bourassa ainsi que sur les enjeux constitutionnels.

La question constitutionnelle fut vite débordée par l'ensemble des problèmes et des évaluations des choix politiques et administratifs de l'administration Bourassa. Cependant l'ancien Premier ministre québécois en avait fait le motif premier de cette élection[26]. Réfléchissant aux événements de l'automne

---

26. Le Parti Libéral du Québec, *Programme 1976.* Dans le premier chapitre de ce programme intitulé «Un enjeu historique», la question constitution-

303

1976, Robert Bourassa déclarait un an après sa défaite électotale[27] :

> La raison fondamentale, sans laquelle il eût été impossible de faire une élection avant terme, étant donné le mandat que nous avions obtenu, était la question constitutionnelle. Sur le plan objectif, comme sur le plan politique, il était capital qu'il n'y ait pas de rapatriement unilatéral de la Constitution... Si je gagnais l'élection contre le rapatriement de la Constitution cela pouvait bloquer leur objectif pendant des années. Il faut bien se le rappeler.
>
> Mon objectif était justement d'arriver à Ottawa en disant : « J'ai fait une élection là-dessus. J'ai l'appui de la population du Québec. Vous n'avez pas le droit de rapatrier ainsi la Constitution et de geler les droits du Québec. » Ce qui a été tellement difficile à faire comprendre aux Québécois au cours de la campagne électorale — et finalement je n'y suis pas parvenu — c'est que la Constitution affecte leur mode de vie. S'il y avait rapatriement unilatéral, sans garanties culturelles, l'avenir des Québécois francophones était menacé.
>
> Je croyais que s'il y avait échec de la Conférence constitutionnelle, et rapatriement unilatéral, les Québécois verraient alors l'importance de l'enjeu et se diraient que seul le Parti Québécois pourrait arrêter le gouvernement fédéral. »

Les craintes de Robert Bourassa quant aux possibilités du rapatriement unilatéral de la Constitution par Ottawa étaient renforcées par les déclarations du premier ministre britannique Callaghan. Ce dernier affirmait que si le gouvernement fédéral canadien désirait rapatrier unilatéralement la Constitution, il suivrait la tradition en ne posant aucune objection.

La question constitutionnelle fut vite noyée dans le débat électoral.

---

nelle et les garanties culturelles des Québécois étaient posées dans les termes suivants : « Le Parti Libéral du Québec demande aux Québécois de donner au gouvernement du Québec le mandat de participer, avec tous les autres gouvernements du pays, au rapatriement de la Constitution dans la mesure où cette décision historique comportera les éléments suivants : 1) des garanties culturelles en ce qui concerne les arts, les lettres, le patrimoine, les communications et l'immigration ; 2) la reconnaissance constitutionnelle du principe de la dualité linguistique au niveau du gouvernement fédéral ; 3) la sauvegarde et le renforcement du régime fédéral canadien ; 4) des instruments adéquats de révision constitutionnelle, c'est-à-dire une formule d'amendement constitutionnel et un mécanisme permanent de révision constitutionnelle. »

27. Raymond Saint-Pierre, *Les Années Bourassa, op. cit.*, pp. 197-199.

Le Parti Libéral était divisé quant au règlement d'un certain nombre de problèmes et sur l'opportunité même de l'élection. Des ministres et des candidats faisaient des déclarations contradictoires sur la politique de la langue par exemple et la valeur même du leadership de Bourassa[28]. Des candidats «de prestige» venus d'Ottawa à la dernière minute pour aider les libéraux du Québec, fonctionnaient à vide dans le contexte de la politique provinciale. Le Parti Québécois accusait l'équipe gouvernementale de mener le Québec à la ruine financière en accumulant un déficit appréhendé d'un milliard de dollars. Il rappelait l'ampleur et la durée des conflits de travail qui avaient dégénéré en véritables affrontements entre un État et un appareil judiciaire impuissants qui voyaient leurs lois générales, leurs lois spéciales et leurs injonctions défiées ouvertement par des groupes nombreux et fermes de travailleurs. Le coût de l'aventure olympique, le déficit prévisible, les rumeurs de gaspillage sur les chantiers, créaient un profond mécontentement en cette période de chômage et d'inflation.

Réfléchissant à la performance et à la cohérence de son parti durant la campagne de l'automne 1976, Robert Bourassa a utilisé une expression qui éclipse toutes les autres, c'était, a-t-il dit, le sauve-qui-peut. Certains candidats prononcèrent même des jugements invraisemblables. Ainsi le candidat libéral dans le comté de Kamouraska-Témiscouata recommanda à ses électeurs, selon les rapports de presse, de ne pas voter pour le Parti Libéral. Pour sa part Georges Springate, député ministériel et candidat dans Westmount, déclarait au milieu de la campagne que le premier ministre Bourassa était l'un des hommes les plus méprisés au Québec.

Aux déboires des libéraux s'ajoutaient les résultats des sondages indiquant que le Parti Québécois possédait au début de la campagne une avance de 5% sur le parti gouvernemental.

La conjoncture de l'automne 1976 favorisait le parti dirigé par René Lévesque. Outre les divers problèmes déjà recensés et qui submergeaient le parti gouvernemental, l'affaire des gens de l'air et les violentes attaques du premier ministre Trudeau contre le gouvernement et la personne de Robert Bourassa créaient un

---

28. Pour une analyse de l'appréciation du leadership de Robert Bourassa, on relira avec profit les analyses du professeur Léon Dion : « Un défi redoutable pour Robert Bourassa, édifier au Québec une société solide », *Le Devoir*, 1er mai 1970 et « La crise du leadership, un autre défi redoutable pour Robert Bourassa : assainir le climat politique au Québec », *Le Devoir*, 11 mars 1975.

climat qu'exploitèrent habilement les stratèges péquistes. Cependant la victoire électorale du Parti Québécois avait d'autres fondements que ceux liés aux circonstances favorables de l'automne 1976. Claude Ryan a résumé comme suit l'autre dimension de l'élection du Parti Québécois[29].

> L'élection du 15 novembre aura eu à cet égard un mérite incontestable. Elle aura fait voir que les demandes de changement qui se faisaient entendre dès les années soixante n'étaient pas uniquement de la camelote d'intellectuels et de journalistes en quête de jeux de blocs

29. Claude Ryan. *Une société stable, le Québec après le P.Q.*, Montréal, Éditions Héritage, 1978, p. 18.

Photos 45, 46, 47. 15 novembre 1976: le Parti Québécois célèbre sa victoire.

juridiques ou de technocrates et de politiciens en mal de pouvoirs accrus, mais l'expression de désirs qui rejoignaient dès cette époque ce qu'il y a de plus authentique et de plus profond dans l'âme québécoise, à savoir un rêve de survie et d'affirmation qui était d'ailleurs là bien avant l'Acte constitutionnel de 1867.

Le départ de René Lévesque du Parti Libéral à l'automne de 1967 n'avait pas signifié, comme l'avaient prévu certains observateurs, son « glissement dans l'obscurité que lui méritait sa témérité ». Il avait plutôt marqué un réalignement rapide et général des forces politiques du Québec[30].

Dès le mois de novembre 1967, soit moins d'un mois après avoir quitté le Parti Libéral, René Lévesque proposait, lors d'une conférence à l'Université Laval, la formation d'un parti politique « désireux d'établir un dialogue avec les autres provinces canadiennes avant de s'en séparer par une formule de gouvernement souverain afin de s'assurer d'un genre de marché commun entre le Québec et le reste du pays[31] ». Selon le fondateur du Mouvement Souveraineté-Association, la solution qu'il propose constitue l'aboutissement rationnel de la crise actuelle de l'unité canadienne.

Dès le 18 novembre 1967, quatre cents partisans venus de toutes les régions du Québec se réunissaient à Montréal pour structurer le mouvement souverainiste et lui fournir ses premières assises régionales, « une ossature de parti politique » selon l'expression du député de Laurier. Ce dernier annonçait à la fin de cette rencontre qu'au printemps de 1968 le mouvement se transformerait en parti politique.

Entre temps, il se proposait d'effectuer une tournée du Québec, de créer des comités régionaux, de tourner un film et de publier un livre[32] pour expliciter et diffuser la thèse de la souveraineté-association.

Malgré l'accueil exceptionnel que René Lévesque recevait lors de ses apparitions publiques, par exemple aux Trois-Rivières, au congrès des métallos et à Montréal aux États généraux du Canada français, et l'ampleur des appuis que recevait son mouvement, peu d'observateurs considéraient comme vraisemblables les prophéties de Lévesque[33] :

> Le nouveau parti qui naîtra pourra facilement s'accaparer de 20 pour cent du vote de la population et dès la seconde élection, le nouveau parti deviendra, sinon le gouvernement, du moins l'opposition officielle.
>
> Une fois que nous serons l'opposition officielle, il est inévitable que nous serons un jour au pouvoir.

30. Pour une analyse du départ de René Lévesque du Parti Libéral, on pourra relire le deuxième chapitre de la première partie de ce travail.
31. L'Action, 2 novembre 1967.
32. Ce livre sera publié en 1968 sous le titre Option Québec, Montréal, Les Éditions de l'Homme, 1968.
33. Le Soleil, 20 novembre 1967.

Dès la fin de l'année 1967, René Lévesque et Pierre Bourgault entreprennent des discussions afin d'assurer, selon les termes du chef du R.I.N., « l'unité essentielle des forces indépendantistes ». Ces discussions se buteront sur des divergences fondamentales quant à l'unilinguisme français que prône le R.I.N. et l'association économique que propose le M.S.A. Cependant, la force politique grandissante de René Lévesque avait un pouvoir d'attraction irréversible pour les indépendantistes. Dès mai 1968, le R.N. dirigé par Gilles Grégoire se fusionne avec le M.S.A.

Les 11, 12 et 14 octobre 1968, le R.N., désormais intégré au M.S.A., se joint à ce dernier mouvement pour le congrès de fondation du Parti Québécois. Cinq semaines plus tard, le R.I.N. se dissout en invitant ses membres à adhérer au Parti Québécois.

Ainsi, une année après son départ du Parti Libéral, René Lévesque se retrouve à la présidence d'un nouveau parti politique dont l'objectif et la raison d'être sont le retrait du Québec de la fédération canadienne, l'accession du Québec à la souveraineté politique et la négociation d'une association économique avec le Canada[34].

Pour les tenants du fédéralisme, la révision constitutionnelle était, dans un premier temps, rendue plus urgente en raison de l'émergence au Québec d'un parti souverainiste.

Les querelles traditionnelles entre les fédéralistes provinciaux et les fédéralistes « fédéraux » qui leur avaient si souvent servi de munitions électorales étaient désormais soumises à l'analyse et à la critique implacable des leaders péquistes. Elles étaient de plus reçues par un large secteur de l'opinion québécoise comme des « affrontements de fin de régime ». Alors que les partis traditionnels s'épuisaient dans une négociation constitutionnelle qu'ils n'arrivaient pas à conduire à terme, le Parti Québécois précisait son programme politique, construisait une structure démocratique, basait son financement sur des campagnes populaires et mobilisait un nombre grandissant de Québécois.

En 1968, le rapport de force favorisait apparemment les fédéralistes québécois dirigés par Pierre Elliott Trudeau. Cependant les affrontements de ce dernier avec les premiers ministres Johnson, Bertrand et Bourassa, l'échec de la longue négociation

---

34. Pour une histoire du Parti Québécois on lira avec intérêt l'ouvrage de Vera Murray *Le Parti Québécois : de la fondation à la prise du pouvoir*, Montréal, HMH, 1976.

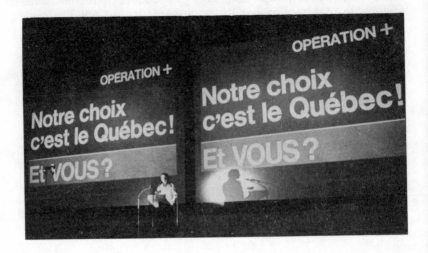

Photos 48, 49, 50, 51, 52. En octobre 1968, René Lévesque préside à la fondation du Parti Québécois qui regroupe quelques semaines plus tard toutes les forces indépendantistes et souverainistes.

constitutionnelle conduite entre 1968 et 1971, prirent l'allure, aux yeux d'un grand nombre, d'un refus systématique de reconnaître la spécificité québécoise.

La crise de confiance qui marqua les dernières années du régime Bourassa, défenseur de l'option fédérale au Québec, les échecs répétés de ce régime quant à ses objectifs constitutionnels minèrent la confiance d'un grand nombre d'électeurs indécis et forcèrent plusieurs d'entre eux à se tourner vers la seule voie cohérente, soit le Parti Québécois.

La force d'attraction de ce parti s'enracine à la fois dans son projet social et économique et dans son objectif de souveraineté. Au niveau des objectifs il permet l'identification. Au niveau de son fonctionnement, il garantit la participation. Au niveau de sa démarche il aménage des étapes dont la plus célèbre est cette promesse d'assujettir son option constitutionnelle au choix du « peuple souverain » consulté par référendum.

Le citoyen québécois est sollicité par deux projets.

Il a le choix d'un pays.

L'option fédéraliste qui suscite encore, à la veille des élections de novembre 1976, d'ardentes adhésions est défendue par un Robert Bourassa assiégé par son propre parti et par le chef du gouvernement canadien. Après plus de dix années de négociations suivies, aucun progrès visible et significatif n'a été accompli. La Constitution n'a pas été rapatriée, on ne dispose pas d'une formule d'amendement et sauf pour certaines ententes administratives dans des secteurs restreints, le partage des pouvoirs n'a fait l'objet d'aucune véritable négociation. Dans les milieux fédéraux, on attachait peu d'importance à ces échecs de la révision constitutionnelle « puisque cette question n'intéresse pas les citoyens ». Ce jugement sans doute fondé pour une autre époque n'avait plus de rapport à la réalité dans le Québec d'après la révolution tranquille, d'après le Comité parlementaire de la Constitution, d'après les États généraux du Canada français, d'après la visite du général de Gaulle, d'après la fondation du Parti Québécois.

L'option Québec, outre sa propre cohérence et sa propre efficacité, se trouva considérablement renforcée par l'incapacité des leaders politiques du Canada de dénouer la crise canadienne[35]. Certaines des limites de cette option, certaines de

---

35. Le Parti Québécois, *Le Programme, l'Action politique, les Statuts et Règlements*, Édition 1975. Dans ce document, le Parti Québécois définit comme suit l'option Québec :

Photo 53. Pierre Elliott Trudeau et René Lévesque à Ottawa un mois après la prise du pouvoir par le Parti Québécois, 1976.

Un gouvernement du Parti Québécois s'engage à :

1. Mettre immédiatement en branle le processus d'accession à la souveraineté en proposant à l'Assemblée nationale, peu après son élection, une loi autorisant : a) à exiger d'Ottawa le rapatriement au Québec de tous les pouvoirs, à l'exception de ceux que les deux gouvernements voudront, pour des fins d'association économique, confier à des organismes communs; b) à entreprendre, en vue d'atteindre cet objectif, des discussions techniques avec Ottawa sur le transfert ordonné des compétences; c) à élaborer, avec le Canada, des ententes portant notamment sur la répartition des avoirs et des dettes ainsi que sur la propriété des biens publics, conformément aux règles habituelles du droit international.

2. Dans le cas où il lui faudrait procéder unilatéralement, assumer méthodiquement l'exercice de tous les pouvoirs d'un État souverain, en s'assurant au préalable de l'appui des Québécois par voie de référendum.

3. Soumettre à la population une Constitution nationale élaborée par les citoyens au niveau des comtés et adoptée par les délégués du peuple réunis en assemblée constituante.

4. Demander l'admission du Québec aux Nations Unies et obtenir la reconnaissance des autres États.

5. Respecter, parmi les traités liant le Canada, ceux qui sont favorables au Québec, et suivre, dans la dénonciation des autres traités, les règles du droit international.

6. Réaffirmer et défendre les droits inaliénables du Québec sur tout son territoire, y compris le Labrador et les îles du littoral du Nouveau-Québec; réclamer la possession des îles et des terres arctiques actuellement canadiennes, qui lui reviennent au même titre qu'aux autres pays nordiques; à défaut d'accord à ce sujet, poser des gestes d'occupation juridique (octroi de concessions, mise en place d'institutions, etc.) et porter la cause devant la Cour internationale de justice.

ses insuffisances furent masquées par l'accumulation durant une décennie des échecs dans le fonctionnement, des échecs dans la capacité de se réformer, du fédéralisme canadien. La condamnation du séparatisme prit la dimension d'un leitmotiv. Elle n'ajoute cependant rien à la cohérence, à la justice et à la valeur intrinsèque de l'option fédérale. D'autre part, si le choix de la souveraineté ne comportait aucune ambiguïté, le projet d'association demeurait, à l'automne de 1976, un contenant sans véritable contenu.

Cette difficulté était accrue par le refus systématique du Canada anglais de recevoir et d'analyser comme un choix possible pour lui le nouveau projet qui lui était présenté depuis Québec.

Bref, l'échec de la révision constitutionnelle et l'attitude hostile du Canada anglais vis-à-vis de l'option Québec sont peut-être l'expression d'une même réalité, soit le refus des partenaires canadiens à reconnaître l'existence au Canada non pas d'une seule mais de deux nations.

CONCLUSION

Le débat constitutionnel canadien continuera d'occuper pour de nombreuses années, au Québec et au Canada, un espace considérable quelque soit le résultat du référendum. Nul ne peut prédire les orientations qu'il prendra et les interlocuteurs qu'il mettra en présence les uns des autres. Peu importe les scénarios qu'on peut imaginer, son dénouement est lié à la reconnaissance par les partenaires canadiens de la spécificité de la société québécoise et des conséquences politiques de cette reconnaissance.

Au niveau politique, le débat constitutionnel a débordé le cadre traditionnel des réclamations visant le respect du pacte établi en 1867 et la recherche de la justice constitutionnelle. L'un des partenaires de ce pacte, le Québec, recherche une nouvelle forme d'entente, soit par le renouvellement du contenu, des méthodes et des institutions du fédéralisme, soit par un nouveau type d'association avec les partenaires canadiens, consécutif à la proclamation de la souveraineté du Québec.

Toujours au niveau politique, il a débordé les cercles restreints limités aux exécutifs des gouvernements, aux experts et à quelques groupes spécialisés. Il a suscité, au cours des dernières années, tout au moins au Québec, une mobilisation voire une polarisation qu'explique en partie l'engagement du parti gouvernemental de tenir un référendum constitutionnel au Québec avant 1981.

Il a profondément affecté la culture politique des citoyens et des groupes. Il a été l'un des facteurs déterminants des trois derniers scrutins fédéraux et des quatre élections provinciales tenues au Québec depuis 1966. Il a brisé l'unité quasi centenaire du Parti Libéral du Canada et du Parti Libéral du Québec. Il a mis en opposition publique les leaders libéraux provinciaux et les chefs libéraux fédéraux. Il a forcé les premiers à rechercher un nouveau modèle fédéral et amené les seconds à défendre âprement leur propre conception du fédéralisme. Il a permis, en partie du moins, à Daniel Johnson de relancer l'Union Nationale en 1965-66 et a présidé, au nom du Québec, à la première étape de la Conférence constitutionnelle.

De l'analyse du fonctionnement du fédéralisme canadien et de la crise qui l'affecte sont nés des partis politiques indépendantistes dont l'impact électoral se fit sentir dès l'élection de 1966 et qui, regroupés au sein du Parti Québécois, forment aujourd'hui le gouvernement du Québec.

Le débat constitutionnel n'est ni spontané ni mécanique. Ses orientations, ses échecs et ses bénéfices procèdent de l'analyse et de l'évaluation politique, elle-même tributaire d'une conjoncture mouvante. Cette conjoncture force constamment la révision des stratégies et des prévisions. Elle est sensible à l'évolution de la situation politique et économique internationale et à ses répercussions sur la politique et l'économie canadiennes. Elle est en dépendance étroite de la qualité et de la stabilité des divers leaders politiques qu'elle réunit et de leurs objectifs électoraux et politiques. Elle est à la merci des revers et des succès de telle ou telle législation fédérale ou provinciale. Elle est tributaire des perceptions qu'ont les citoyens des relations fédérales-provinciales à un moment donné et des fondements historiques et culturels de ces perceptions. Elle s'alimente aussi aux interventions des spécialistes dont les travaux peuvent influer sur ces fondements culturels. On pense en particulier aux études démographiques et économiques et à l'usage politique qu'on en fait. Enfin la conjoncture est en partie l'œuvre des média.

Le débat constitutionnel n'est ni gratuit ni objectif. Il porte sur le pouvoir, son partage et son exercice. Il rassemble des partenaires inégaux en dimension et en puissance. Il met en présence des légitimités fondées sur le même électorat, des interprétations divergentes de l'histoire et des projets de société qui n'ont pas les mêmes fondements. Les conduites de ces partenaires inégaux ne sont pas linéaires. Elles aussi répondent à la conjoncture et sont affectées par les conséquences imprévisibles du hasard et de la politique.

Comment mesurer l'impact sur le débat constitutionnel de la défaite électorale en juin 1966 du gouvernement de Jean Lesage ? L'impact du décès de Daniel Johnson et son remplacement par Jean-Jacques Bertrand, de la démission de Lester B. Pearson et son remplacement par Pierre Elliott Trudeau dès la première étape de la révision constitutionnelle ?

Le débat constitutionnel, à ne pas confondre avec la négociation administrative au sein de tout régime fédéral, n'est ni naturel ni généralement souhaité et accepté. Il émerge d'un état de fait qui convient à la majorité. On se rappellera à ce propos les impatiences des Premiers ministres de l'Ouest lors de la réunion de la Conférence constitutionnelle de décembre 1969 et de la séance de travail de la même Conférence en février 1971. On se rappellera le jugement sévère porté par Pierre Elliott Trudeau en 1964 sur l'importance exagérée accordée par les élites québécoises aux problèmes constitutionnels :

Les problèmes constitutionnels au Canada sont loin d'être aussi graves et aussi importants qu'on le laisse entendre. Les obstacles au progrès économique, au plein emploi, à un régime de bien-être équitable, ou même au développement de la culture française au Canada, ne sont pas, au premier chef, le fait de la Constitution canadienne. Les contraintes ne sont pas d'abord juridiques mais d'ordre sociologique et économique, et c'est avoir une conception bien exagérée de la force du droit que de croire que ces contraintes vont disparaître par l'effet d'un changement constitutionnel, de quelque ampleur qu'il soit. Ce qu'on appelle la constitution d'un nouvel édifice constitutionnel a la futilité d'un immense jeu de blocs et les efforts consacrés présentement à débattre cette réforme représentent autant d'énergie enlevée à la solution des problèmes plus urgents et plus fondamentaux de notre société.

Le Québec est le seul partenaire qui remette en question l'ordre constitutionnel. Il a dû forcer le mouvement, y consacrer d'abondantes ressources, reformuler à maintes reprises ses objectifs, tenter de créer une solidarité interprovinciale et encaisser des échecs successifs. Sa logique et sa nécessité échappaient aux représentants des sociétés voisines et aux interlocuteurs fédéraux.

Les propositions formelles du gouvernement canadien maintenues avec constance depuis dix ans quant au rapatriement et à la formule d'amendement de la Constitution, l'inclusion dans le texte constitutionnel d'une Charte des droits de l'homme et des droits linguistiques, la modification des institutions politiques fédérales ont été rejetées par quatre gouvernements successifs du Québec. Trois de ces derniers réclamèrent une véritable négociation sur le partage des ressources et des pouvoirs. L'actuel gouvernement québécois rejette même l'idée de ce nouveau partage et réclame le transfert net de toutes les sources de revenus et de tous les pouvoirs d'Ottawa vers Québec.

Le bilan de la longue négociation constitutionnelle abordée à partir de 1960 et accélérée à partir de 1967 est négatif. Il est marqué d'une série d'échecs retentissants dont le rejet en 1965 de la formule Fulton-Favreau et le « non » québécois à la Charte de Victoria en 1971 constituent les deux manifestations les plus spectaculaires. Faut-il rappeler que les gouvernements québécois qui ont effectué ces choix difficiles étaient tous deux dirigés et composés dans l'ensemble par des fédéralistes convaincus ?

Le rejet de la formule Fulton-Favreau et le « non » québécois à la Charte de Victoria témoignent, à six années d'intervalle, des transformations profondes qui ont affecté la société québécoise depuis 1960. Ils permettent de plus de constater le maintien d'une position stratégique quant à la méthode et au contenu de la négociation constitutionnelle.

L'ampleur des réactions que ces questions avaient soulevées débordait les frontières connues des milieux et de la thèse nationalistes. Si traditionnellement les luttes étaient menées pour assurer la protection des droits provinciaux, les débats entourant la formule Fulton-Favreau et la Charte de Victoria indiquaient qu'un large secteur de l'opinion publique, de nombreux groupes sociaux, des leaders de l'opinion publique, l'opposition officielle recherchaient désormais une renégociation des pouvoirs entre les divers niveaux de gouvernements au Canada avant de consentir à toute formule de rapatriement et d'amendement de la Constitution du Canada.

Le débat de juin 1971 était marqué par les interventions vigoureuses des porte-parole du Parti Québécois.

La crise qui affecte les relations du Québec et du Canada depuis 1960 a connu une expansion continue. À quelque stade de son évolution qu'on l'analyse, on est forcé de reconnaître qu'elle exprime davantage que les contingences propres des périodes et des gouvernements. Sous la diversité des formules et des situations, les gouvernements Lesage, Johnson, Bertrand et Bourassa ont maintenu une même revendication historique. Si les

320

modalités et la fermeté de cette revendication furent variables, sa nature profonde et les valeurs qui la fondent se retrouvent comme une donnée irrépressible.

Une série de facteurs d'inégale importance explique, en partie du moins, l'échec de la révision constitutionnelle. Dès le départ, les négociateurs fédéraux et québécois visaient des objectifs divergents. Les premiers proposaient une révision, limitée à quelques grands domaines tels les droits fondamentaux, les droits linguistiques et une formule de rapatriement et d'amendement de la Constitution. Les seconds réclamaient une révision constitutionnelle complète. Ils se montraient peu intéressés à collaborer à la recherche d'une formule de rapatriement et d'amendement de la Constitution qui ne soit pas précédée d'une entente sur un nouveau partage des pouvoirs et des ressources. Cette position québécoise avait d'abord été exprimée par Jean Lesage en avril 1962 à la Conférence interprovinciale de Victoria; elle fut reprise par Daniel Johnson dès l'ouverture de la Conférence constitutionnelle en février 1968. Les représentants fédéraux s'employèrent sans succès, tout au long des diverses sessions et réunions de cette Conférence, à restreindre le champ des discussions aux domaines précédemment identifiés. Même quand le Québec eut limité, lors de la Conférence de Victoria, ses demandes à un seul secteur témoin, le gouvernement fédéral refusa de consentir à ce transfert de pouvoir.

Dès le départ de la révision constitutionnelle, il apparut clairement que les négociateurs ne disposaient pas d'une force équivalente. Le gouvernement fédéral put compter entre 1966 et 1971 sur l'appui des provinces anglophones du pays. Malgré des déclarations de sympathie formulées par tel ou tel Premier ministre provincial à l'endroit du Québec, à l'heure des choix, la solidarité du Canada anglophone avec la position fédérale était assurée. Le journal *The Gazette*, commentant en page éditoriale le 16 juin 1971 la Conférence de Victoria, exprimait ce fait d'une façon saisissante :

> La plupart des Premiers ministres déclarent à Victoria qu'ils comprennent la situation particulière du Québec... Ils disent qu'ils comprennent et s'empressent d'ajouter que, dans les faits, ils ne toléreront pas de réels changements à la nature même de la Confédération.

L'interprovincialisme relancé en 1960 par le gouvernement Lesage n'avait pas créé de véritable solidarité entre le Québec et les autres provinces canadiennes face au gouvernement fédéral. Le Québec demeura isolé du début à la fin de la Conférence constitutionnelle.

Dès le départ de la négociation constitutionnelle, les interlocuteurs canadiens et québécois divergeaient d'opinion et de conviction sur le fondement même du contenu du litige, à savoir le statut des Québécois et du Québec dans le Canada. Le premier ministre Trudeau avait signé en 1964 un texte collectif qui dégageait avec une clarté indéniable sa conception philosophique de l'ordre politique :

> Il importe dans le contexte politique actuel, de revaloriser avant tout la personne, indépendamment de ses accidents ethniques, géographiques ou religieux. L'ordre social et politique doit être fondé au premier chef sur les attributs universels de l'homme, non sur ce qui le particularise. Un cadre de priorité au niveau politique et social, qui repose sur la personne est totalement incompatible avec un ordre de priorité appuyé sur la race, la religion ou la nationalité.
>
> Ce manifeste est donc un acte de foi dans l'homme et c'est à partir de critères humains que nous réclamons des politiques mieux adaptées à notre espace et à notre temps. Cela nous suffit comme mobile d'action, et nous n'avons cure d'autres « appels à la fierté et à la dignité » que celui-là.

Les choix politiques analysés tout au long de la Conférence constitutionnelle furent constamment soumis par la délégation fédérale à cette conception qui fonde l'ordre social et politique « sur les attributs universels de l'homme ». Elle privilégia la notion de droits individuels et évita toute référence aux droits collectifs. Les conséquences politiques d'une telle position étaient désastreuses pour les représentants québécois convaincus que la crise canadienne ne serait dénouée que par la reconnaissance de la dualité nationale du Canada. Cette position faisait l'unanimité des leaders politiques et des leaders d'opinion du Québec.

Jean Lesage affirmait en 1965 que le facteur le plus caractéristique du Canada est la présence sur un même territoire des deux peuples qui l'ont fondé. La même année Daniel Johnson proposait qu'une nouvelle Constitution canadienne soit conçue de telle façon qu'elle ne soit pas uniquement une fédération de dix provinces mais une fédération de deux nations égales en droit et en fait, René Lévesque, dans son manifeste de novembre 1967, dégageait comme suit l'association du Québec avec le

Canada : « Un régime dans lequel deux nations, l'une dont la patrie serait le Québec, l'autre réaménageant à son gré le reste du pays, qui s'associent dans une adaptation originale de la formule courante des marchés communs, pour former un nouvel ensemble qui pourrait par exemple s'appeler l'Union canadienne.» Pour sa part, Claude Ryan, commentant les événements qui ont suivi la Conférence de Victoria, écrivait dans le *Devoir*, le 25 juin 1971 : « On redécouvre dans ces grands moments, combien est intense la réalité d'une conscience nationale distincte au Québec : aucun pouvoir extérieur n'y pourra jamais rien.»

Bien évidemment les affirmations des leaders politiques que nous venons d'évoquer ne les amènent pas à tirer les mêmes conclusions politiques. Cependant, elles établissent une base commune de référence et de négociation.

Le Québec est-il seulement l'une des dix provinces du Canada ? Constitue-t-il une nation ? Les réponses divergentes à ces deux questions essentielles firent l'objet d'un constant affrontement lors de la négociation constitutionnelle. Si le Québec constitue une province comme une autre, les porte-parole fédéraux ont raison de privilégier les droits individuels et d'analyser les choix politiques qui s'offrent au pays à partir de ce critère. Si le Québec constitue une nation, alors ses porte-parole furent et sont justifiés de rechercher le contrôle des pouvoirs qui peuvent assurer le maintien de son identité et de son développement.

Le fait le plus décisif intervenu depuis 1960 dans les relations du Québec et du Canada est constitué par l'acceptation générale par une majorité de Québécois, du statut de nation pour leur collectivité. Le refus du Canada anglais, tout au moins de ses porte-parole au niveau fédéral et à celui des provinces anglophones, de reconnaître ce fait a précipité la rupture psychologique du Canada. Ce refus explique sans doute qu'aucun projet de nouvelle constitution susceptible de susciter l'adhésion des Québécois n'est venu du Canada anglais. Il explique de plus l'exceptionnelle marge de manœuvre du gouvernement fédéral qui peut compter sur l'appui indéfectible des provinces anglophones quant aux questions fondamentales. Il explique enfin l'inacceptable situation qui est encore faite en 1978 aux minorités francophones à travers le pays après plus de quinze années de recherches, de pressions et de discussions bilatérales ou multilatérales.

Le refus du Canada anglais de reconnaître le statut de nation à la collectivité québécoise après plus de dix années de négociations constitutionnelles demeure le motif essentiel de la fragmentation du Canada. Ce refus devra être dépassé si l'on veut recréer une entente politique soit par un nouveau pacte fédéral ou des formes d'association nouvelles, entre les deux communautés nationales canadiennes, relancer les relations fonctionnelles entre le Québec et le Canada, mettre un terme au gaspillage de ressources humaines et financières qui pourraient, en ces temps difficiles, être canalisées à meilleur escient. Ce refus porte de plus un potentiel de violence qu'on ne saurait sous-estimer. L'unilatéralisme en régime fédéral n'est pas une option, il est une arme; l'abus du pouvoir, un détonateur.

Une véritable négociation constitutionnelle aurait sans doute réussi à dégager les intérêts communs des partenaires québécois et canadiens. Elle les aurait traduit dans un régime juridique approprié définissant la nature et le fondement des activités communes et autonomes et les termes d'un organisme habilité à trancher les conflits posés par les interprétations divergentes de ce régime.

Pour atteindre cet objectif, il faudra négocier l'ensemble du litige en reconnaissant de part et d'autre que si les deux partenaires en présence ont des intérêts communs, leurs références culturelles et historiques, leurs affinités internationales, leurs systèmes d'organisation sociale, leurs besoins et aspirations sont différents. À cette nécessité de la négociation, l'affrontement et ses pièges ne peuvent plus offrir une solution acceptable. La résolution de la crise canadienne passe nécessairement par une autocritique poussée du Canada anglais. Cette autocritique pourrait débuter au Parlement fédéral lui-même, qui n'a pas tenu depuis dix ans un véritable débat sur la réforme des institutions politiques du pays.

ANNEXE 1

Mémoires présentés au Comité parlementaire de la Constitution

Me Maurice Allard, Professeur en droit constitutionnel, faculté de droit, Université de Sherbrooke.

M. E. Struthers, Stanstead, Qué.

M. Raymond Barbeau, professeur à l'École des Hautes Études Commerciales, Rosemère, Qué.

L'A.G.E.S.S.M., Séminaire Sainte-Marie, Shawinigan.

Provincial Association of Protestant Teachers of Québec, 2100 St. Mark St., Montreal 25.

M. Samuel J. Walsh, Parti Communiste Canadien.

M. Paul Rochon, journaliste, 4525, boul. Gouin est, Montréal.

Dr Guiseppe Turi, suite 15, 1610 ouest, rue Sherbrooke, Montréal 25.

L'Association professionnelle des professeurs laïques de l'enseignement classique de la Province de Québec Inc., 610 ouest, Saint-Cyrille, Québec.

La Société Saint-Jean-Baptiste de Montréal, 1182, boul. Saint-Laurent, Montréal (Gérard Turcotte).

Canadian Jewish Congress, 493, Sherbrooke St. W., Montreal. (M. Saul Hayes, Q.C. Executive Vice-President).

La Fédération des Commissions Scolaires Catholiques du Québec, 285, Chemin Sainte-Foy, Québec.

Un groupe de citoyens de Sorel, Saint-Joseph et Tracy (Germain Lavallée, président du comité d'étude sur les besoins constitutionnels).

L'Association Générale des Étudiants de Laval, Québec.

M. Marcel Chaput, 780, boul. Saint-Germain, Ville Saint-Laurent.

Me Cécilien Pelchat, 2375, de la Bruère, Saint-Hyacinthe.

M. McCracken, 26, rue Jeannette, Ville Lemoyne.

Me Philippe Ferland, c.r., avocat.

Federation of Quebec Protestant Colonization and Settlement Societies, Room 6, 1522 Sherbrooke St. W., Montreal 25.

Le Club Laurentien Inc., Saint-Jérôme, Qué.
Le Rassemblement pour l'Indépendance Nationale, 3800, rue Dupuis, app. 10, Montréal.
M. André Dagenais, philosophe.
M. Joseph Costisella, journaliste au *Progrès Dimanche*, de Chicoutimi.
La Presse Étudiante Nationale, 101 ouest, boul. Saint-Joseph, Montréal 15 (M. Claude Trudel).
L'Association canadienne des Éducateurs de Langue française.
M. Charles Taylor.
La jeune Chambre de Commerce de Saint-Jean et Iberville.
Le Club Fleur de Lys de Québec.
Dominion Tar and Chemical Company Ltd.
La Société Saint-Jean-Baptiste de Québec.
M. John H. McDonald.
La Chambre de Commerce de la province de Québec.
La fédération des Jeunes Chambres du Canada français.
Messrs Angus, Drummond, Holden, Mappin, Meighen and Steinberg.
Le Conseil de la Vie française.
Le Comité Pierre-Le Moyne-d'Iberville.
La Fédération des Sociétés Saint-Jean-Baptiste du Québec.
La CSN, la FTQ et l'UCC.

ANNEXE 2

Charte constitutionnelle canadienne 1971

TITRE I Les droits politiques

Art. 1. La Constitution reconnaît et garantit à tous, au Canada, les libertés suivantes, qui sont fondamentales:
la liberté de pensée, de conscience et de religion;
la liberté d'opinion et d'expression;
la liberté de s'assembler paisiblement et la liberté d'association.
Toutes les lois s'interprètent et s'appliquent de manière à ne pas supprimer ni restreindre ces libertés.

Art. 2. Ni les lois du Parlement du Canada ni celles de la Législature d'une Province ne peuvent supprimer ni restreindre les libertés ici reconnues et garanties.

Art. 3. Néanmoins, aucune disposition de ce titre ne doit s'interpréter comme empêchant d'apporter à l'exercice des libertés fondamentales, les restrictions raisonnablement justifiées, dans une société démocratique, par la sûreté, l'ordre et la santé publics, les bonnes mœurs, la sécurité de l'État, ainsi que les libertés et les droits de chacun, que ces restrictions soient imposées par le Parlement du Canada ou la législature d'une Province, agissant dans le cadre de leur compétence législative respective, ou qu'elles découlent de l'interprétation ou de l'application des lois.

Art. 4. Sont fondamentaux les principes du suffrage universel et la tenue d'élections libres et démocratiques à la Chambre des Communes et à l'Assemblée législative de chacune des Provinces.

---

* *La Révision constitutionnelle 1968-1971*, Rapport du Secrétaire, Secrétariat des Conférences intergouvernementales canadiennes, Information Canada, 1974.

Art. 5. Aucun citoyen ne peut, pour des considérations de race, d'origine ethnique ou nationale, de couleur, de religion ou de sexe, être empêché de voter à des élections de la Chambre des Communes et de l'Assemblée législative d'une Province, ni de devenir membre de ces Assemblées.

Art. 6. La durée du mandat de la Chambre des Communes est de cinq ans à compter du jour du rapport des brefs d'élection, à moins qu'elle ne soit plus tôt dissoute par le Gouverneur général. Toutefois, le Parlement du Canada peut prolonger la durée du mandat de la Chambre des Communes en temps de guerre, d'invasion ou d'insurrection, réelles ou appréhendées, à moins que cette prolongation ne fasse l'objet d'une opposition exprimée par les votes de plus du tiers des membres de la Chambre des Communes.

Art. 7. La durée du mandat de chaque Assemblée législative provinciale est de cinq ans à compter du jour du rapport des brefs d'élections, à moins qu'elle ne soit plus tôt dissoute par le Lieutenant-Gouverneur. Toutefois, lorsque le Gouvernement du Canada déclare qu'il existe un état de guerre, d'invasion ou d'insurrection réelles ou appréhendées, la durée du mandat d'une Assemblée législative provinciale peut être prolongée à moins que cette prolongation ne fasse l'objet d'une opposition exprimée par les votes de plus du tiers des membres de cette Assemblée législative.

Art. 8. Le Parlement du Canada et la Législature de chaque Province se réunissent en session une fois au moins chaque année, de manière qu'il s'écoule moins de douze mois entre la dernière séance d'une session et la première séance de la session suivante.

Art. 9. Aucune disposition de ce titre n'est censée avoir pour effet de conférer quelque compétence législative que ce soit au Parlement du Canada ou à la Législature d'une Province.

TITRE II Les droits linguistiques

Art. 10. Le français et l'anglais sont les langues officielles du Canada. Ils ont le rang et ils jouissent des garanties que leur assurent les dispositions de ce titre.

Art. 11. Toute personne a le droit de participer en français ou en anglais aux débats du Parlement du Canada et de la Législature de l'Ontario, du Québec, de la Nouvelle-Écosse, du Nouveau-Brunswick, du Manitoba, de l'île du Prince-Édouard et de Terre-Neuve.

Art. 12. Les lois et les registres et journaux du Parlement du Canada sont imprimés et publiés en français et en anglais. Les deux textes font autorité.

Art. 13. Les lois de chacune des Provinces sont imprimées et publiées en français et en anglais. Si le Gouvernement d'une Province n'imprime et ne publie les lois de cette Province que dans l'une des langues officielles, le Gouvernement du Canada les imprime et les publie dans l'autre. Et le texte français et le texte anglais des lois du Québec, du Nouveau-Brunswick et de Terre-Neuve font autorité.

Art. 14. Toute personne a le droit de s'exprimer en français ou en anglais dans la procédure de la Cour suprême du Canada, de toute cour établie par le Parlement du Canada, et de toute cour des Provinces de Québec, du Nouveau-Brunswick et de Terre-Neuve, ainsi que dans les témoignages et plaidoyers présentés devant aucune de ces cours. Toute personne a également le droit d'exiger que les documents et jugements qui émanent de chacune de ces cours soient rédigés en français ou en anglais. Devant les cours des autres Provinces, toute personne a droit, au besoin, aux services d'un interprète.

Art. 15. Tout particulier a le droit de choisir l'une ou l'autre des langues officielles comme langue de communication lorsqu'il traite avec le siège principal ou central des ministères ou des organismes du Gouvernement du Canada ainsi que des Gouvernements de l'Ontario, du Québec, du Nouveau-Brunswick, de l'île du Prince-Édouard et de Terre-Neuve.

Art. 16. L'Assemblée législative d'une Province peut décréter par résolution que toute partie des dispositions des articles 13, 14 et 15 qui ne s'adresse pas expressément à cette Province s'applique à l'Assemblée législative ainsi qu'à toute cour provinciale ou à tout ministère ou organisme du Gouvernement de cette Province dans la mesure prévue dans cette résolution, après quoi ces dispositions s'appliquent en tout ou en partie, selon le cas, à l'Assemblée législative de cette Province ainsi qu'aux cours et aux sièges principaux des ministères mentionnés dans cette résolution et selon ce qu'elle dit. Cependant, les droits conférés sous le régime du présent article ne peuvent plus être supprimés ni restreints par la suite sauf en conformité de la procédure prescrite par l'article 50.

Art. 17. Toute personne a le droit de choisir l'une ou l'autre des langues officielles comme langue de communication en traitant avec les bureaux principaux des ministères et des organismes du Gouvernement du Canada lorsque ces bureaux sont situés dans une région où la langue officielle de son choix est la langue maternelle d'une partie importante de la population. Le Parlement du Canada peut déterminer les limites de ces régions, et établir ce qui, aux fins du présent article, constitue une partie importante de la population.

Art. 18. En outre des garanties reconnues par ce titre, le Parlement du Canada et les Législatures des Provinces peuvent, dans le cadre de leur compétence législative respective, étendre le droit de s'exprimer en français et en anglais.

Art. 19. Rien dans ce titre ne doit être interprété comme portant atteinte à quelque droit ou privilège que ce soit, légal ou coutumier, acquis ou exercé avant ou après l'entrée en vigueur de ce titre, relativement à l'usage d'une langue autre que le français ou l'anglais.

TITRE III   Les provinces et les territoires

Art. 20. Jusqu'à ce qu'il y soit autrement pourvu conformément à la Constitution du Canada, le Canada se compose de dix Provinces: l'Ontario, le Québec, la Nouvelle-Écosse, le Nouveau-Brunswick, le Manitoba, la Colombie-Britannique, l'île du Prince-Édouard, la Saskatchewan, l'Alberta et la Terre-Neuve. Il comprend aussi les Territoires du Nord-Ouest, le Territoire du Yukon et les autres territoires qui peuvent lui appartenir.

Art. 21. Il y a dans chaque Province une Législature composée du Lieutenant-Gouverneur et d'une Assemblée législative.

TITRE IV   La Cour suprême du Canada

Art. 22. Il y a une cour générale d'appel pour le Canada, désignée sous le nom de Cour suprême du Canada.

Art. 23. La Cour suprême du Canada se compose de neuf juges: un président, qui a le titre de juge en chef du Canada, et huit autres juges, tous nommés par le Gouverneur général en conseil au moyen de lettres patentes portant le grand sceau du Canada, en conformité des dispositions de ce titre.

Art. 24. Peut être nommé juge de la Cour suprême du Canada quiconque, après son admission au Barreau de l'une des Provinces, a été membre d'une cour au Canada ou du Barreau d'aucune des Provinces pendant une période totale de dix ans ou plus.

Art. 25. Au moins trois des juges de la Cour suprême du Canada sont choisis parmi les personnes qui, après leur admission au Barreau de la Province de Québec, ont été membres d'une cour ou du Barreau de cette Province ou d'une cour fédérale pendant une période totale de dix ans ou plus.

Art. 26. Lorsque survient une vacance à la Cour suprême du Canada et que le Procureur général du Canada considère le nom d'une personne à nommer pour remplir cette vacance, il en informe le Procureur général de la Province intéressée.

Art. 27. Lorsque la nomination en est une qui est faite sous le régime de l'article 25 ou que le Procureur général du Canada a décidé que le choix doit être fait parmi des candidats qui ont été admis au Barreau d'une Province déterminée, il s'efforce, dans les limites du raisonnable, de s'entendre avec le Procureur général de la Province intéressée avant qu'une nomination ne soit faite à la Cour.

Art. 28. Personne n'est nommé juge à la Cour suprême du Canada sans l'accord du Procureur général du Canada et du Procureur général de la Province intéressée sur la personne à nommer pour remplir cette vacance, ou sans la recommandation du collège décrit à l'article 30 à moins que le choix ne soit fait par le Procureur général du Canada sous le régime de l'article 30.

Art. 29. Lorsque quatre-vingt-dix jours se sont écoulés suivant celui où s'est produit une vacance à la Cour suprême du Canada sans que le Procureur général du Canada et le Procureur général d'une Province aient pu s'entendre sur un candidat à nommer pour remplir cette vacance, le Procureur général du Canada peut informer par écrit le Procureur général de la Province intéressée qu'il se propose de convoquer un collège qui recommande la nomination d'un candidat.

Art. 30. Dans les trente jours suivants celui où le Procureur général du Canada a informé par écrit le Procureur général de la Province qu'il se propose de convoquer un collège qui recommande la nomination d'un candidat, le Procureur général de la Province peut informer par écrit le Procureur général du Canada qu'il requiert la convocation de l'un des deux collèges suivants:

1. un collège composé comme suit: le Procureur général du Canada ou la personne qu'il désigne et les Procureurs généraux des Provinces ou les personnes que chacun d'eux désigne;

2. un collège composé comme suit : le Procureur général du Canada ou la personne qu'il désigne, le Procureur général de la Province intéressée ou la personne qu'il désigne et un Président choisi par les deux Procureurs généraux ; s'ils ne peuvent s'entendre sur un Président dans les six mois qui suivent l'expiration des trente jours, alors le juge en chef de la Province intéressée ou, s'il est incapable d'agir, un juge de la cour dont il est membre, suivant l'ordre de l'ancienneté, nomme le Président.

Si dans les trente jours dont il est question plus haut, le Procureur général de la Province n'indique pas au Procureur général du Canada le collège dont il requiert la convocation, ce dernier choisit le candidat à nommer.

Art. 31. Lorsqu'un collège est constitué, le Procureur général du Canada lui soumet le nom d'au moins trois personnes ayant les qualités requises et au sujet de la nomination desquelles il a cherché à s'entendre avec le Procureur général de la Province intéressée. Le collège choisit parmi elles un candidat dont il recommande la nomination à la Cour suprême du Canada. Le quorum du collège est formé par la majorité de ses membres. Une recommandation approuvée par la majorité des membres qui assistent à une réunion est une recommandation du collège.

Art. 32. Pour les fins des articles 26 à 31 inclusivement, «Province intéressée» désigne la Province de Québec s'il s'agit d'une nomination à faire sous le régime de l'article 25. Dans le cas de la nomination de toute autre personne, l'expression désigne la Province au Barreau de laquelle une telle personne a été admise et, si quelqu'un a été admis au Barreau de plus d'une Province, la Province avec le Barreau de laquelle une telle personne a, de l'avis du Procureur général du Canada, les liens les plus étroits.

Art. 33. Les articles 26 à 32 inclusivement ne s'appliquent pas à la nomination du juge en chef du Canada si c'est un juge de la Cour suprême du Canada qui est nommé juge en chef.

Art. 34. Les juges de la Cour suprême du Canada restent en fonction durant bonne conduite jusqu'à ce qu'ils atteignent l'âge de soixante-dix ans mais ils sont révocables par le Gouverneur général sur une adresse du Sénat et de la Chambre des Communes.

Art. 35. La Cour suprême du Canada connaît et dispose en appel de toute question constitutionnelle dont il a été disposé dans tout jugement rendu par quelque cour que ce soit au Canada. Elle connaît et dispose également en appel de toute question constitutionnelle dont il a été disposé par quelque cour que ce soit au Canada dans la détermination de toute question quelconque déférée pour avis à une telle cour. Néanmoins, les règles de la Cour suprême du Canada prescrivent, en conformité des lois fédérales, les exceptions et conditions auxquelles est soumis l'exercice de cette juridiction, sauf en ce qui concerne les appels de la plus haute cour de dernier ressort dans une Province.

Art. 36. La Cour suprême du Canada exerce en outre, sous réserve des dispositions de ce titre, la juridiction d'appel que lui confèrent les lois fédérales.

Art. 37. La Cour suprême du Canada exerce, en matière fédérale, la juridiction de première instance que lui confèrent les lois fédérales. Elle connaît aussi et dispose de toute question de droit ou de fait qui lui est déférée en conformité des lois fédérales.

Art. 38. Dans tous les cas, mais sous réserve des dispositions de ce titre, le jugement de la Cour suprême du Canada est définitif et décisif.

Art. 39. Lorsqu'une affaire dont la Cour suprême du Canada est saisie soulève des questions de droit qui portent sur le droit civil de la Province de Québec, mais ne soulève aucune autre question de droit, elle est entendue par cinq juges ou, du consentement des parties, par quatre juges, dont trois au moins ont les qualités prescrites par l'article 25. Si, pour quelque raison, trois juges de la cour ayant ces qualités ne sont pas disponibles, la cour peut nommer autant de juges *ad hoc* qu'il est nécessaire pour entendre une affaire en les choisissant parmi les juges ayant ces qualités et qui sont membres d'une cour supérieure d'archives établie par une loi fédérale ou d'une cour supérieure d'appel de la Province de Québec.

Art. 40. Aucune disposition du présent titre ne doit s'interpréter comme restreignant le pouvoir de prévoir ou limiter les appels que possède une Législature provinciale, à l'entrée en vigueur de la présente Charte, en vertu de son pouvoir de légiférer sur l'administration de la justice dans la Province.

Art. 41. Les lois fédérales déterminent le traitement, les allocations et la pension des juges de la Cour suprême du Canada, et elles y pourvoient.

Art. 42. Sous réserve des dispositions de ce titre, les lois fédérales pourvoient à l'entretien et à l'organisation de la Cour suprême du Canada, y compris la détermination d'un quorum pour des fins particulières.

TITRE V   Les cours fédérales

Art. 43. Nonobstant toute autre disposition de la Constitution du Canada, le Parlement du Canada peut pourvoir à la constitution, à l'organisation et à l'entretien de cours pour assurer l'exécution des lois en tant que cour d'appel générale du Canada, pour juger en dernier ressort les appels des décisions de toute cour établie en application du présent article.

TITRE VI   Article 94a révisé

Art. 44. Le Parlement du Canada peut légiférer sur les pensions de vieillesse et prestations additionnelles, y compris des prestations aux survivants et aux invalides sans égard à leur âge, ainsi que sur les allocations familiales, les allocations aux jeunes et les allocations pour la formation de la main-d'œuvre, mais aucune loi ainsi édictée ne doit porter atteinte à l'application de quelque loi présente ou future d'une Législature provinciale en ces matières.

Art. 45. Il n'est pas loisible au Gouvernement du Canada de proposer à la Chambre des Communes de projet de loi relatif à l'une des matières mentionnées dans l'article 44, à moins qu'il n'ait, au moins quatre-vingt-dix jours avant de faire une telle proposition, informé le Gouvernement de chaque Province du contenu de la législation proposée et demandé son avis.

TITRE VII   Les inégalités régionales

Art. 46. Il incombe au Parlement et au Gouvernement du Canada ainsi qu'aux Législatures et aux Gouvernements des Provinces:
1. de promouvoir l'égalité des chances pour toutes les personnes qui vivent au Canada et d'assurer leur bien-être;
2. de procurer à toute la population, dans la mesure du possible et suivant des normes raisonnables de qualité, les services publics essentiels; et

3. de promouvoir le progrès économique afin de réduire les inégalités sociales et matérielles entre les personnes, où qu'elles habitent au Canada.

Art. 47. Les dispositions de ce titre n'ont pas pour effet de modifier la répartition des pouvoirs, non plus qu'elles n'obligent le Parlement du Canada ou les Législatures des Provinces à exercer leur pouvoirs législatifs.

TITRE VIII   Consultation fédérale-provinciale

Art. 48. Une Conférence réunissant le Premier ministre du Canada et les Premiers ministres des Provinces est convoquée par le Premier ministre du Canada au moins une fois par an, à moins que la majorité des membres qui la composent décident de ne pas la tenir.

TITRE IX   Modification de la Constitution

Art. 49. La Constitution du Canada peut être modifiée en tout temps par une proclamation du Gouverneur général, portant le grand sceau du Canada, pourvu que le Sénat, la Chambre des Communes, et les Assemblées législatives d'une majorité des Provinces aient, par résolution, autorisé cette proclamation. Cette majorité doit comprendre:
1. chaque Province dont la population comptait, à quelque moment avant l'adoption de cette proclamation, suivant tout recensement général antérieur, au moins vingt-cinq pour cent de la population du Canada;
2. au moins deux Provinces de l'Atlantique;
3. au moins deux des Provinces de l'Ouest pourvu que les Provinces consentantes comptent ensemble, suivant le dernier recensement général précédent l'adoption de cette proclamation, au moins cinquante pour cent de la population de toutes les Provinces de l'Ouest.

Art. 50. La Constitution du Canada peut être modifiée en tout temps, dans les mêmes formes, quant à celles de ses dispositions qui s'appliquent à une ou à plusieurs Provinces mais non à toutes, avec l'approbation du Sénat, de la Chambre des Communes, et de l'Assemblée législative de chaque Province à laquelle cette modification s'applique.

Art. 51. La modification de la Constitution du Canada prévue par les articles 49 et 50 peut se faire sans l'autorisation du

Sénat lorsque le Sénat n'a pas donné son autorisation dans les quatre-vingt-dix jours suivant l'adoption par la Chambre des Communes d'une résolution qui autorise une proclamation portant modification de la Constitution, pourvu qu'à l'expiration de ces quatre-vingt-dix jours, la Chambre des Communes approuve de nouveau cette proclamation par résolution. Dans la computation de ce délai de quatre-vingt-dix jours, ne sont pas comptés les jours durant lesquels le Parlement est prorogé ou dissous.

Art. 52. Les procédures prescrites par les articles 49 et 50 sont soumises aux règles suivantes:

1. l'initiative de l'une ou l'autre de ces procédures appartient au Sénat, à la Chambre des Communes ou à l'Assemblé législative d'une Province;
2. une résolution adoptée pour les fins de ce titre peut être révoquée en tout temps avant l'adoption de la proclamation qu'elle autorise.

Art. 53. La compétence législative exclusive du Parlement du Canada comprend le pouvoir de modifier en tout temps les dispositions de la Constitution du Canada qui sont relatives à la puissance exécutive du Canada, au Sénat et à la Chambre des Communes.

Art. 54. Dans chaque Province, la Législature a le pouvoir exclusif d'édicter en tout temps des lois modifiant la Constitution de la Province.

Art. 55. Nonobstant les articles 53 et 54, il faut suivre la procédure prescrite par l'article 49 pour modifier les dispositions relatives aux sujets suivants:

1. l'office de la Reine, celui du Gouverneur général et celui de Lieutenant-Gouverneur;
2. les prescriptions de la Constitution du Canada portant sur la nécessité d'une session annuelle du Parlement du Canada et des Législatures;
3. la période maximum fixée par la Constitution du Canada pour la durée de la Chambre des Communes et des Assemblées législatives;
4. les pouvoirs du Sénat;
5. le nombre de membres par qui une Province a le droit d'être représentée au Sénat ainsi que les qualifications des sénateurs quant à la résidence;
6. le droit d'une Province d'être représentée à la Chambre des Communes par des députés dont le nombre

est au moins aussi grand que celui des sénateurs de
cette Province;
7. les principes de représentation proportionnelle des
Provinces à la Chambre des Communes que prescrit
la Constitution du Canada;
8. les dispositions de cette Charte relatives à l'usage du
français et de l'anglais, sous réserve néanmoins de
l'Article 16.

Art. 56. On ne peut avoir recours à la procédure visée à l'article 49 pour faire une modification à laquelle la Constitution du Canada pourvoit autrement. Mais on peut avoir recours à cette procédure pour modifier toute disposition pourvoyant à la modification de la Constitution, y compris cet article, ou pour faire une refonte et une révision générales de la Constitution.

Art. 57. Pour les fins de ce titre, les «Provinces de l'Antlantique» sont la Nouvelle-Écosse, le Nouveau-Brunswick, l'île du Prince-Édouard et la Terre-Neuve, et les «Provinces de l'Ouest» sont le Manitoba, la Colombie-Britannique, la Saskatchewan et l'Alberta.

TITRE X Modernisation de la Constitution

Art. 58. Cette Charte a force de loi au Canada nonobstant toute autre loi qui, le jour de sa mise en vigueur, peut lui être contraire.

Art. 59. Les lois ou décrets inscrits dans la première colonne de l'annexe sont abrogés dans la mesure prescrite dans la seconde colonne de l'annexe mais continuent d'avoir force de loi au Canada sous les titres indiqués dans la troisième colonne de l'annexe. Ils constituent, avec cette Charte, la Constitution du Canada. Celle-ci ne peut être révisée que dans les formes qu'elle prescrit.

Art. 60. Toute disposition législative qui se réfère à une disposition inscrite dans l'annexe sous le titre indiqué dans la première colonne est modifiée en substituant à ce titre celui qui apparaît dans la troisième colonne de l'annexe.

Art. 61. Est maintenue la cour établie sous le nom de Cour suprême du Canada, au moment de l'entrée en vigueur de cette Charte. Elle est la Cour suprême du Canada à laquelle cette Charte se réfère. Ses membres restent en fonction comme s'ils avaient été désignés sous le régime des dispositions du titre IV, sauf qu'ils restent en fonction durant bonne conduite jusqu'à ce qu'ils atteignent l'âge de soixante-quinze ans. Toutes les lois qui y sont relatives continuent d'être en vigueur, sous réserve de cette Charte et tant qu'elles ne sont pas modifiées en conformité du titre IV.

BIBLIOGRAPHIE*

1. Documents d'archives

Archives de la ville de Montréal, Série 35 000-292, *Réception De Gaulle*, Bobine I, Discours Drapeau-de Gaulle; intégraux, juillet 1967.

2. Documents officiels

Canada

a) Gouvernement fédéral

Benson, E.J., *Les Pouvoirs d'imposer et la Constitution canadienne*, Ottawa, 1969.

Conférence consitutionnelle, Comité permanent des fonctionnaires 1968-1971, *Propositions présentées par le Gouvernement du Canada et les Gouvernements provinciaux*, Secrétariat des Conférences intergouvernementales canadiennes, Document n° 355.

Conférence constitutionnelle, première réunion, *Procès-verbal*, Ottawa, février 1968.

Conférence constitutionnelle, deuxième réunion, *Procès-verbal*, Ottawa, février 1969.

Conférence constitutionnelle, troisième réunion, *Procès-verbal*, Ottawa, décembre 1969.

Conférence constitutionnelle, quatrième réunion, *Procès-verbal*, Victoria, 1971.

Conférence fédérale-provinciale 1960, les 25, 26 et 27 juillet.

La Constitution et le Citoyen, Ottawa, 1969.

Débats de la Chambre des Communes, 1967 à 1976.

---

* La présente bibliographie n'est pas exhaustive. On n'y retrouve que les ouvrages utilisés pour la préparation de cette étude.

Document d'information sur les délibérations du Comité permanent des fonctionnaires, 6 février 1969, Document n° 75.

Favreau, Guy, Modifications de la Constitution du Canada, Ottawa, 1965.

Le Fédéralisme et l'Avenir, Déclaration de principe et exposé de la politique du Gouvernement du Canada, Ottawa, 1968.

Fédéralisme canadien et Relations internationales, Ottawa, 1975.

Martin, Paul, Fédéralisme et Relations internationales, Ottawa, 1968.

Ministère des Affaires extérieures, Communiqué n° 25, 23 avril 1965, «Les Provinces et le Pouvoir de conclure des traités».

Ministère des Affaires extérieures, Communiqué n° 72, 24 novembre 1965, «Entente France-Québec sur la coopération culturelle».

Rapport de la Commission royale d'enquête sur le bilinguisme et le biculturalisme, Ottawa, Imprimeur de la Reine, 1967.

Rapport final; le Comité spécial mixte du Sénat et de la Chambre des Communes sur la Constitution du Canada, Ottawa, Imprimeur de la Reine, 1972.

Rapport préliminaire de la Commission royale d'enquête sur le bilinguisme et le biculturalisme, Ottawa, Imprimeur de la Reine, 1965.

La Révision constitutionnelle 1968-1971, Rapport du Secrétaire, Secrétariat des Conférences intergouvernementales canadiennes, Information Canada, Ottawa, 1974, 517 pp.

Sharp, Mitchell, Fédéralisme et Conférences internationales sur l'éducation, Ottawa, 1968.

Trudeau, Pierre Elliott, Charte canadienne des droits de l'homme, Ottawa, 1968.

Trudeau, Pierre Elliott, Lettre du Premier ministre du Canada au premier ministre Lougheed, 18 octobre 1976.

Trudeau, Pierre Elliott, Lettre du Premier ministre du Canada aux Premiers ministres des provinces au sujet du rapatriement de l'A.A.N.B., 31 mars 1976.

Trudeau, Pierre Elliott, Sécurité du revenu et Services sociaux, Ottawa, 1969.

Trudeau, Pierre Elliott, Les Subventions fédérales-provinciales et le Pouvoir de dépenser du Parlement canadien, Ottawa, 1969.

b) Gouvernements provinciaux

Alberta

Lettre du premier ministre Peter Lougheed au premier ministre du Canada Pierre Elliott Trudeau, 14 octobre 1976.

Nouvelle-Écosse

Mémoire sur les questions de disparités régionales, février 1968, Document n° 18.

Ontario

The Confederation Challenge I: Background Papers and Reports, Ontario Advisory Committee on Confederation, the Queen's Printer of Ontario, 1967.

Conférence sur la «Confédération de demain», *Études de base*, Comité consultatif de l'Ontario sur la Confédération, the Queen's Printer of Ontario, seconde édition, juillet 1968.

Conférence sur la «Confédération de demain», *Procès-verbal* Toronto, 27-30 novembre 1967.

Déclaration de l'Honorable William G. Davis, premier ministre de l'Ontario, lors de la première séance de la Conférence constitutionnelle, Victoria, 19 juin 1971, Document n° 336.

La position de l'Ontario vis-à-vis le pouvoir de dépenser, présenté par le gouvernement de l'Ontario, juin 1969, Document n° 134 (1).

Québec

Allocution d'ouverture de M. Daniel Johnson, premier ministre du Québec à la Conférence sur la «Confédération de demain», Toronto, 27 novembre 1967.

Allocution d'ouverture de M. Daniel Johnson, premier ministre du Québec, Conférence intergouvernementale canadienne, Ottawa, 5 février 1968.

Allocution d'ouverture de M. Jean-Jacques Bertrand, premier ministre du Québec, Conférence constitutionnelle canadienne, Ottawa, 10 février 1969.

Allocution d'ouverture de M. Robert Bourassa, premier ministre du Québec, Conférence de Victoria, Victoria, juin 1971.

Allocution du ministre de l'Éducation, monsieur Paul Gérin-Lajoie, aux membres du Corps consulaire de Montréal, 12 avril 1965.

Comité parlementaire de la Constitution, *Résumé des mémoires présentés au Comité*, 1965.

Déclaration de l'Honorable Jean Lesage, premier ministre, ministre des Finances et des Affaires fédérales-provinciales, Conférence fédérale-provinciale, Ottawa, 25 novembre 1963.

Déclaration de l'Honorable Jean Lesage, premier ministre, ministre des Finances et des Affaires fédérales-provinciales, Conférence fédérale-provinciale, Québec, 31 mars 1964.

Déclaration de l'Honorable Jean Lesage, premier ministre, ministre des Finances et des Affaires fédérales-provinciales, Conférence fédérale-provinciale, Ottawa, 19 juillet 1965.

Déclaration de l'Honorable Daniel Johnson, premier ministre, ministre des Affaires fédérales-provinciales et ministre des Richesses naturelles, quatrième réunion du Comité du régime fiscal, Ottawa, 14 et 15 septembre 1966.

Déclaration de M. Jean-Jacques Bertrand, premier ministre et ministre des Affaires intergouvernementales, Conférence fédérale-provinciale, Ottawa, 4 et 5 novembre 1968.

Déclaration de M. Robert Bourassa, premier ministre et ministre des Finances, Conférence constitutionnelle, Ottawa, 14 et 15 septembre 1970.

Déclaration de M. Claude Castonguay, ministre des Affaires sociales du Québec, Conférence des ministres du Bien-être social, Ottawa, 28 et 29 janvier 1971.

Document de travail, Propositions pour la révision constitutionnelle, juillet 1968.

Conférence constitutionnelle, Comité permanent des fonctionnaires, *Document de travail sur les relations avec l'étranger,* Notes préparées par la délégation du Québec, Québec, 5 février 1969.

Exposé préliminaire, Conférence sur la «Confédération de demain», Toronto, 27-30 novembre 1967.

Le Gouvernement du Québec et la Constitution, Québec, Office d'information et de publicité du Québec, 1968.

Journal des débats, Québec, Éditeur officiel, 1967 à 1976.

Lesage, Jean, *Allocution prononcée au déjeuner offert par le premier ministre Debré,* Paris, Hôtel Matignon, 5 octobre 1961.

Lesage, Jean, *Conférence prononcée devant l'Association franco-canadienne de la Saskatchewan,* 19 septembre 1965.

Lesage, Jean, *Conférence prononcée devant le Canadian Club de Calgary,* 22 septembre 1965.

Lesage, Jean, *Conférence prononcée devant le Canadian Club de Victoria,* 23 septembre 1965.

Lesage, Jean, *Conférence prononcée à l'Université de Victoria,* 23 septembre 1965.

Lesage, Jean, *Conférence prononcée devant le Canadian Club de Vancouver*, 24 septembre 1965.

Lesage, Jean, *Conférence prononcée devant le Canadian Club de Régina*, 30 septembre 1965.

Lesage, Jean, *Discours prononcé devant la Chambre de Commerce de Québec*, 10 mars 1965.

Lesage, Jean, *Québec in Canadian Confederation*, Interprovincial Conference, Victoria, August 7th, 1962.

Lesage, Jean, *Rapport fait en Chambre* au sujet de la dernière Conférence fédérale-provinciale tenue à Ottawa les 23 et 24 février 1961.

Mémoire sur la question constitutionnelle, quatrième réunion du Comité du régime fiscal, septembre 1966.

Mémoire sur la question constitutionnelle, Conférence intergouvernementale canadienne, Ottawa, 5-7 février 1968.

La part du Québec dans les dépenses et les revenus du gouvernement fédéral de 1960-61 à 1967-68, Ministère des Affaires intergouvernementales, Service de recherches, mars 1970.

Premiers' Conference held in the Legislative Council Chamber at Quebec, December 1st and 2nd, 1960. Confidential.

Rapport de la Commission d'enquête sur la situation de la langue française et les droits linguistiques au Québec, Gouvernement du Québec, 1972.

Rapport de la Commission royale d'enquête sur les problèmes constitutionnels, Province de Québec, 1956.

3. Autres Documents

Le Parti Libéral du Québec, *Rapport du Comité des Affaires constitutionnelles de la commission politique de la Fédération LIbérale du Québec*, Congrès annuel de la Fédération Libérale du Québec, octobre 1967.

Le Parti Libéral du Québec, *Programme 1976*.

Le Parti Québécois, *Le Programme, l'Action politique, les Statuts et Règlements*, Édition 1975.

4. Livres

Arès, Richard, *Nos grandes options politiques et constitutionnelles*, Montréal, Bellarmin, 1972.

Brossard, Jacques, *L'Accession à la souveraineté et le Cas du Québec*, Montréal, Presses de l'Université de Montréal, 1976.

Brossard, J., Patry, A. et Weiser, E., *Les Pouvoirs extérieurs du Québec*, Montréal, Presses de l'Université de Montréal, 1967.

Le Canada et le Québec sur la scène internationale, sous la direction de Paul Painchaud, Centre québécois de relations internationales, Presses de l'Université du Québec, Montréal, 1977.

Le Canada, expérience ratée... ou réussie? Québec, Presses de l'Université Laval, 1961.

Cardinal, Mario; Lemieux, Vincent; Sauvageau, Florian; *Si l'Union Nationale m'était contée...*, Montréal, Boréal Express, 1978.

Crépeau, Paul-André, *L'Avenir du fédéralisme canadien*, Toronto, University of Toronto Press, 1965.

Desbarats, Peter, *The State of Quebec*, Toronto/Montréal, McClelland and Stewart, 1965.

Le Devoir, *Le Québec dans le Canada de demain*, Montréal, Éditions du Jour, 1967, t. I et II.

Les États généraux du Canada français, Assemblée préliminaire 1966, Montréal, Imprimerie Saint-Joseph, 1966.

Les États généraux du Canada français, Assises nationales 1967, Montréal, Éditions de l'Action nationale, 1967.

Les États généraux du Canada français, exposé de base et documents de travail, Montréal, Éditions de l'Action nationale, 1967.

Les États généraux, Assises nationales, L'Action nationale, vol. LVIII, nos 9 et 10 (mai et juin 1969).

Faribault, Marcel, *Vers une nouvelle Constitution*, Montréal, Fides, 1967.

Faribault, Marcel, *La Révision constitutionnelle, premiers fondements*, Montréal, Fides, 1970.

Johnson, Daniel, *Égalité ou Indépendance*, Montréal, les Éditions de l'Homme, 1965.

La Marsh, Judy, *Memoirs of a bird in a gilded cage*, Toronto/Montréal, McClelland and Stewart, 1968.

Lamontagne, Maurice, *Le Fédéralisme canadien; évolution et problème*, Québec, Presses de l'Université Laval, 1954.

Lévesque, René, *Option Québec*, Montréal, Les Éditions de l'Homme, 1968.

Morin, Claude, *Le Pouvoir québécois en négociation*, Montréal/Québec, Boréal Express, 1972.

344

Murray, Věra, *Le Parti Québécois: de la fondation à la prise du pouvoir*, Montréal, Hurtubise HMH, 1976.

Pearson, Lester B., *Mike, the Memoirs of the Rt-Honorable Lester B. Pearson, 1957-68*, vol. III, Scarborough, Ontario, The New American Library of Canada Limited, 1976.

Roy, Jean-Louis, *Les Programmes électoraux du Québec*, tome II, Montréal, Leméac, 1971.

Ryan, Claude, *Une société stable, le Québec après le P.Q.*, Montréal, Éditions Héritage, 1978.

Saint-Pierre, Raymond, *Les Années Bourassa*, Montréal, Éditions Héritage, 1977.

Trudeau, Pierre Elliott, *Le Fédéralisme et la Société canadienne-française*, Montréal, Éditions Hurtubise HMH, 1967.

5. Articles

Angers, François-Albert, «La Conférence fédérale-provinciale de juillet», *Action nationale*, vol. L, n° 1, septembre 1960.

Arès, Richard, «Québec ou Canada français», *Relations*, 28.ᵉ année, n° 323, janvier 1968.

Arès, Richard, «La prochaine conférence fédérale-provinciale», *Relations*, 28ᵉ année, n° 324, février 1978.

Beetz, Jean, «Les attitudes changeantes du Québec à l'endroit de la Constitution de 1867» in *The Future of Canadian Federalism*, Toronto, 1965.

Breton, Albert; Bruneau, Claude; Gauthier, Yvon; Lalonde, Marc; Pinard, Maurice; «Bizarre algèbre! Huit commentaires sur le Rapport préliminaire de la Commission royale d'enquête sur le bilinguisme et le biculturalisme», *Cité libre*, XVᵉ année, n° 82, décembre 1965.

«Canadian Unity», *Canadian News Facts*, vol. 1, n° 15, August 14, Toronto, Ontario, Marpep Publishing Limited, 1967.

Études internationales, le Canada et le Québec: bilan et prospective, vol. 8, n° 4, juin 1967.

Gallant, Edgar, «The machinery of federal-provincial relations», *Canadian public administration*, vol. 8, 1967.

Gérin-Lajoie, Paul, «Canadian Federalism and the Future» in *Concepts of federalism*, Toronto, 1965.

Hamelin, Jean, «Québec et le monde extérieur 1867-1967», *Annuaire du Québec*, Éditeur officiel, 1968-1969.

Johnson, A.W., «The dynamics of Federalism in Canada», *Canadian Journal of Political Science*, Toronto, vol. 1, 1968.

Lamontagne, Maurice, «Souveraineté et Interdépendance dans un fédéralisme bi-culturel», *Cours de formation nationale*, 7e session, Montréal, 1961.

Laskin, Bora, «Amendment of the Constitution», *University of Toronto Law Journal*, vol. XV, 1963-1964.

Laskin, Bora, «Amendment of the Constitution: Applying the Fulton-Favreau Formula», *McGill Law Journal*, vol. II, n° 1, 1965.

Léger, Jean-Marc, «Co-operative Federalism or the New Face of Centralization», *Canadian Forum*, Toronto, vol. 43, n° 513, octobre 1963.

McGill Law Journal, Constitutional Amendment in Canada, Confederation Centennial Edition 1867-1967, vol. 12 n° 4, 1966-67, 621 pp.

Morin, Claude, «L'expérience québécoise du fédéralisme canadien» in *La modernisation politique du Québec*, Québec, Boréal Express, 1976.

Morin, Jacques-Yvan, «The Need for a New Canadian Federalism», *Canadian Forum*, Toronto, vol. 44, n° 521, June 1964.

Morin, Jacques-Yvan, «Les relations fédérales-provinciales» in *Le Système politique du Canada*, Ottawa, 1968.

Pépin, Jean-Luc, «Cooperative Federalism», *The Canadian Forum*, Toronto, vol. 44, n° 527, December 1964.

Ryan, Claude, «Québec Changes Governements», *Foreign Affairs*, vol. 45, n° 1, October 1966.

Smiley, Donald V., «Canadian Federalism and the Resolution of Federal-Provincial Conflict,» in *Contemporary issues in Canadian Politics*, Scarborough, Ontario, 1970.

L'action, 1965 à 1967.

L'Action-Québec, 1971.

Le Devoir, 1962 à 1976.

Le Droit, 1967 à 1971.

The Gazette, 1971.

Montréal-Matin, 1967.

Le Nouvelliste, 1964.

La Presse, 1967 à 1971.

Le Soleil 1963 à 1976.

TABLE DES PHOTOS

348

TABLE DES MATIÈRES

INDEX DES NOMS

INDEX DES SUJETS

ACHEVÉ D'IMPRIMER SUR
LES PRESSES DES ATELIERS
MARQUIS DE MONTMAGNY
LE 22 DÉCEMBRE 1978 POUR
LES ÉDITIONS LEMÉAC INC.